Petra Bartoli y Eckert

Zum Glück zu Fuß

1. Auflage 2022
© Carl Ueberreuter Verlag, Wien 2022
ISBN 978-3-8000-7788-5
ISBN 978-3-8000-8220-9 (e-book)

Lektorat: Maria-Christine Leitgeb, www.diesprachagentur.com
Cover: Grafik: © Pavel Konnikov /iStock , Foto: © Georg Schraml
Fotos Umschlag Innen: Petra Bartoli y Eckert
Innenteil: Karten: © s-stern.com, Zeichnungen: © shutterstock
Gestaltung & Grafik: Saskia Beck, s-stern.com
Satz: Sabina Karasegh, skgh.at
Druck und Bindung: Finidr Ltd., Český Těšín

Danke, dass Sie sich für unser Buch entschieden haben.
Wir freuen uns, wenn wir Sie auch weiterhin über unsere
Neuerscheinungen informieren dürfen, und laden Sie ein,
unseren Newsletter unter **www.ueberreuter.at** zu abonnieren.

PETRA BARTOLI Y ECKERT

ZUM GLÜCK ZU FUSS

Begegnungen auf der Suche nach dem guten Leben

ueberreuter

Inhalt

Wie funktioniert ein „gutes Leben"?

Unterwegs in Oberbayern und Tirol

Unterwegs in Baden-Württemberg

Begegnungen in den Bergen und in Salzburg

Unterwegs in München und Umgebung

Zurück in Regensburg

Wie funktioniert ein „gutes Leben"?

Wie schön wäre es, wenn wir irgendwann auf unser Leben zurückblicken und ohne Abstriche sagen könnten: „Es war gut." Wenn letztlich die Freude überwiegen würde. Wenn unter all den Höhen und Tiefen, die wir erlebt haben, ein Teppich unerschütterlicher, tiefer Zufriedenheit liegen würde.

Diese Gedanken beschäftigten mich eines Morgens, als ich aus dem Fenster blickte, während die Umgebung hinter einem Vorhang aus Dauerregen verschwamm. Ich fühlte mich rastlos und gleichzeitig unfähig, etwas zu unternehmen. Dabei gab es keinen Grund, deprimiert zu sein: In meinem Leben lief es einigermaßen rund. Ich war gesund, hatte ein schönes Zuhause, eine Familie, in der alle füreinander da waren. Und dennoch nagte in mir eine dumpfe Sehnsucht nach besser, glücklicher, mehr ... Doch allein der Gedanke daran, aus meinem Dasein noch etwas Besseres herausholen zu wollen, verstärkte meine innere Unruhe nur. Denn er führte mir gleichzeitig vor Augen, dass ich vielleicht gerade in diesem Moment die Chance vergab, dieses „Besser" erreichen zu können. Ich tat mir plötzlich selbst sehr leid. Ich wollte Sonnenschein, jede Menge Endorphine, ein wenig Glamour – und zwar bitte sofort und frei Haus!

Der Regen hörte irgendwann auf, und meine Stimmung besserte sich wieder. Dennoch war dieser melancholische Abstecher eine Art Initialzündung für mich gewesen. Ich wollte es endlich wissen: Wie geht das mit Glück und Zufriedenheit denn eigentlich? Ist das überhaupt machbar? Ist Zufriedenheit gleichzusetzen mit einem „guten Leben"? Wie lässt sich ein gutes Leben führen, in dem man sich wohl fühlt und das Wohl der anderen mit berücksichtigt? Und ist gut nicht zu fade, zu wenig spektakulär in der heutigen Zeit? Wie schafft man es, dass gut gut genug ist und nicht immer super, mega oder perfekt sein muss? Ich fing an, Bücher über Wege zu mehr Lebenszufriedenheit zu lesen. Ich habe mich umgesehen, wo überall Glück und Zufriedenheit angepriesen werden: In der Werbung, in Horoskopen oder Fortbildungen zum Thema wurden Glück und Zufriedenheit geradezu auf dem Silbertablett serviert. Man musste nur zugreifen, das Richtige konsumieren, sich an Anweisungen halten. Wenn man es dann nicht schaffte, glücklich und zufrieden zu sein, wäre man ja eigentlich selbst schuld. Ich merkte, dass mich das alles andere als zufriedenstellte. Auch zum Thema „gutes Leben" habe ich mich kundig gemacht. In den sozialen Medien werden unter #gutesleben Essensfotos, Kinder-, Tier- und Naturbilder, Sprüche, Poserfotos und diverse Selbstinszenierungen gepostet. Damit assoziierte ich mehr, dass allein guter Käsekuchen, eine tolle Bikinifigur und ein Glas Wein bei Sonnenuntergang ein gutes Leben ausmachen würden. Aus hedonistischer Sicht vielleicht – aber wenn überhaupt, dann ganz sicher nicht auf Dauer und nur für diejenigen, die es sich leisten konnten. Das brachte mich auch nicht wirklich weiter. Also musste ich anders an die Sache herangehen. Mein Leben war an sich gar nicht so schlecht. Aber war es wirklich gut? War ich damit zufrieden? Nicht immer. Viel zu oft war ich mit meinem Kopf in der Zukunft: Ich werde bestimmt absolut zufrieden sein, wenn endlich ... (dieses oder jenes geschafft ist oder eintritt). Dabei übersah ich dann häufig Dinge, die schon jetzt gut waren. Denn so richtig gut würde es ja erst noch werden. Mir kam der Gedanke, dass ich mit der Einstellung vielleicht kleine Erfolge, gemeisterte Herausforderungen, schöne Begegnungen oder einfach einen Moment Ruhe ohne Beachtung vorbeiziehen ließ und mir so einiges entging, was ein gutes Leben eigentlich ausmachte.

Über Monate hinweg habe ich mich in meiner Umgebung umgesehen. Wie mir ging es vielen Menschen. Einigen schien nichts im Leben zu fehlen – außer Zufriedenheit. Aber dann sind mir da auch noch die anderen begegnet: Menschen verschiedenster Herkunft und mit ganz unterschiedlichen Lebensentwürfen, die außergewöhnlich zufrieden und in sich ruhend waren, auch und vor allem den kleinen Dingen Beachtung schenkten und ein erfülltes Leben führten. Parallel dazu habe ich angefangen, zahlreiche Menschen zu fragen, wer aus ihrer Sicht denn ein gutes, gelingendes, zufriedenes Leben führen würde – ja vielleicht sogar so etwas wie alltagsweise sei. Denn diese Menschen müssten ja wissen, wie das mit dem guten Leben funktionierte. Ich habe sozusagen zufriedene Menschen gesammelt. Solche, denen ich selbst begegnet bin und solche, denen andere begegnet waren. Es kamen etliche zusammen. Die habe ich fein säuberlich notiert und abgespeichert. Es dauerte etwas, bis ich es schaffte, einen Plan zu entwickeln. Mir war klar, dass ich die besonders zufriedenen Menschen nicht so einfach zu ihrem Leben und ihren Erfahrungen befragen und Gespräche per Telefon oder Videochat führen wollte. Ich wollte mich im wahrsten Sinne des Wortes auf den Weg machen. Meine Suche nach Glück, Zufriedenheit und nach allem sonst, was es eben für ein gutes Leben braucht, sollte ohne Termindruck, ohne vorgegebenes Korsett stattfinden. Ich wollte – zumindest überwiegend – zu Fuß unterwegs sein. Und ich wollte Zeit für neue Erkenntnisse und Erfahrungen haben. Ich legte also die Regionen fest, in denen ich unterwegs sein wollte, schrieb die Menschen, die ich größtenteils gar nicht kannte, an und bat um ein Treffen. Und war wirklich erstaunt, denn die allermeisten sagten sofort zu. Ende Juni 2020 packte ich meinen Rucksack. Meine Suche nach dem guten Leben konnte beginnen.

Petra Bartoli y Eckert

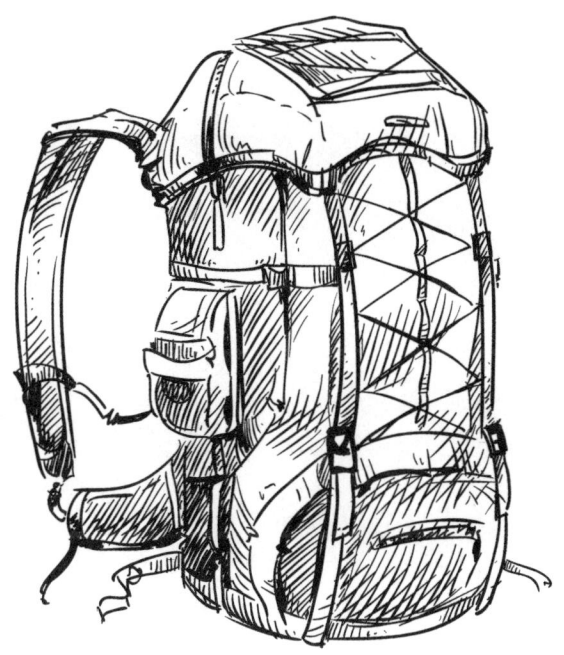

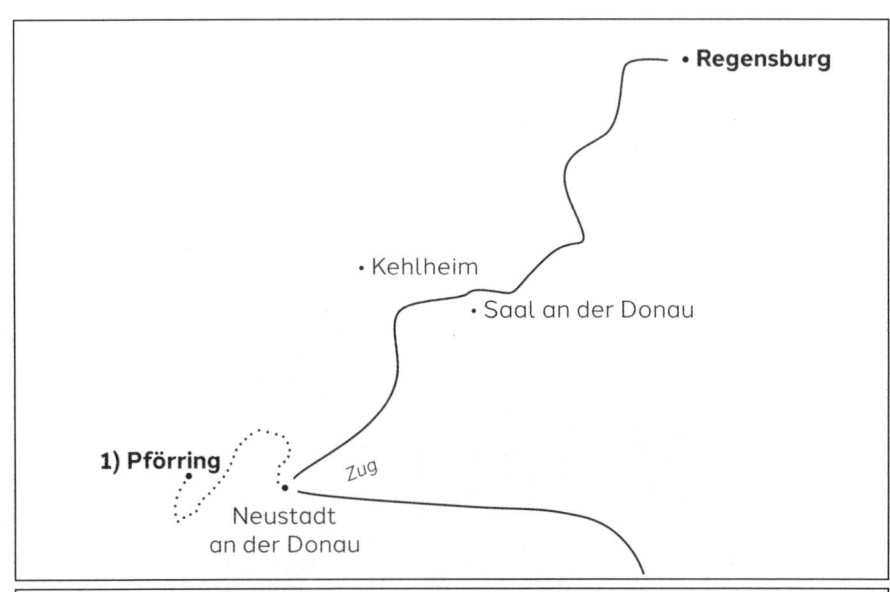

• **Regensburg**

• Kehlheim

• Saal an der Donau

1) Pförring   Zug

Neustadt
an der Donau

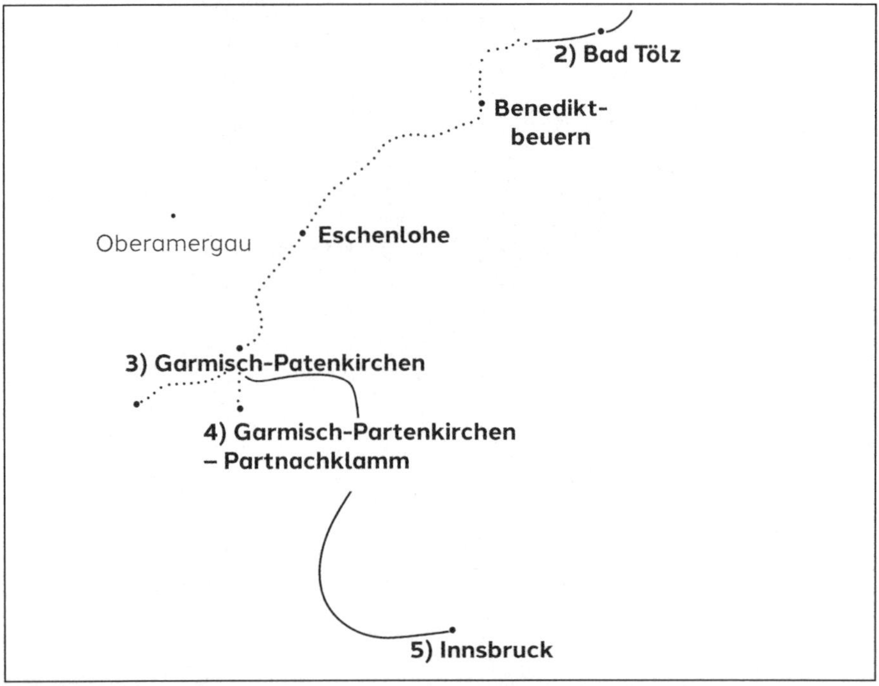

2) Bad Tölz

**Benedikt-
beuern**

• Oberamergau   • **Eschenlohe**

3) Garmisch-Patenkirchen

**4) Garmisch-Partenkirchen
– Partnachklamm**

5) Innsbruck

Unterwegs in Oberbayern und Tirol

1 Sich Zeit lassen

An einem warmen Frühsommertag starte ich meine Suche nach dem guten Leben im Norden von Oberbayern. Der Rucksack drückt auf meine Schultern und fühlt sich noch etwas fremd an. Ich habe mich beim Packen sehr beschränkt: genau abgezählte Wechselwäsche, Waschzeug, ein kleines Notizbuch und ein Bleistift, Sonnenschutz und Regenkleidung, mein Handy mit Aufnahmeequipment und ein paar gespeicherte Hörbücher. Kein Buch zum Durchblättern. Dafür reichte der Platz nicht. Auf meiner Suche werden mich neun Kilogramm zusätzliches Gewicht begleiten. Ich ziehe die Schulterriemen zurecht. Die richtige Position habe ich noch nicht gefunden. Aber für die erste Etappe wird es schon gehen. Für heute ist ein Treffen mit Georg, einem Fotografen mit bewegter Biografie, geplant. Es ist nicht unsere erste Begegnung, es gab vor einigen Jahren bereits ein flüchtiges Kennenlernen. Damals war ich in Marokko unterwegs. Für einen Abstecher in den Jardin Majorelle habe ich mich einer Fotoreisegruppe angeschlossen, die Georg leitete. Ich war von seiner ausgeglichenen, besonnenen Art sofort beeindruckt. Damals dachte ich mir: Der ruht in sich und weiß, wie man es schafft, zufrieden zu sein.

Jetzt möchte ich wissen, ob ich richtig liege und was er dazu sagt. Am Telefon hat mir Georg sofort zugesagt, sich mit mir treffen zu wollen – allerdings gab er zu bedenken, dass er nicht wisse, ob er sich als Mensch, der ein gelingendes Leben führt, eignen würde. Aber ja, zufrieden sei er schon. Und von seinem Leben erzähle er mir gerne.

Hopfen beruhigt

Mein Weg zu Georg führt mich an dunkelgrünen, ordentlich gereihten Hopfenfeldern vorbei. Die noch jungen Kletterpflanzen recken sich kraftvoll an den Rankhilfen nach oben, aber es wird noch etwas dauern, bis sie ihre endgültige Höhe von bis zu neun Metern erreicht haben werden und die Dolden im Spätsommer dann abgeerntet werden können. Die Sonne strahlt. Es ist ein schöner Tag. Ich bin in geradezu feierlicher Stimmung, als ich die kleinen Nebenstraßen, die links und rechts von saftigen Birken gesäumt sind, entlanggehe. Ich fühle mich so frisch wie das Grün der kleinen Blätter, die von einer sanften Brise hin und her gewiegt werden. Interessant, wie wach mich die Neugierde auf das Bevorstehende macht.

Das Haus von Georg finde ich auf Anhieb. Bevor ich auf den Klingelknopf drücke, atme ich erst einmal tief durch. Hoffentlich entpuppt sich meine Suche nicht als totaler Blödsinn, geht es mir durch den Kopf. Aber jetzt bin ich ja schon mal da. Ein Zurück wäre jetzt auch keine Option. Ich straffe meine Schultern unter den gepolsterten Rucksackriemen und klingle. Es kann losgehen. Die Tür öffnet sich schwungvoll, und ich werde mit einem warmen Lächeln von Georg in Empfang genommen. Nach ein paar Begrüßungsworten frage ich, ob wir lieber gemeinsam eine Runde gehen oder uns irgendwo hinsetzen sollen. Georg lacht. „Magst vielleicht erst mal einen Kaffee?"

Eine gute Idee! Mit einer Tasse zum daran Festhalten redet es sich schließlich leichter. Der Beginn des Gesprächs ist dann so locker-leicht, dass es sich anfühlt, als wären wir schon lange gute Freunde. Ich trinke einen Schluck und richte meine Aufmerksamkeit auf Georg. Im Internet habe ich gelesen, dass er Fotograf, aber auch Theologe und NLP-Trainer ist und Webseiten gestaltet.

„Das ist eine ganze Menge. Wer oder was bist du denn nun?", will ich von ihm wissen.

Georg lacht. „Wenn ich das wüsste ..."

Dann überlegt er eine Weile.

„Ja, das ist wirklich meine Krux, dass ich so viel Verschiedenes mache und immer noch auf der Suche bin: Wer bin ich eigentlich, wo möchte ich hin?"

Georg schweigt einen Moment. Es sieht so aus, als müsste er Anlauf nehmen. Dann redet er weiter. „Ich fange mal einfach von vorne an zu erzählen: Als ich ein kleiner Junge – drei Jahre alt – war, da haben meine Mutter und meine Oma einen Test mit mir gemacht. Sie haben einen Geldbeutel, ein Stück Brot und einen Rosenkranz auf den Tisch gelegt. Ich sollte mir eines davon aussuchen. Und ich hab mir den Rosenkranz genommen. Der hat mir am besten gefallen. Dann stand fest: Der Bub wird Pfarrer. Und in diese Rolle bin ich sozusagen ‚hineingewachsen worden'. Ich hab dann auch tatsächlich mein Theologiestudium begonnen. In der Phase wollte ich wirklich Priester werden. Bis zu meinem Studium bin ich aus der Erwartung nicht mehr rausgekommen: ‚Der wird mal Pfarrer.' Und dann war das eben meine Rolle. Das hat mich geprägt. Meine Oma hat mir von da an auch immer Bücher geschenkt, zum Beispiel von Pater Pio, einem italienischer Wundmalträger. Das Schlimmste war für mich, dass ich während der Pubertät immer wieder einen Traum hatte: Da war ich verheiratet und hatte Kinder. Aber das durfte ich ja nicht, weil ich berufen war."

Georgs und mein Blick treffen sich. Ich bin von Georgs Offenheit berührt. Schweigend trinken wir beide unseren mittlerweile lauwarmen Kaffee.

„Hast du dich damals berufen gefühlt?", frage ich.

Georg überlegt. „Ich weiß nicht. Ich hatte eher das Gefühl, ich wachse da in ein Bewusstsein rein, dass ich etwas Besonderes bin", meint er. „Im Nachhinein hat das meine Rolle als Ministrant noch gestützt. Da fühlt man sich tatsächlich als etwas Besonderes, wenn man in der Kirche vorne steht und den Altar vorbereitet."

Ich sehe, wie Georg seine Schultern hochzieht. Dann seufzt er. „Ich glaube, das war nicht gut", fügt er ergänzend hinzu.

Vor meinem geistigen Auge tauchen Textfragmente von Georgs Homepage auf. Dort schreibt er viel von Berufung. „Glaubst du, jeder Mensch ist irgendwie berufen?", will ich wissen.

„Ja, das glaube ich. Aber damit meine ich eine andere Berufung als die Hinführung auf den Priesterberuf. Früher war mit ‚Berufung' auch wirklich nur gemeint, dass jemand Pfarrer wird. Da gab es nichts anderes. Dass jeder Mensch im Leben eine Aufgabe hat, diesen Gedanken gibt es noch gar nicht so lange."

Jetzt bin ich neugierig geworden. „Und was ist deine Berufung?", frage ich nach.

„Ich sehe es als meine Berufung, dass ich Menschen über Bilder an ihre eigene Kraft heranführe. Also über innere Bilder, über äußere Bilder und auch über Fotografie. Das ist der rote Faden, den ich gefunden habe."

Bilder also. Das klingt stimmig. Ich lasse meinen Blick durch Georgs gemütliches Wohnzimmer schweifen. Warme Farben dominieren den Raum. Viele Fenster umrahmen den Blick in den Garten.

„Wann bist du denn zum ersten Mal bewusst Bildern begegnet und hast gemerkt, dass sie für dich eine Bedeutung haben?", hake ich nach.

Georg lächelt. „Gute Frage", meint er, lehnt sich zurück und reibt sich mit der Hand über den Nacken. „Bewusst haben Bilder für mich eine Bedeutung bekommen, als ich damals aufgehört habe, bei der Kirche zu arbeiten. Ich habe eine Fortbildung gemacht, bei der es um die eigene Berufung ging. Ein Thema war dabei der sogenannte Identitätsdiamant. Das Bild vom Diamanten hat mir sehr gut gefallen."

Georg malt die Form eines Diamanten in die Luft. Dann fährt er fort. „Da habe ich auch eine Idee bekommen, was ich als meine Berufung sehe. Das hat sich in allen Lebensbereichen dann wiedergefunden: Ich möchte Menschen zu ihrem ‚Eigenen' hinführen. Als ich schließlich begonnen habe, Fotografie auch in Kursen anzubieten, ging das immer mehr in die Richtung Meditative Fotografie. Das bedeutet, dass ich nicht einfach drauflos fotografiere, sondern dass ich ‚meine Bilder' finde, dass ich offen dafür bin, was und wem ich begegnen möchte. Dann entstehen Bilder, die Kraft vermitteln."

Auch ich mache natürlich Fotos. Daran muss ich jetzt denken: Ich knipse. Immer dann, wenn mir etwas gefällt, öffne ich die Kamera meines Handys und drücke auf den Auslöser. Ich will den Moment einfach festhalten. Manchmal auch nicht einfach, sondern mehrfach. Dabei habe ich mir noch nie Gedanken darüber gemacht, ob diese Bilder mir später mehr sagen als das, was auf den Aufnahmen auf den ersten Blick zu erkennen ist. Das bringt mich ins Grübeln. „Kann man so etwas lehren? Bilder zu machen, die Kraft vermitteln?", frage ich nach.

„Ja, ich glaube schon. Ich habe schon viele Kurse zum Thema Meditative Fotografie angeboten. Die Rückmeldungen waren meist, dass bei den Leuten während des Kurses viel passiert ist. Sie sagen: ‚Ich fotografiere jetzt viel bewusster. Ich habe Bilder, die mir etwas sagen.'"

Georgs Blick wirkt für einen Moment nicht fokussiert. Er lächelt und seine Gesichtszüge erscheinen weich. „Wenn es um Meditative Fotografie geht, dann bin ich ganz bei mir selbst", sagt er. Ob zu mir oder einfach in den Raum bleibt offen.

„Dann hörst du also immer wieder einen inneren Ruf, der dich in eine bestimmte Richtung begleitet?", will ich wissen.

„Ja", sagt Georg. Ohne weitere Erklärung. Es ist alles gesagt.

Eine Weile sehen wir beide schweigend aus dem Fenster. In Georgs Garten lassen sich ein paar Vögel auf einer Hecke nieder.

Ich versuche, noch ein wenig mehr über Georgs Leben, über seine Geschichte vor und hinter den Fotos zu erfahren.

„Ich gehe mit dir jetzt noch einmal zurück. Du hast dein Theologiestudium beendet. Danach war sicher eine Entscheidung notwendig", stelle ich fest.

„Ja, ich hab – statt Priester zu werden – geheiratet und eine Anstellung als Pastoralreferent angetreten. Fünf Jahre war ich in einer Pfarrei. Danach habe ich ins Seelsorgeamt des Ordinariats gewechselt. Dort war ich 15 Jahre. Am Ende dieser Zeit hatte ich dann eine schwere Lebenskrise. In meiner Ehe wurde es schwieriger, und es gab Probleme. 1997 bin ich ausgezogen. 2000 war die Scheidung. 2003 habe ich wieder geheiratet."

Georg schweigt kurz. Dann fügt er an: „Und das war gut."

Ich sehe, wie Georg schmunzelt. Das verleiht dem „Gut" Leichtigkeit.

„Ich habe wahrgenommen, dass du radikale Schritte in deinem Leben im Rückblick als gut für dich bezeichnest", stelle ich fest.

Georg wiegt seinen Kopf hin und her. Dann meint er: „Der Weg an sich war nicht leicht. Aber im Rückblick sehe ich, dass ich drei tolle Kinder habe, für die ich sehr dankbar bin. Das fünfte Enkelkind ist gerade unterwegs." Georg lächelt. Es wirkt, als wolle er damit unterstreichen, dass in der Rückschau die Puzzleteile seines Lebens jetzt am richtigen Platz zu liegen gekommen sind. „Meine erste Frau und ich waren wahrscheinlich zu unterschiedlich, darum ist die Beziehung vermutlich gescheitert. Aber am Schluss hat alles irgendwie gestimmt. Oder überhaupt: Am Schluss stimmt es. Ich habe ein tolles Verhältnis zu meinen drei Kindern. Es war alles kein einfacher Weg, aber ein Weg, der wohl irgendwie richtig war. Ich denke oft, dass man – auch von schwierigen Situationen – im Nachhinein immer etwas mitnehmen kann."

Georg schweigt einen Moment. Ich will schon etwas in die Stille sagen, halte aber dann doch inne. Georg fährt fort: „Mein Theologiestudium hatte vielleicht einfach nur den Sinn, dass ich für mich gemerkt habe: Ich möchte Seelsorge betreiben. Die ganze Dogmatik, die während des Studiums dabei war, hat mich ziemlich wenig interessiert." Jetzt lacht Georg und seine Augen lachen mit. „Das tut es bis heute nicht. Aber das Thema Seelsorge kommt bei mir auch beruflich jetzt immer wieder mit rein. Ich glaube, das ist irgendwie meine Berufung: Menschen zu begleiten."

Mit dem Kinn deutet Georg auf meine Kaffeetasse. Dankbar halte ich sie ihm hin. Das Rattern der Kaffeemaschine untermalt die Pause. Würziger Duft von gemahlenen Bohnen erfüllt den Raum. Als Georg wenig später mit zwei aufgefüllten Tassen wiederkommt, setzen wir unser Gespräch fort.

„Du hast dich aber erst einmal bewusst von der kirchlichen Seelsorge verabschiedet. Ich meine, Scheidung und erneute Heirat bedeuten im kirchlich-katholischen Kontext ja, dass man seine Stelle verliert. Da hast du auf einen Schlag ziemlich viel verloren", spreche ich meine Gedanken laut aus. Georg nickt.

„Ja. Der größte Verlust war mein Auszug. Meine Kinder waren gerade erst in der Pubertät. Das war für mich sehr schwer. Und schmerzhaft. Es war eigentlich das Schmerzhafteste überhaupt, meine Kinder zurückzulassen."

Ich sehe, dass die Worte Georg nicht unberührt lassen. Auch mein Hals wird für einen Moment eng. Dann seufzt Georg und fährt fort. „Es hat dann auch lange gedauert, bis meine Kinder wieder Kontakt zu mir zulassen konnten. Ich wollte ihnen alle Zeit lassen, die sie brauchten. Es war gut, dass ich das durchgehalten habe. Es war wirklich ein langer Prozess bis zur Heilung. Ich glaube, mit den Kinder ist jetzt alles gut. Bei anderen Sachen braucht es noch Zeit."

Dieses offene Resümee beeindruckt mich.

„Was hilft dir – damals und heute –, mit schweren Situationen umzugehen? Einen langen Atem zu haben?", möchte ich wissen.

Georg lacht. „Ja, das mit dem langen Atem ist vielleicht meine Strategie."

„Bist du ein geduldiger Mensch?", lasse ich nicht locker.

Georg lässt mich gewähren. Er nickt mir zu, als wolle er meine Frage legitimieren. „Ja, manchmal zu geduldig. Die Krise hat bei mir fünf Jahre gedauert. Ich glaube, das war die schlimmste Zeit in meinem Leben. Eine Zeit, eine Zwischenphase, wo nichts entschieden war. Wo du nicht weißt, wo du hingehörst. Was auch verwirrend war: Ich habe meine jetzige Frau genau in dieser Zeit an der Arbeitsstelle kennengelernt. Und wir haben festgestellt, dass wir seelenverwandt sind, oder wie man das auch nennen will. Das hat die Spannung aber noch erhöht. Ich war damals ja noch verheiratet. Das hat ziemlich viel Stress ausgelöst: Probleme zu Hause, eine neue Beziehung und die wachsamen Augen des Arbeitgebers Kirche."

Georg schweigt kurz, ehe er den Faden wieder aufnimmt. „Es war eine gute Sache, dass ich damals schon als Computerbeauftragter der Diözese für den Aufbau der ersten Internetseite zuständig war. Die Kompetenzen, die ich dadurch erworben habe, waren dann das Sprungbrett in die Selbstständigkeit. Begonnen hab ich sozusagen als Pionier im Webdesign."

Über das Webdesign zur Leidenschaft für Fotografie – und zu einer neuen beruflichen Aufgabe, die Georg erfüllt: Ich stelle fest, dass es manchmal einen Umweg braucht, um zu sich selbst zu finden. Und Geduld – etwas, das mir allzu häufig fehlt.

„Mir ist aufgefallen, dass ganz unten in deiner Vita steht, dein wichtigster Wert sei die Freiheit. Was ist das für dich?", frage ich.

Georg muss nicht lange überlegen.

„Dass ich selbst entscheiden darf, wie und was ich lebe und was mir wichtig ist. Dass mir niemand vorschreibt, was ich zu tun habe. Dass ich meine Kreativität leben darf, so wie ich es mir vorstelle. Es ist nicht immer leicht, frei und selbstständig zu sein. Aber ich habe es noch keinen Tag bereut! Ich würde nicht noch einmal zurückgehen."

Ist Freiheit aber auch gleichbedeutend mit Zufriedenheit? Geht das Hand in Hand? „Würdest du dich als zufriedenen Menschen bezeichnen?", frage ich nach.

Georgs Antwort kommt schnell und mit fester Stimme: „Ja, schoo!"

„Was ist für dich der Unterschied zwischen Glück und Zufriedenheit?", frage ich weiter.

„Das ist so ziemlich dasselbe für mich", meint Georg und zuckt mit den Schultern.

Ich versuche es mit einem Umkehrschluss: „Dann bist du also ein glücklicher Mensch?"

Jetzt wirkt Georg nachdenklich. „Ein glücklicher Mensch?", wiederholt er meine Frage. „Nicht in allen Bereichen. Manchmal wäre ich gerne noch ein bisschen freier, würde gerne noch mehr umsetzen. Und es gibt natürlich auch bei mir die Momente, in denen ich mich gestresst fühle. Besonders wenn beim Fotografieren die Technik nicht so mag wie ich."

Georg schmunzelt und wird dann wieder ernst.

„Und es gibt Situationen, in denen ich Angst vor der Zukunft habe. Oder einfach ohne Ruhe losfotografiere." Georg denkt kurz nach. „Aber im Grunde bin ich schon richtig glücklich. Und ich bin für vieles dankbar. Jeden Tag. Wenn ich morgens aus dem Fenster schaue, wenn ich die Natur sehe, Blumen und Tiere beobachte. Dafür, dass ich das jeden Tag genießen darf. Ich bin dankbar für meine Kinder, für meine Frau. Es gibt so viel, für das ich dankbar sein darf."

In sich selbst ruhen – das ist die Assoziation, die ich habe. Mir fällt wieder das „Zeit-Lassen" ein, von dem Georg gesprochen hat. Darum muss ich noch etwas nachfragen: „Wie geht es dir, wenn es manchmal sehr hektisch ist? Was bringt dich zur Ruhe und erdet dich?"

Georg dreht beide Handflächen nach oben. „Ich erlebe wenig Hektik. Ich habe auch keine Angst, irgendwie unterzugehen. Überhaupt nicht. Da gibt es bei mir so ein Urvertrauen: Ich bin getragen. Das hilft."

Was für eine tiefe Überzeugung! Ich sehe Georg an und weiß, dass er alles genau so meint, wie er es gesagt hat.

„Kommt das aus dir? Oder wurde dir das mitgegeben?" frage ich.

Georg lächelt mich an. „Ich glaube, das ist die Verbindung zu Gott – oder wie man das auch immer nennen mag. Ich sehe Gott als einen sehr weiten Begriff. Das hat wenig mit dem Verständnis der Kirche von Gott zu tun. Spiritualität ist mir hingegen sehr wichtig: die Verbindung zu etwas Größerem. Ich meditiere jeden Tag. Das brauche ich für mich. Das ist dann anders als Gott, wie ich ihn in meinem Theologiestudium gelehrt bekommen habe. Der wurde damals in eine Schublade gelegt. Da hieß es: ‚So ist er, so ist er nicht, dieser Gott.' Das ist dann für mich nicht mehr Gott. Da kann ich als Mensch doch nicht darüber bestimmen, wie eine göttliche Instanz ist oder zu sein hat."

Ich glaube, ich kann den Gedanken folgen. Dennoch möchte ich es noch etwas genauer wissen: „Was ist dann Gott für dich?"

„Schwer zu sagen. Ich will Gott nicht als Person begreifen. Für mich ist Gott so etwas wie der Sinn, der hinter allem steckt. Und ich weiß, er ist da. Und ich bin sehr offen für verschiedene Denkweisen. Dabei hilft mir auch das Meditieren. Das schaffe ich in letzter Zeit glücklicherweise immer regelmäßiger", erklärt mir Georg.

Mit einer Hand streiche ich über den Tisch. Er steht zwischen uns, doch wo in anderen Situationen diese Barriere vielleicht hilfreich ist und die nötige Distanz schafft, ist er jetzt einfach wie ein Geländer, an dem wir uns beide entlangtasten können. Ich lege den Kopf schief und wende mich wieder an Georg. „Gibt es jemanden, der dich in deinem Leben geprägt hat?"

Georg nickt und sieht dabei entschlossen aus. „Ja, den gibt es. Ich war neun Jahre im Internat. Wir sind dort streng erzogen worden. In den letzten beiden Jahren bekamen wir an der Schule einen neuen Chef. Der hieß Georg Weinzierl. Der war für mich ein großes Vorbild. So stelle ich mir einen richtig guten Seelsorger vor. Was der uns an kleinen Zeichen gezeigt hat, das hat bei mir gewirkt."

Georgs Augen wandern nach links oben. Er scheint einer Erinnerung nachzuspüren.

„Wir hatten einen großen Speisesaal. Vorne gab es eine Bühne", fährt er fort. „Dort oben saßen der Chef und die Präfekten beim Essen. Wenn die etwas übrig gelassen haben, haben sie einen von uns ausgewählt, den sie hergewinkt haben und der dann den Rest des guten Essens bekommen hat. Die erste Amtshandlung vom neuen Chef Weinzierl war, dass er das abgeschafft hat. Er hat sich einen Tisch ganz hinten in den Speisesaal gestellt und hat dort gegessen."

Weitere Szenen fallen ihm nach kurzem Nachdenken ein. „Draußen am Sportplatz lag einmal ein Betrunkener im Straßengraben. Weinzierl ging nach draußen, hat ihm aufgeholfen, sein Radl geschoben und ihn nach Hause begleitet. Einen hat er betreut, der schon viele Kirchen-einbrüche gemacht hat. Den haben wir mit Weinzierl auch einmal im Gefängnis besucht. Als der Häftling wieder frei kam, hat er das nächste Ding gedreht. Da hat sich Weinzierl wieder mit ihm zusammengesetzt. Er hat ihn einfach nicht aufgegeben. Damals habe ich mir gedacht: Ja, so könnte ich mir mein Leben auch vorstellen. So stelle ich mir Seelsorge vor. Das war der Grund, warum ich überhaupt doch mein Theologiestudium mit Priesterseminar angefangen und den Weg als Pfarrer eingeschlagen habe. Sonst wäre ich wahrscheinlich vorher abgesprungen. Im Studium habe ich dann aber gemerkt, dass das in der Theorie gar nicht dasselbe ist. Meine erste Frau hat mich dann sozusagen aus dem Priesterseminar wieder rausgeholt."

Die Geschichte über Georgs Vorbild erzeugt bei mir eine intensive Resonanz. Es muss ein Segen sein, wenn Menschen wie diese den eigenen Weg kreuzen.

„Glaubst du, Menschen haben auf andere Menschen einen Einfluss? Einen Einfluss darauf, dass sich diese verändern?", frage ich.

„Ja, mit Sicherheit. Auch ich wäre gerne so ein Mensch. Ein guter Begleiter. Aber ich denke, das hat man nicht in der Hand. Ich möchte nicht planen oder steuern, jemanden zu beeinflussen. Aber es wäre schön, wenn ich vielleicht an einem Punkt ein Vorbild sein kann. Ich freue mich, wenn ich das dann sein darf."

Georg steht auf und greift nach meiner Tasse. „Magst noch einen Kaffee?", fragt er und zwinkert mir zu.

Da sage ich nicht Nein. Ich bin gerade rundum zufrieden. Und dankbar dafür, dass Georg mir von sich und seinem Leben erzählt hat. Nach einer weiteren Tasse Kaffee beschließen wir, doch noch eine Runde miteinander zu gehen. Georg zeigt mir den See am Ortsrand – für ihn ein besonderer Kraftort.

Weniger ist oft mehr

„Kurz vor Sonnenaufgang ist hier jede Menge los: Vögel zwitschern um die Wette, Enten flattern, an der Wasseroberfläche tauchen Fische auf. Da bin ich allein und doch in guter Gesellschaft", erzählt er mir bei unserer ersten Seeumrundung. Bei der zweiten Runde weist er mich auf die Magie des Lichts hier am See hin. Ich merke, wie gut es mir tut, mir die Zeit zu nehmen, um darauf zu achten. Und habe plötzlich eine Erkenntnis, die so banal klingt, dass ich lachen muss: Sich Zeit zu nehmen kann tatsächlich glücklich und zufrieden machen. Vielleicht nicht sofort. Das hat der Zeitfaktor so an sich. Denn sich Zeit zu nehmen – oder besser: sich Zeit zu lassen – braucht eben auch Zeit. Georg hat das für sich in der Meditativen Fotografie gefunden. Er erzählt mir, er habe sich dadurch den Raum geschaffen, bewusst schauen und aufmerksam wahrnehmen zu können. Das eine würde das andere dann auch bedingen: „Wenn ich mir Zeit nehme, kann ich aufmerksamer sein. Wenn ich bewusst schaue, entdecke ich mehr."

Für Georg bedeutet Meditative Fotografie ohnehin „weniger ist mehr". Er nehme sich beispielsweise vor, nicht mehr Fotos zu machen, als auf einen analogen Film passen würden. Nicht alles müsse fotografiert werden, was vor die Linse kommt. Ein Reduzieren täte gut. „Es hilft mir dabei, Ballast abzuwerfen."

Aber nicht nur die Zahl der Fotos möchte er in der Meditativen Fotografie beschränken. Auch das, was auf dem Bild schließlich zu sehen ist, sei reduziert. Und auch mit Farben sei Georg sparsam. Oft reichten Schwarz und Weiß. „Das Motiv wird dadurch deutlicher und pur."

Manchmal fotografiere er auch „leeren Raum": endlosen Himmel, nur eine Baumkrone am Bildrand.

„Mir gelingt es, durch diese Art des Fotografierens Stress abzubauen. Meine Gedanken finden Ruhe. Da reicht oft schon eine Viertelstunde, sich auf ein einziges Motiv zu konzentrieren", meint Georg und beschreibt es als ein „In-die-eigene-Mitte-Kommen". Für ihn sei Meditative Fotografie nicht eine Technik, sondern eine Haltung. So könne es gelingen, dass Bilder eine Energie entwickeln: während des Fotografierens, und auch wenn die Bilder dann später irgendwo hängen und betrachtet werden.

Ich bekomme Lust, auch mal einen Kurs Meditative Fotografie bei Georg zu besuchen. Und ich fühle mich rundum wohl, zufrieden und richtiggehend geborgen. Ob das an Georgs Ausstrahlung oder an der Stille am See liegt, kann ich nicht sagen. Vielleicht an beidem.

Der Abschied fällt mir irgendwie schwer und ist ebenso herzlich wie die Begrüßung. Ich schultere meinen Rucksack und mache mich wieder auf den Weg. Erst mal zu einer kleinen Pension, in der ich übernachten werde. Morgen dann zum Bahnhof. Denn ich will meine Tour 150 Kilometer weiter im Süden fortsetzen. Während ich weitergehe, hänge ich meinen Gedanken nach. Das geht im Rhythmus der Schritte besonders gut. Was mich dabei am intensivsten begleitet, ist ein großes Glücksgefühl: Ich habe Zeit! Und ich kann und darf mir die Zeit auch lassen.

Gelassenheit! Sofort!

Am nächsten Tag frühmorgens sitze ich im Zug nach München, um dann von dort nach Bad Tölz weiterzufahren, wo ich meine nächste Interviewpartnerin treffen werde. Langsam werde ich etwas unruhig. Der Zug müsste sich längst in Bewegung setzen. Tut er aber nicht. Irgendwann kommt eine Durchsage: „Wegen Signalstörungen verzögert sich die Abfahrt unseres Zuges auf unbestimmte Zeit." Das darf doch wohl nicht wahr sein! Ich bin noch gar nicht losgefahren und weiß jetzt schon, dass ich meinen Anschlusszug in München nicht erreichen werde. Gerade war ich noch so beseelt von meiner ersten Begegnung gestern und der Aussicht auf das Treffen heute. Jetzt merke ich, dass es mit meiner Ruhe schnell vorbei ist. Ich bin genervt und schaue immer wieder nervös auf die Uhr. Ich werde zu meiner nächsten Begegnung zu spät kommen. Meine Suche nach dem guten Leben geht ja gut weiter ... Ich versuche, zu atmen und mich weniger von meinen stetig kreisenden Gedanken leiten zu lassen.

Sich Zeit lassen – die Erkenntnis von gestern wiederhole ich sozusagen als Mantra gedanklich in Dauerschleife. Ich will entspannt und gelassen sein, verdammt nochmal! Das mag mir erst nicht wirklich gelingen. Aber dann sehe ich mich um. Ich versuche, mich darauf zu konzentrieren, was im Augenblick da ist. In meinem Abteil sitzt eine Frau. Die habe ich vorhin nur flüchtig wahrgenommen. Sie sitzt mir gegenüber und sieht aus dem Fenster. Vor ihr auf dem Boden hat sich ein Hund breitgemacht. Und was für einer! Ein Labrador-Pudelmischling – groß wie ein Kalb. Ich registriere weitere Details. Die Frau hat neben sich ein Blindenhundgeschirr auf der Bank liegen. Ich mustere den Hund genauer. Er scheint meinen Blick zu spüren und hebt träge seinen Kopf. Dann sind seine Lebensgeister plötzlich geweckt, er erhebt sich in voller Größe, stupst mich mit seiner Schnauze an und macht dabei fiepende Geräusche. Die Frau richtet sich auf und dreht ihren Oberkörper in meine Richtung.

„Hat er Sie schmutzig gemacht?", fragt sie besorgt.

Ich lache, verneine, und wir kommen über den Hund ins Gespräch. Die Frau erzählt, sie sei vor einigen Jahren erblindet und habe jetzt erst den Blindenhund als Hilfe bekommen. Sie seien immer noch dabei, sich aneinander zu gewöhnen. Leider habe ihr Hund in der Zeit des Lockdowns wegen Corona einiges verlernt. Deshalb sei die Blindenhundprüfung nicht so gut gelaufen, und sie müssten noch einmal zur Nachprüfung. Bei den Worten tätschelt die Frau liebevoll den riesigen Labradoodle. Die Frau wirkt auf mich ungewöhnlich gut gelaunt. Sie lasse sich nicht so leicht unterkriegen, erklärt sie mir auch prompt. Es gäbe so viel, über das sie sich freue. Da sei es einfach unnötig, sich über ein paar nicht so gelungene Dinge aufzuregen.

„Ich fotografiere für mein Leben gerne. Ich bin zwar blind, aber Umrisse kann ich noch ein wenig erkennen. Durch meine Digitalkamera kann ich mir also immer noch ein Bild von Dingen machen. Die anderen Leute reagieren halt immer ganz irritiert, wenn sie mich mit meinem Blindenhund beim Fotografieren antreffen", erzählt sie lachend.

Schon wieder jemand, der beim Fotografieren Erfüllung findet, schießt es mir durch den Kopf.

Ihre Mobilität, die sie jetzt durch ihren Hund wieder mehr zurückgewinne, sei ein Segen. Sie habe sich kürzlich mit ihrem Mann auch ein Tandem gekauft, damit sie gemeinsame Fahrradtouren machen könnten.

Nur einen geeigneten Hundeanhänger bräuchten sie noch. Der Hund müsse schließlich mit. Ich stelle mir das Vehikel vor und muss lachen. Die Frau lacht auch und meint: „Da werden wir sicherlich einige Blicke auf uns ziehen."

Ich habe gar nicht richtig registriert, dass der Zug mittlerweile fährt. So ins Gespräch vertieft, merke ich erst im letzten Augenblick, dass wir irgendwann in München angekommen sind. Ich verabschiede mich von der Frau, wünsche ihr noch viele Glücksmomente mit ihrem Hund und eile zum Gleis, an dem mein Anschlusszug abfahren soll. Von dem sehe ich dann nur noch den letzten Waggon in der Ferne aus dem Bahnhof fahren. Egal. Ich bin wieder ganz bei mir und meiner Suche. Die zufällige Begegnung im Zug hat mir gezeigt, dass es sich nicht lohnt, sich über Dinge aufzuregen, die man nicht ändern kann. Während ich auf dem Bahnsteig auf den nächsten Zug warte, tippe ich eine Kurznachricht an meine Interviewpartnerin und entschuldige mich schon mal für mein Zuspätkommen. Dass ich den Dingen manchmal die Zeit lassen muss, die sie eben brauchen, und dass ich nicht alles in der Hand habe, muss ich noch lernen und üben. Ich werde dran bleiben!

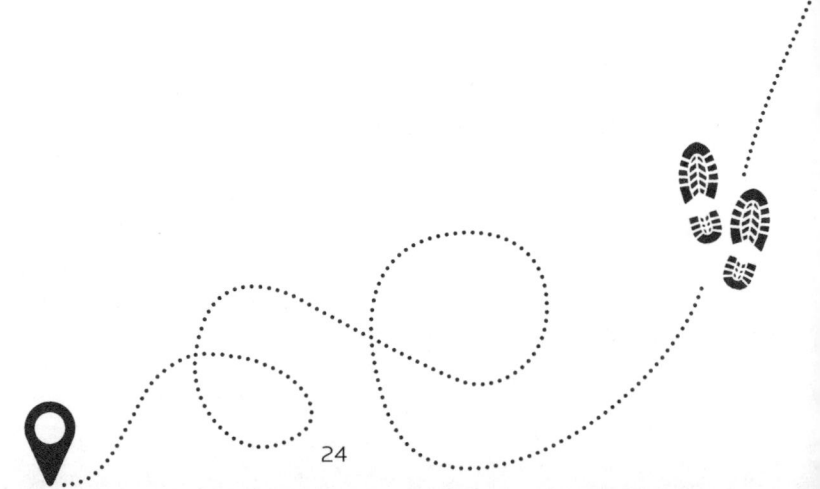

2 Die individuelle „Bestimmung" finden

Endlich in Bad Tölz angekommen und aus dem Zug ausgestiegen, verfalle ich dann doch in Laufschritt, um wenigstens ein paar Minuten gutzumachen. (Das mit dem Zeitlassen muss ich wirklich noch üben!) Dass das nicht die allerbeste Idee war, merke ich, als ich nicht nur erwartungsgemäß zu spät, sondern auch total verschwitzt vor meinem Ziel – einer alten, wundervoll renovierten Villa – stehe. Birgit Schneider, die Hausherrin und meine heutige Interviewpartnerin, steht neben einer anderen Frau, die eine Harke in der Hand hält, und unterhält sich. Dann sieht sie auf und unsere Blicke kreuzen sich. Wir kennen einander nicht. Frau Schneider ist eine derjenigen, von der mir andere erzählt haben, sie würde es auf besondere Weise verstehen, ein gutes Leben zu führen. Unser Treffen haben wir per Mail verabredet. Ich habe die Webseite von Frau Schneider vorher studiert und mich informiert. Aber eigentlich weiß ich nicht, wer und was mich erwartet.

„Schön, dass Sie da sind", sagt Birgit Schneider und kommt auf mich zu. „Ich würde gerne ein Stück mit Ihnen gehen. Natürlich nur, wenn Sie mögen", schlägt sie vor, ohne meine Verspätung oder mein schweißnasses Gesicht weiter zu kommentieren.

Ja, das will ich auch gerne. Meinen Rucksack stelle ich im Eingangsbereich der Villa ab, in der Birgit Schneider Tagungsräume vermietet und ihre Praxis als Gestalttherapeutin hat. Ich fühle mich mit einem Mal leicht. Und das liegt nicht nur an dem Gewicht des Rucksacks, das ich abgelegt habe.

Himmel und Erde verbinden

Wir schlagen den Weg in Richtung Wald ein. Dort ist es angenehm kühl. Birgit Schneider beginnt auch gleich, mir zu erzählen, dass sie diese Strecke sehr gerne möge und häufig ginge. Dann lächelt sie mich an und fragt: „Also, was wollen Sie wissen? Fangen Sie einfach an."

Ich lasse mich nicht lange bitten – denn schließlich bin ich genau deshalb hier. Zuerst versuche ich zusammenzufassen, was ich über Birgit Schneider weiß: „Sie leben immer schon in Bad Tölz. Ganz in der Nähe, im Kloster Benediktbeuern, haben Sie auch studiert."

Meine Weggefährtin nimmt bereitwillig den Faden auf. „Ja, wenn man Benediktbeuern liebt, dann bleibt man. Es ist ein uraltes Kloster. Diese alten, verwurzelten Klöster … Ich fühle mich in vielen Klöstern zu Hause. Knarzende Böden – und ansonsten Stille. Das Kloster Benediktbeuern ist mitten im Dorf. Da zieht es mittlerweile viele junge Leute zum Studieren hin. Es ist einfach ein schöner Ort."

Ich versuche zu formulieren, was ich gerade denke. „Und jetzt haben Sie sich selbst so einen schönen Ort mit Ihrem Seminarhaus geschaffen, das Sie in einer alten, selbst renovierten Villa betreiben."

Birgit Schneider schmunzelt.

„Ja, vielleicht", sagt sie. Dann überlegt sie einen Moment. „Aber es ist schon noch einmal etwas anderes", konkretisiert sie dann. „ Ich habe in Benediktbeuern Theologie studiert und dann in München zum Thema Feministische Ethik promoviert. Die Frauenfrage in der Theologie war immer ein großes Thema für mich. Diese freie Spiritualität war für mich wichtig. Nach der Promotion habe ich gemerkt, dass ich etwas Eigenes machen möchte. Erst habe ich aber in der Frauenseelsorge gearbeitet. Diese sieben Jahre nach der Promotion waren auch eine schöne Zeit mit tollen Frauenteams. Da wurde gute Arbeit geleistet."

Ich weiß, dass Birgit Schneider als Gestalttherapeutin arbeitet. Und das schöne Seminarhaus, von dem aus wir losgelaufen sind, hat sie selbst gestaltet – und belebt. Ich habe den Eindruck, dass neben mir eine Frau geht, die ihre Bestimmung im Gestalten, im Verändern gefunden hat. Deshalb frage ich nach: „Kann es sein, dass Sie große Lust haben zu gestalten?"

Birgit Schneider zögert. Schließlich sagt sie: „Ich weiß nicht, ob das mein erstes Ziel ist. Ich will auf jeden Fall etwas bewirken. Irgendetwas, das bleibt. Für mich war es beispielsweise eine große Befriedigung, ein Buch zu schreiben. Es ist für mich schwierig, mich festzulegen, was mein Sein oder mein Leben ist. Die verschiedenen Phasen meines Lebens waren sehr unterschiedlich. Die Kindheit, die Mutterphase, dann Studium und Promotion, die Frauenseelsorge und dann das Selbstständigmachen – eben nochmal etwas Neues gestalten. Ich habe immer zwei große Pole: Das eine ist das, was ich nach Außen verkörpere, welche Person ich bin, was ich schaffe, in welcher Rolle ich wirke. Und daneben stellt sich die Frage: Was will meine Seele? Bei aller Veränderung und in den unterschiedlichsten Phasen meines Tuns ist meine Seele ja dieselbe geblieben. Ich stelle mir schon immer wieder die Frage: Was ist mein Seelenplan? Was hat meine Seele in diesem Leben für einen Auftrag?"

Ihre Fragen bringen mich zum Nachdenken. Das funktioniert im Gehen erstaunlich gut. Meine Gedanken sind in Bewegung. Neugierig frage ich nach: „Haben Sie schon eine Antwort darauf gefunden?"

Aus dem Augenwinkel sehe ich, wie Birgit Schneider neben mir lächelt. „Ja, immer wieder. Ich gehe schon davon aus, dass wir ganz viele Leben haben. Das glaube ich einfach. Ich hatte immer wieder Déjà-vu-Erlebnisse. Gerade auch, wenn ich in Klöster komme. Da habe ich das Gefühl: Ja, da war ich schon einmal. Deshalb denke ich, meine Seele hat schon viele Leben hinter sich. Aber sie ist immer dieselbe geblieben, sie ist immer auf derselben Suche und will etwas lernen, ihren Plan verwirklichen. Ich glaube, mein Seelenplan ist es, dass ich Himmel und Erde verbinde. Im Alltag – Kinder, Enkel, Saubermachen, Planen, Gartenarbeit – alles, was man auf der Erde macht: bodenständig und geerdet sein. Und dann gibt es auch immer wieder diesen göttlichen Kosmos, diese göttlichen Momente, diesen Spirit. Und den gilt es, zu spüren und sozusagen durchs Fleisch zu ziehen."

Wir bleiben kurz stehen. Unser Weg ist gesäumt von dickstämmigen Bäumen. Durch die Blätter schiebt sich Sonnenlicht, das auf dem Feldweg in tausend Lichtsprenkeln ankommt.

„Für mich hört sich das an, als würden Sie eine ganz vertrauensvolle Spiritualität leben", gebe ich meine Gedanken preis.

Birgit Schneider nickt. „Genau! Wenn ich morgens aufstehe, ist da erst einmal diese Erde – ich recke mich, weil mein Rücken wehtut. Dann fahre ich morgens um sechs an den See und genieße es, zu schwimmen, wenn noch kein Mensch da ist. Und ich lege mich auf den Rücken und schaue in den Himmel – das sind die Momente, da könnte ich platzen vor Glück. Mein Geist – oder mein Gott, oder mein Spirit – ist so nah. Und den kann ich dann wie ‚einatmen'. In dem Moment habe ich Himmel und Erde verbunden."

„Sie gehen von einer großen Fülle aus", vermute ich.

Birgit Schneider lacht laut. „Ja, unbedingt. Wenn wir hier zum Beispiel so laufen: Da ist doch Fülle überall! Ich habe zum Beispiel eine Klausurklientin, die kommt immer nur wegen dieser Bäume hier."

Birgit Schneider macht eine ausladende Geste zu den Bäumen links und recht von uns. „Die geht dann zwei-, dreimal am Tag auf und ab und saugt hier diese Stämme der Buchen ein. Das ist doch göttlich! Das hat so einen Naturbezug und so eine Erdung."

Wir setzen unseren Weg fort und treten kurz darauf aufs freie Feld.

„Sie haben am Anfang erzählt, dass es in Ihrem Leben viele Übergänge gegeben hätte. Das sind ja oft Phasen im Leben, wo man nicht so stabil steht, sondern eher wankt und nach Halt sucht. Hat Sie diese Erdung bei den Übergängen begleitet, oder mussten Sie die immer neu suchen?"

Wir haben einen gemeinsamen Rhythmus im Gehen gefunden. Zwei, drei Schritte lässt Birgit Schneider sich mit ihrer Antwort Zeit. Dann meint sie: „Das, was ich jetzt so gesagt habe, das war mir als Kind oder Jugendliche nicht so bewusst. Ich bin als Kind schon gerne auf einem Baum gesessen oder hier in der Gegend Fahrrad gefahren. Das hab ich halt einfach so gemacht. Der Seelenplan oder die Lebenskunst heißt ja, dass ich das nicht allein schaffe. Ich habe natürlich die Freiheit, mein Leben so zu gestalten, wie ich das möchte. Irgendwie fühlt es sich so an, dass ich zu den vielen Stufen, die ich im Leben nehmen musste, eingeladen worden bin. Und dieser Einladung bin ich gefolgt."

Zum nächsten Schritt eingeladen zu werden – die Vorstellung gefällt mir. Und doch merke ich, dass ich einen Einwand loswerden muss. „Und Sie hatten die Wahl?", frage ich nach.

Birgit Schneider antwortet prompt.

„Nicht immer. Oft war es auch Zwang. Da hab ich auch gehadert. Im Nachhinein hat es sich dann herausgestellt, dass es das Richtige war. Man macht einen Schritt nach dem anderen. Meine Eltern waren sehr kriegsbetroffen, vielleicht auch traumatisiert. Meine Mutter war sehr ängstlich. Mein Vater war im Krieg und viele Jahre in Gefangenschaft. Die hatten schon sehr genaue Vorstellungen, wie etwas zu sein hatte. Da hab ich mich anpassen müssen. Die Freiheit war dann für mich, mit 17 meinen Mann kennenzulernen und mit 19 zu heiraten. Da haben viele gefragt: Wo ist denn da deine Freiheit? Aber doch, es war meine Freiheit – dieses andere Leben."

Wieder ist von Freiheit die Rede. Birgit Schneider ist sie wohl ähnlich wichtig und wertvoll wie Georg, der mir gestern seine Gedanken dazu erzählt hat.

„Auf diese Weise war es wohl legitim, sich vom Elternhaus zu befreien", vermute ich.

„Genau!", stimmt Birgit Schneider mir zu. „Meine Eltern haben meinen Mann immer geschätzt und diese Ehe sehr forciert. Das war eben so Anfang der Siebzigerjahre in Bad Tölz. Da konnte man nicht einfach so zusammenleben, ohne verheiratet zu sein. Mein Mann war damals 23 und sein Vater schon über siebzig. Sie hatten einen Handwerksbetrieb. Den hat mein Mann dann übernommen. Da waren mein Mann und ich sehr früh in der Verantwortung. Auf der einen Seite haben wir uns frei gefühlt, waren verliebt, haben die Wochenenden in den Bergen verbracht. Aber die Verantwortung war sehr groß. Der Betrieb, frisch verheiratet und dann zwei kleine Kinder – das war schon zum Teil heftig. Kennengelernt habe ich meinen Mann in der Schule. Wir sind im selben Gymnasium gewesen. Mein Vater und mein Schwiegervater waren sich einig, dass ich im Betrieb mithelfen solle. Ich habe also eine Betriebswirtschaftsschule besucht. Vorübergehend habe ich dann im Betrieb mitgearbeitet. Aber das hat unserer Ehe nicht gutgetan. Als unsere Kinder in den Kindergarten und die Schule gekommen sind, habe ich zu studieren begonnen. Die Vorlesungen waren vormittags. Mittags war ich dann wieder zu Hause. Und nachmittags haben wir alle gemeinsam Hausaufgaben gemacht. Das war eine wunderbare Zeit. Mein Mann hat das auch sehr genossen. Ich habe viele Studienfreunde gehabt. Die sind oft zu uns zum Lernen gekommen. Ich hab ja auch meine Kinder und meinen Mann verköstigt. Wir haben uns dann alle bei uns im Garten getroffen. Ich war wirklich dermaßen gut durchorganisiert. Um halb eins war das Essen für alle im Ofen."

Birgit Schneider bleibt kurz stehen und wirft einen Blick in den Himmel. Da braut sich etwas zusammen. Dicke schwarze Wolken ziehen auf. Doch davon lässt meine Gesprächspartnerin sich nicht ablenken.

„Es durfte dann allerdings auch nicht zu viel werden", fährt sie fort. „Ich habe mich in das wissenschaftliche Denken schon sehr reingeworfen. Das hat mir aber nicht gutgetan. Es ist eigentlich gar nicht meins, nur im Kopf zu sein. Das war zu viel Hirn. Der Bauch und die Spiritualität, das hat dann einfach gefehlt. Ich habe gemerkt, dass ich mich zu stark in die Hirnarbeit vertieft habe – das hat zu viel Raum eingenommen. Ich bin letztlich auch krank geworden. Da habe ich gemerkt: Ich muss da weicher, offener und weniger streng werden. Struktur brauche ich allerdings – auch heute noch. Ich habe schließlich die Gestalttherapie für mich entdeckt. Ich habe erkannt, wie leicht es auch gehen kann. Das war für mich erfüllend."

Wir haben schon eine ansehnliche Wegstrecke hinter uns und steuern zwischen den Feldern ein Café in der Ferne an. Da beginnt es zu tröpfeln. Wenige Augenblicke später öffnet der Himmel seine Schleusen, und wir werden nass bis auf die Haut. Mit schnellen Schritten gehen wir zum Wald zurück und stellen uns bei den Bäumen unter, um abzuwarten. Vom Regen, der auf die Blätter trommelt, untermalt, erzählt Birgit Schneider weiter.

„Ich stelle mir immer noch die Frage: Wer bin ich? In vielen Rollen bin ich jemand anders. Wenn ich zu Hause bin, bin ich jemand anders, als wenn ich unterwegs bin. Ich finde, das ist auch gut so. Für mich ist das Entscheidende, dass ich Vertrauen habe, dass das Leben es gut mit mir meint. Dass dieser göttliche Funke in mir glüht. Wenn ich auf ihn höre und ihm folge, dann ist es gut. Wenn ich mir selber einbilde, dass etwas so sein muss, dann muss ich mir etwas beweisen. Und dann wird es anstrengend. Das war zum Beispiel so bei meiner Promotion. Da wollte ich vor allem meinem Vater etwas beweisen. Das hat mich schließlich ja auch krank gemacht. Jetzt weiß ich: Es darf leicht sein. Das Leben hat für mich Leichtigkeit parat, wenn ich dem Weg folge. Es hat keinen Sinn, sich vorzustellen, was sein muss. Dann habe ich Scheuklappen und werde blind. Ich versuche, den leichten Signalen zu folgen: Freu dich. Lass dich darauf ein. Sich vom Leben einladen zu lassen, sozusagen."

Als der Regen etwas nachlässt, kehren wir zur Villa Vivendi, dem Refugium von Birgit Schneider, zurück. Auf dem Weg erzählt sie mir, wie sie zu ihrer schamanischen Ausbildung gekommen ist und was sie mit dieser Arbeit in Kombination mit anderen therapeutischen Kompetenzen bewirkt. Immer wieder betont sie, dass die Verbindung zwischen Erde und Himmel ihr auch dort hilft, gut zu arbeiten und zu begleiten. Die Beispiele aus ihrer Arbeit klingen spannend, und ich höre gebannt zu. Ruckzuck sind wir – zwar tropfnass, aber beschwingt – wieder im Ort angekommen.

„Alles, was Sie mir erzählt haben, hinterlässt bei mir so ein Gefühl von Stimmigkeit", sage ich, weil es sich genau so anfühlt.

Birgit Schneider nickt. „Ich glaube, meine Lebenserfahrung ist hier von Vorteil. Das Leben von einer höheren Warte aus zu sehen, hilft mir dabei, meinen Klienten zu helfen. So kommen wir irgendwann an den Kern. An den Sinn. Für manche Menschen ist der Sinn des Lebens, Geld zu verdienen. Das ist auch in Ordnung. Aber es ist eine ganz andere Perspektive. Ich finde es spannend, mich auf die Suche zu machen, was die Seele – egal, welcher Person – will. Meine Seele will Himmel und Erde verbinden, damit das Spirituelle und das Geerdete einander immer wieder gegenseitig befruchten und eine Einheit bilden – dass das eine Selbstverständlichkeit bekommt."

Unser Rückweg führt uns durch ein Wohngebiet. Wir kommen an vielen alten Häusern mit eingewachsenen Gärten vorbei.

„Geht das auch losgelöst? Also nur in der Spiritualität zu sein oder nur in der Erdung, im Alltag? Kann jedes für sich Erfüllung sein?", frage ich nach.

Birgit Schneider verändert kurz den Takt ihrer Schritte und legt den Kopf schief.

„Ich glaube schon", antwortet sie. „Man muss ja nicht explizit spirituell sein, um ein großes Vertrauen ins Leben zu haben – oder dankbar zu sein. Wenn ich zutiefst dankbar bin für mein Leben, für das, was ich bin und was ich tue, dann brauche ich das Wort ‚Gott' vielleicht gar nicht in den Mund zu nehmen."

Kurz bevor wir vor der Villa stehen, hat der Regen aufgehört. Ehe wir am Ziel sind, will ich noch eines wissen: „Sind Sie ein dankbarer Mensch?"

Birgit Schneider lacht und blickt sich um. „Ich bin sehr dankbar. Für all das hier. Für meine Mitarbeiterinnen. Wenn ich die nicht hätte … Für die gute Luft hier. Für das klare Wasser. Für die Stille. Ich fühle mich reich beschenkt."

Jetzt stehen wir in der Einfahrt zur Villa. Birgit Schneider deutet auf eine Vogelskulptur, die neben dem Weg thront. „Oder für diesen Adler hier. Den haben wir erst seit ein paar Tagen. Wir haben ihn aus Innsbruck von einem Künstler bekommen. Der gehört da einfach hin. Der verbindet Himmel und Erde."

Ich nehme mir Zeit, um die Skulptur genauer anzusehen. Der Adler ist wirklich ein schönes Sinnbild für das gesamte Gespräch.

„Was halten Sie davon, wenn wir uns jetzt erst einmal umziehen und uns dann noch auf meinen Balkon setzen?", schlägt Birgit Schneider vor.

Es stellt sich heraus, dass die Idee mehr als gut ist: Der Balkon der Villa Vivendi markiert den höchsten Punkt von Bad Tölz. Von dort aus hat man einen traumhaften Ausblick. Der Espresso, den meine Gastgeberin uns zubereitet, tut gut. Wir plaudern noch ein wenig, und die Zeit verfliegt. Es ist bereits später Nachmittag. Frau Schneider schlägt vor, mich ein Stück mitzunehmen, damit mein heutiger Fußweg noch machbar ist. Das Angebot nehme ich gerne an. Birgit Schneider setzt mich in einem kleinen Dorf ab, von wo aus man das Kloster Benediktbeuern, von dem sie so geschwärmt hat und in dem ich meine nächste Nacht verbringe, gut erreichen kann. Ich bedanke mich bei ihr für das bereichernde Gespräch und die Autofahrt. Wir verabschieden uns, und ich bin sicher, dieser beeindruckenden Frau bestimmt irgendwann noch einmal zu begegnen.

Über Feldwege und Nebenstraßen, vorbei an Pferdekoppeln und Wegkreuzen schlage ich also den Weg zum Kloster Benediktbeuern ein. Jetzt trübt keine einzige Wolke mehr den blauen Himmel. Meine vom Regenguss nassen Klamotten baumeln zum Trocknen außen an meinem Rucksack. Die beiden Zwiebeltürme der Klosterkirche sehe ich schon von Weitem. In der Klosterschänke bekomme ich schließlich noch ein Abendessen und fühle mich am Abend meines zweiten Tages satt – körperlich und geistig. Ich bleibe nicht lange sitzen, denn lieber als den Betrieb im Biergarten möchte ich das Klostergelände auf mich wirken lassen. Ich spaziere noch ein wenig herum, bewundere den alten Bauerngarten und die vielen verwinkelten Gebäude. Meine Unterkunft hier ist ein einfaches Zimmer im Gästehaus des Klosters. An einem Kleiderbügel am offenen Fenster hänge ich meine noch klammen Wandersachen auf. Ich schiebe den Klamottenvorhang etwas beiseite. Von hier aus kann ich hinter der Klostermauer die Spitzen einiger Berge erkennen, die langsam von der einsetzenden Dämmerung verschluckt werden. Einige Minuten stehe ich einfach nur da und schaue. Mehr brauche ich heute nicht mehr. Dann lege ich mich in das schmale Klosterbett. Der Lattenrost knarrt, als ich mich zur Seite drehe. Während ich einschlafe, denke ich an die Worte von Birgit Schneider über die herrliche Ruhe in alten Klöstern – und daran, was wohl mein „Seelenplan", meine Bestimmung, sein könnte.

Ich mit mir (fast) allein
Am nächsten Morgen nach einem einfachen, aber ausreichenden Frühstück in einem riesigen Saal mit Deckengemälde mache ich mich weiter auf den Weg. Ich werde nach Eschenlohe gehen. Für heute ist kein

Interview geplant. Also werde ich viel Zeit für mich und mit mir haben. Beschwingt lege ich los. Und natürlich bin ich nicht wirklich allein auf weiter Flur. Mir begegnen Leute auf Fahrrädern oder welche, die mit ihren Hunden unterwegs sind, und Bauern, die mit dem Traktor an mir vorbeituckern. Ich grüße alle im Vorbeigehen. Die meisten winken und grüßen zurück. Manche würdigen mich aber auch keines Blickes. Sie verschanzen sich hinter ihren verspiegelten Sonnenbrillen, hasten eilig vorbei oder treten hart in die Pedale. Ich kann es ihnen nicht verübeln. Oft genug bin ich eine von ihnen. Eine, die es eilig hat und von einem Termin zum nächsten rennt. Links und rechts kaum etwas wahrnimmt. Es muss schließlich alles schnell gehen heutzutage. Wie wunderbar es ist, diesmal Zeit zu haben.

Gerade noch habe ich die Alpen vor Augen, auf die ich geradewegs zusteuere. Dann bin ich plötzlich mitten im Naturschutzgebiet mit Bäumen, Sträuchern und Farnen um mich herum. Was auf der Landkarte wie eine riesige Wasserfläche aussieht, ist eine Niedrigmoor-Landschaft. Um mich herum flattern Schmetterlinge. Es riecht nach Kamille und würzigen Brennnesseln. Ich bin einige Kilometer unterwegs, ohne jemandem zu begegnen. Und ich bin erstaunt darüber, wie gut ich das aushalten kann. Als ich wieder auf freier Flur bin, freue ich mich aber trotzdem darüber, in der Ferne ein Gefährt näherkommen zu sehen. Bei genauerem Hinsehen erkenne ich einen Mann auf einem Fahrrad mit Anhänger. Hinter dem Gespann trippelt ein Rauhaardackel. Der Hund hat Mühe, mit dem Tempo des Radfahrers mitzuhalten.

„Gehört der zu Ihnen?", frage ich den Mann, als er auf meiner Höhe angelangt ist.

Der Radfahrer bremst, steigt ab und nickt. „Ja, der braucht Bewegung. Er mag es gerne, wenn er mit uns einen Ausflug machen darf."

Ich bin dankbar dafür, kurz stehen bleiben zu können, denn meine Waden brennen ein wenig. Der Mann mustert mich. „Wo wollen Sie denn hin?"

Ich erzähle ihm von meiner heutigen Etappe. Er schürzt anerkennend die Lippen. Dann gibt er mir einen Tipp, wie ich auf schönerem Weg an mein heutiges Ziel kommen könne. Ein Junge steckt seinen Kopf aus dem Fahrradanhänger. Meine Begrüßung erwidert er nur mit konsequentem Schweigen.

„Das ist der Simon", stellt der Mann mir seinen Enkel vor. „Und der Hund heißt Simmerl. Wenn ich nach einem der beiden rufe, kommen sie immer zu zweit angerannt."

Nach den Ausführungen seines Großvaters wird der Junge dann doch gesprächig und erzählt mir, dass er mit Opa zum Kochelsee fährt und dort ein Eis bekommt. Ich überlege kurz, ob ich mich zum Eisessen am See anschließen soll. Der Gedanke ist sehr verlockend. Dann denke ich an die Kilometer, die noch vor mir liegen, und entscheide mich fürs Weitergehen auf meiner Route. Ein bisschen reden wir noch übers Wetter und darüber, dass der Mann es als großes Glück empfindet, jetzt als Rentner endlich jeden Tag Zeit für seinen Enkel zu haben und zusammen mit ihm oft etwas unternehmen zu können. Schließlich verabschieden wir uns und machen uns auf getrennte Wege.

Die Begegnung hat mir wieder etwas Energie verliehen. Meine Schritte werden wieder schneller, und ich freue mich auf den Abstecher über den Berg Hohentanne, den mir der Mann empfohlen hat. Dazu muss ich erst einmal hoch zum Freilichtmuseum Glenleiten. Ich überlege, ob ich mir die alten, hier neu aufgebauten Bauernhäuser ansehen soll. Doch der Aufstieg auf 750 Meter zieht sich. In der prallen Sonne schleppe ich mich eine schmale Teerstraße hoch, weiche dem an mir vorbeidonnernden Müllauto aus und sehne mich von Minute zu Minute mehr nach einer Pause – und vor allem nach Schatten! Als ich vor dem Eingangsgebäude des Museums stehe, sind mir die alten Bauten mehr als egal. Ich kann nicht mehr! Am liebsten würde ich mich auf das Gras am Straßenrand setzen und keinen Schritt weitergehen. Einige Hundert Meter weiter oben sehe ich eine Alm. Ich reiße mich zusammen. Bis dorthin schaffe ich es noch! Ich schleppe mich also weiter.

Auf der Kreutalm angekommen, bekomme ich einen Tisch auf der Terrasse mit herrlichem Ausblick. Nachdem ich einige Schlucke von meinem kalten (alkoholfreien!) Bier genommen habe, schaue ich mich um. Der Kochelsee liegt tief unten im Tal. Von hier oben betrachtet, ändert er vor meinen Augen sekündlich seine Farbe. Wie ein kleiner Zauberkessel, in dem ein ganz besonderes Gebräu vor sich hin köchelt. Trotz der beeindruckenden Aussicht und der Erfrischung bessert sich meine Laune nicht. Ich bin in ein Stimmungstief gefallen, das ich mir selbst nicht erklären kann. Eine graue Schwermut legt sich über meine Schultern wie ein nasser, viel zu schwerer Mantel. Ich will ihn am liebsten abschütteln. Das kann doch nicht sein: Mitten in herrlichster Umgebung verdunkeln meine eigenen Gefühlswolken den Himmel. Und ich kann noch nicht mal mit jemandem darüber sprechen. Meine einzige Gesellschaft bin ich. Gerade ist das ziemlich wenig. Ich seufze, trinke aus und bezahle. Vielleicht hilft weitergehen.

Wie sich herausstellt, kommt vor der Erleichterung erst einmal die Wut. Die Sonne brennt immer noch vom Himmel. Meine Waden brennen auch, und ich frage mich, wie ich auf die bescheuerte Idee kommen konnte, mich zu Fuß auf die Suche nach dem guten Leben zu machen. Pah! Leise schimpfe ich vor mich hin. Dann beginnt der Wald. Das Licht verwandelt sich von blendend hell in ein sich ständig veränderndes Spiel aus Licht und Schatten. Es wird kühler. Ich konzentriere mich auf meine Umgebung und versuche, meine trüben Gedanken für einen Moment sein zu lassen. Die hohen Buchen, die meinen Weg säumen, lassen den Wald beinahe magisch erscheinen. Ich nehme ein paar Atemzüge und leite mich in Gedanken dazu an: ein – aus – ein – aus. Langsam lädt sich mein Akku wieder auf. Meine Gedanken wechseln ihre Farbe von dunkelgrau zu – na ja, vielleicht zu graugrün. Meine Stimmung wird von Schritt zu Schritt wieder besser. Die nächsten Kilometer denke ich gar nicht mehr. Ich bin einfach nur auf dem Weg. Gehe. Schritt für Schritt. Bergauf. Langsam.

Endlich! Nach einer Stunde Aufstieg habe ich den Scheitelpunkt erreicht. Ich lasse mich auf einer Bank nieder und sehe mich um. Im Rücken die Alpen. Unter mir der Staffelsee. Ich freue mich, dass es jetzt nur noch bergab geht. Und meine Beine freuen sich auch.

Nach dreißig Kilometern und etlichen Höhenmetern komme ich erschöpft und wieder einigermaßen in meiner inneren Mitte in Eschenlohe an. Auf dem Bauernhof, wo ich heute übernachten werde, steht schon die Bäuerin vor der Tür und erwartet mich. Alles, was ich jetzt noch brauche, ist eine Dusche und etwas zu essen.

Am Abend gehe ich trotz müder Beine noch ein bisschen durch das Dorf. Schließlich möchte ich wissen, wo ich hier gelandet bin. Ich setze mich auf eine Bank auf dem Dorfplatz vor der Kirche. Die Glocken bimmeln und mahnen einige ältere Leute zur Eile, weil die Messe gleich beginnt. Orgeltöne dringen an mein Ohr. Kurz beobachte ich den kleinen Auflauf vor dem Gotteshaus. Dann stehe ich wieder auf und gehe ein paar Schritte weiter. Vor einem Haus in der Nachbarschaft der Kirche sitzt eine alte Frau auf einer Bank. Sie hat auf ihrem Schoß ein Heft liegen. Als sie mich sieht, winkt sie mir zu. Ich erkenne, dass das, womit dem sie beschäftigt ist, Kreuzworträtsel sind. Ich spreche sie darauf an und frage, ob sie denn gerne rätseln würde.

Sie lacht. „Ja, das gefällt mir ganz gut. Außerdem – das glauben Sie gar nicht – kann man auch als alte Frau immer noch etwas Neues dazulernen."

Grenzen überwinden

Ich habe gut geschlafen – trotz der unzähligen Fliegen in meinem Zimmer. Die gehören wohl einfach dazu, wenn man auf einem Bauernhof übernachtet. Nach dem Frühstück verabschiede ich mich von der Bäuerin. Sie führt ein liebevoll-resolutes Regiment im Bauernhaus. Dabei wirkt sie wie die Ruhe selbst. Während sie mir meine Rechnung ausstellt, wuselt ihre Enkeltochter zwischen ihren Beinen herum. Auf die passe sie meisten auf, erzählt sie. Außerdem köchele auf dem Ofen schon das Essen für Mittag. Auf einem Bauernhof hätten alle eben einen gesunden Appetit. Nebenbei versorge sie die kleine Pension. So gehe das Leben hier Tag für Tag seinen Gang. Bewundernswert pragmatisch, finde ich.

Beschwingt mache ich mich auf den Weg zu meinem heutigen Ziel: Garmisch-Partenkirchen am Fuß der Zugspitze. Ich folge der Loisach stromaufwärts im Schatten der Bäume. Das Knistern der Blätter von Birke, Ahorn und Esche untermalt ganz bescheiden im Hintergrund das kräftige Rauschen des eisblauen Gebirgsbachs. Ich habe es nicht eilig. An einer Biegung der Loisach setze ich mich auf eine Bank und lasse meinen Blick und meine Gedanken schweifen. Herrlich! Keine Spur von Schwermut. Meine Stimmung ist wieder stabil.

Knapp fünf Kilometer vor meinem Ziel verlasse ich schließlich das Flussufer. Es geht ab jetzt mal wieder bergauf. Erst über einen schmalen Pfad über Laub und Wurzeln durch ein Waldstück, dann entlang eines breiten Wanderwegs. Um schließlich zum richtigen Weg für das letzte Stück zu gelangen, muss ich ein steiniges, steiles Stück bewältigen. Das kostet Mühe. Ich muss jeden Schritt konzentriert setzen. Lose Steine purzeln mir immer wieder entgegen. Als ich das steilste Stück geschafft habe, wird der Weg leichter. Jetzt sollte es durch die Wiese flach weitergehen. Eigentlich. Doch vor mir tut sich ein Hindernis auf: Ich stehe Auge in Auge mit einer Kuh. Die wäre nicht das Problem, an der könnte ich vorbeigehen. Allerdings ist zwischen uns ein Zaun aus hüfthohen textilen Maschen. Und der ist geladen. Der leichte Stromschlag, den ich beim Versuch, den Zaun niederzudrücken, bekomme, ist eindeutig: Hier komme ich nicht weiter. Es sieht aus, als würde die Kuh meine Gedanken lesen, denn plötzlich wirkt ihr Blick mitleidig. Ich sehe mich um. Zurückgehen würde einen Umweg von mindestens zwei Stunden bedeuten. Also muss ich mir einen anderen Weg suchen und hoffen, auf den richtigen Pfad zurückzukommen. Es wird eine kleine Klettertour am Abhang. Der neun Kilo schwere Rucksack macht das Balancieren über den steilen Hang nicht gerade einfacher. Es ist abenteuerlich, und ein sicherer Tritt ist jetzt gefragt. Es kostet mich Anstrengung, Kraft und Konzentration. Und es dauert seine Zeit. Nach einer halben Stunde stehe ich auf der anderen Seite und habe – ein paar Abschürfungen und Kratzer an Händen und Armen inklusive – die Weide umrundet und bin zurück auf dem richtigen Weg. Mit etwas wackeligen Knien lasse ich mich erst mal auf einen Stein sinken und warte, bis sich mein Pulsschlag wieder beruhigt hat. Erst dann setze ich meinen Weg fort. Ab jetzt zum Glück ohne weitere Hindernisse. Die Belohnung für die Mühe bekomme ich etwa einen Kilometer später: Ich biege in den Philosophenweg Richtung Garmisch-Partenkirchen ab. Vor mir öffnet sich ein unbeschreiblicher Blick auf die Alpen. Gleich bin ich für heute am Ziel!

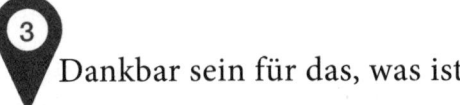

3 Dankbar sein für das, was ist

Nachdem ich am späten Nachmittag endlich angekommen bin, brauche ich erst einmal keine Gesellschaft, sondern verziehe mich gleich in mein Zimmer in der – diesmal vergleichsweise luxuriösen – Unterkunft, in der ich übernachten werde. Die wohlverdiente Dusche ist wie Balsam für mich. Ich lasse mich auf mein Bett fallen und schließe die Augen. Schläfrig lasse ich in Gedanken meinen heutigen Weg Revue passieren. Ich bin ein bisschen stolz auf mich, dass mich weder Bergaufstiege noch elektrische Zäune ausbremsen konnten. Irgendwann habe ich mich wieder so weit regeneriert, dass ich die Kraft aufbringen kann, aus dem Bett zu klettern und auf den Balkon zu treten. Mein Mund klappt wie von selbst auf. Die Bergkette zwischen Deutschland und Österreich von der Zugspitze über die Alpspitze bis zum Wetterstein säumt den Horizont. Die vorgelagerten Erhebungen sind bewaldet, und dazwischen leuchten Wiesen in hellem Grün. Auf den schroffen Bergfelsen dahinter kann ich einzelne Schneefelder erkennen. Über all dem gleiten ein paar weiße Schönwetterwolken wie Sahnehäubchen über den Himmel. Jetzt hält mich nichts mehr drinnen. Ich muss raus! Hastig ziehe ich mich an und gehe nach unten. Auf der Sonnenterrasse finde ich einen Platz. Dem Essen, das ich bestelle, kann ich kaum Aufmerksamkeit schenken. Zu beeindruckend ist die Aussicht. Ich könnte hier stundenlang sitzen und einfach nur schauen. Und das tue ich dann auch.

Grundvertrauen, das trägt
Abends treffe ich mich mit Harry Helfrich. Ich kenne den Mann mit den vielen Talenten – er ist Theaterwissenschaftler, Regisseur, Komponist, Schauspieler und Erzieher – aus den sozialen Medien und von seiner früheren Rolle als Altenpfleger Daniel in der bayerischen Fernsehserie *Dahoam is dahoam*. Wir haben schon öfter miteinander gechattet, persönlich gesehen haben wir einander aber noch nie. Während ich auf meinen Gesprächspartner warte, sitze ich auf der mittlerweile leeren Sonnenterrasse. Das Restaurant hat schon geschlossen, und alle anderen Hotelgäste haben sich zum Abendessen auf den Weg ins Zentrum von Garmisch-Partenkirchen begeben. Der Freisitz gehört mir ganz allein.

„Da sitzt sie ja schon, die Petra", dringt eine Stimme an mein Ohr. Am Aufgang zur Terrasse steht ein Mann in einem hellen Kurzarmhemd und mit schwarz gerahmter Brille und hebt winkend seine Hand. Ich erkenne Harry sofort und freue mich, als er sich zu mir setzt. Mühelos beginnen wir zu plaudern. Obwohl er hier groß geworden ist, beeindruckt ihn der Ausblick, den man hier oben hat, immer noch. Er nennt den Ort hier ganz ohne Pathos ‚Paradies'. Mit dieser Vorlage leite ich zum Interview über.

„Du sagst, dir ist bewusst, dass du im Paradies aufgewachsen bist", beginne ich mit einer Feststellung.

Harry nickt. „Genau. Aber ich muss ein bisschen weiter ausholen. Ich bin erst im Alter von zwei Jahren hierhergekommen. Meine Eltern haben sich scheiden lassen." Kurz überlegt Harry, dann fährt er fort: „Aber ich merke, ich muss noch viel früher beginnen. Denn das erklärt besser, woher ich wirklich komme und was das mit meinen ganz verschiedenen Interessen so auf sich hat. Meine Großeltern mütterlicherseits, das waren Preußen."

Harry wirft mir einen verschmitzten Blick zu. „Schlimm, gell?", lacht er. „Die hatten Ende der Dreißigerjahre ein Ferienhäuschen hier in Hammersbach in der Nähe von Garmisch-Partenkirchen. Gewohnt haben sie eigentlich in Magdeburg. Dann fielen dort Bomben. 1943 hat der Opa gesagt: ‚Frau, geh mit den Kindern nach Hammersbach. Dort unten in Bayern ist es ruhig.' Mein Opa musste im Krieg nach Frankreich. Da ist meine Oma mit ihren drei kleinen Kindern – meine Mutter war die Jüngste, Baujahr 1941 – nach Hammersbach gezogen. Und dort sind sie geblieben. Sie waren also die ersten Preußen in der Gegend. Meine Oma hat sich hier nie richtig eingelebt. Sie war so eine echte preußische Dame. Von der einheimischen Bevölkerung wurde sie nicht sehr freundlich aufgenommen. Aber sie hatte auch kein großes Interesse daran. Da gab es immer eine Distanz. Die Kinder wurden aber sehr schnell heimisch. Für sie war das okay. Nach dem Krieg gab es natürlich auch viele Ostvertriebene, die hier gestrandet sind. Die hatten dann am Samstag immer einen Bridge-Nachmittag. Da hat meine Oma mit drei Damen, die auch nicht aus Bayern waren, Bridge gespielt und Wein getrunken. Da merkst du, dass es nicht der Norm entspricht, dass ältere Damen Bridge spielen. Normal ist es, dass ältere Herren Schafkopf spielen. Das ist eine meiner ersten Kindheitserinnerungen."

Bridge-spielende Damen passen wahrlich nicht in mein Klischee-Bild von der bayerischen Provinz. „Sehr außergewöhnlich!", gebe ich Harry recht.

Der nickt und fährt fort: „Meine Eltern haben sich am Tegernsee kennengelernt und schnell geheiratet. Erst kam meine große Schwester, dann ich, und dann war die Ehe auch schon gleich wieder hinüber."

Obwohl das Thema ernst ist, bringt die Erinnerung daran – oder vielleicht die Wahl seiner Worte – Harry zum Schmunzeln. „Meine Mutter ging mit uns Kindern zurück nach Hammersbach zu den Großeltern. Bei ihnen bin ich aufgewachsen – mit der Mutter und der Schwester. Das war eigentlich ganz gut. Der Opa war am Wochenende da – sozusagen als Vaterfigur. Ich hab das wirklich nicht negativ empfunden. Aber ich war – in der damaligen Zeit hier auf dem Land – Scheidungskind und Protestant und eben ein bisschen anders. Das war schon okay. Man hat halt nicht so ganz dazugehört. Es war aber nicht so, dass ich darunter gelitten hätte."

Bei allem, was Harry sagt, schwingt eine gewisse Leichtigkeit mit. Ich habe aber nicht den Eindruck, als würde mein Gesprächspartner Dinge banal sehen. Im Gegenteil: Ich glaube, Harry hat sich all den Dingen in seinem Leben gestellt. Er hat sie betrachtet, abgewogen. Aber er muss die Stolpersteine nicht ewig als Ballast mit sich herumschleppen. Dennoch interessiert mich, ob ihm seine Sonderrolle als Kind bewusst gewesen ist. Harry muss nicht lange überlegen. „Klar. Man merkt halt, dass man nicht so ganz zu den Dorfkindern gehört. Man spielt dann schon mit Fußball, weil man es ganz anständig kann. Aber es ist klar, du bist da irgendwie nicht ganz dabei. Es ist irgendetwas falsch."

Harry lehnt sich an die grobe Holzlehne der wuchtigen Terrassenbank und wirft einen Blick auf die Bergkulisse. Dann setzt er wieder an. „Es war ja nicht so, dass ich gemobbt worden wäre. Gar nicht. Es war halt so. Das hat sich dann geändert, als ich aufs Gymnasium kam. Da vermischte es sich mehr. Da war es dann mehr so, dass man herabgeschaut hat auf die Kinder, die sehr starken Dialekt gesprochen haben. Wir haben in meiner Kindheit zu Hause nur Hochdeutsch gesprochen. Das war natürlich von den Großeltern geprägt: Die ländliche Bevölkerung, also die Bayern, sind Bauern und ungebildet. Ich hab dann später gemerkt, dass ich das auch ein bisschen verinnerlicht hatte – und dass das Scheiße war."

Ich bin beeindruckt, wie ehrlich Harry frühere Vorurteile ausspricht, und kann dadurch ein wenig besser verstehen, welche Rolle er als Kind eingenommen hat.

„Am Gymnasium hast du dann mehr dazugehört", vermute ich.

Harry zuckt mit den Schultern. „Irgendwie schon. Ich war zwar ein sehr fauler Schüler, aber ich bin eigentlich ganz gerne aufs Gymnasium gegangen. Es war dort offener. Und gemischter. Vielleicht war das auch prägend, dass es schön ist, wenn es vielseitig ist. Später lernt man dann andere Leute kennen. Schließlich ist zum ersten Mal das Theaterspielen im Schultheater dazugekommen – interessanterweise kam das eben nicht von meinem Vater, dem bekannten Schauspieler."

Ich fühle mich plötzlich ertappt. Denn eigentlich wollte ich mit der Frage weitermachen: „Du kommst ja aus einer Schauspielerdynastie. Da konntest du ja gar nicht anders, als selbst Schauspieler zu werden, oder?" Aber es ist doch anders, als ich es mir zurechtgelegt hatte. Das erzähle ich Harry. Er reagiert amüsiert. „Ja, man könnte meinen, ich hätte als Schauspieler ein Familienerbe angetreten. In Wirklichkeit ist es komplett anders. Ich bin ja bei meiner Mutter aufgewachsen. Mein Vater kam nur zweimal im Jahr zu Besuch, am Geburtstag und an Weihnachten. Er hat Geschenke gebracht, und wir sind chinesisch essen gegangen, zwanzig Jahre lang immer ins selbe Restaurant. Ich hab zwar meinen Vater damals nicht so nah kennengelernt – er war mehr wie ein Onkel für mich –, aber es war okay so. Ich hab es nicht anders gekannt. Ich habe auch keine Vaterfigur vermisst. Der Opa war ja im Haus. Im Nachhinein habe ich gedacht, es wäre vielleicht nicht schlecht gewesen, wenn man einen Vater gehabt hätte, der sagt: ‚So, jetzt reiß dich zusammen.' Der eben klare Ansagen macht. Das hat mir ein bisschen gefehlt. Mir ist schon vieles leicht gemacht worden. Aber das kann ich jetzt erst im Nachhinein so sehen."

Wir lassen beide die Worte stehen und genießen einen Moment einträchtig schweigend die Aussicht. Dann holt Harry Luft und erzählt weiter.

„Ich habe diese Schauspieldynastie nur bei Besuchen mitgekriegt. Meine Oma war ja auch Schauspielerin. Und zwei meiner Onkel. Wir waren öfter bei ihnen im Chiemgau. Es war ein völlig intaktes Verhältnis. Aber gesehen haben wir uns eben nicht oft. Und es gab keine enge Beziehung. Natürlich haben meine Schwester und ich schon gesehen, was es bedeutet, Schauspieler zu sein. Man bekommt mit, dass das nicht nur Spaß ist, sondern ein Beruf, für den man arbeiten muss. Und dass diese Scheinwelt hinter der Bühne wieder vorbei ist. Da sitzen die dann und haben eine Gaudi – oder auch nicht. Oder sie lösen ein Kreuzworträtsel oder machen etwas Ähnliches. Man hat als Kind schnell mitgekriegt, dass das ein Job ist. Der kann total schön sein, und man steht im Rampenlicht. Aber das ist dann auch hinter der Bühne wieder gut. Die Menschen haben auch ein Privatleben und sind nicht nur Schauspieler."

Harry hält inne und schmunzelt. „Natürlich waren wir auch ein bisschen stolz auf den Papa, der damals in vielen bayerischen Serien mitgespielt hat. Es war schön, wenn wir im Restaurant saßen und er wurde erkannt. Das ist schon klar."

Ich lasse mich dazu hinreißen, in Gedanken den Bildern nachzuhängen, die Harrys Schilderungen in mir hervorrufen. Da kommen – leicht verschwommen – auf alle Fälle ein roter Teppich und Blitzlichtgewitter vor. Auch wenn mir klar ist, dass das Unsinn ist. Ich will von Harry gerne wissen, ob es neben dem Stolz auf seinen bekannten Vater auch Momente gab, in denen ihn die Popularität des Vaters gestört hat. Harry zögert kurz, bevor er antwortet.

„Beides. Es freut dich natürlich schon, wenn dein Vater erkannt wird und die Leute ihn dann ansprechen. Andererseits fand ich es auch unangenehm, wenn du beim Essen sitzt, und die Leute schauen immer herüber. Man fühlt sich dann so ein bisschen beobachtet. Das habe ich eher als negativ empfunden. Denn ich wollte meinen Papa die zwei Tage, die ich ihn im Jahr hatte – vielleicht waren es auch fünf –, für mich haben. Oder für uns, also für mich und meine Schwester. Die Leute, die meinen Vater angesprochen haben, haben das private Treffen gestört. Es war dann einfach nicht mehr privat in dem Moment."

Harry überlegt einen Augenblick. Dann knüpft er wieder an. „Genau: Theaterdynastie. Ich hab damals schon gemerkt, wie Theater funktioniert. Es war schön, das zu erleben. Aber das war erst einmal nicht meine Welt. Zur Theatergruppe bin ich in der elften Klasse gekommen. Das war gar nicht unbedingt geplant, wobei schon klar war: Regie – also das große Ganze –, das hat mich interessiert. Aber nicht im Sinne von: Ich muss das machen."

Harry reibt nachdenklich mit den Händen über seine Jeans. Er erzählt, dass ihm nach dem Abitur nicht klar gewesen sei, wie es nun weitergehen solle. Deshalb habe er erst einmal seinen Wehrdienst absolviert. „Und dann kam die Erkenntnis: Es wird entweder etwas Soziales oder etwas Künstlerisches.

Das waren die beiden Sachen, die mich interessierten. Ich dachte mir: Mach doch mal Theaterwissenschaften. Das hab ich dann studiert. Nach meinem Abschluss bin ich zum Stadttheater in Ingolstadt – für eineinhalb Jahre als Regieassistent. Daneben machte ich schon ganz viel Studentenkabarett. In Jörg Maurers Unterton in München-Schwabing. Ich hab kleinere Szenen geschrieben und hin und wieder etwas inszeniert. Zeitgleich hatten wir in den Semesterferien im Jugendzentrum in Garmisch-Partenkirchen – wo ich jetzt arbeite – eine Theatergruppe mit ganz vielen jungen, ambitionierten Leuten, die dann später auch Profis geworden sind. Sebastian Bezzel war dabei. Und Christoph Süß. Da habe ich angefangen zu inszenieren. Das wiederum hat mein Vater einmal angeschaut. Und da hat er gesagt: ‚Du musst unbedingt zu uns zum Chiemgauer Volkstheater kommen.' So hat es sich mit Mitte zwanzig ergeben, dass ich plötzlich beim Chiemgauer Volkstheater Regie führen konnte. Ich war dann ganz schnell in der Volkstheater-Familie drin. Ich habe viel inszeniert, ein bisschen mitgespielt und ab dem Jahr 2000 auch Stücke geschrieben. Das war die Hochzeit, in der die Stücke des Chiemgauer Volkstheaters häufig im Fernsehen liefen. In der besten Zeit haben wir dort zehn Stücke pro Jahr gemacht. Wenn du da bei vier davon Regie geführt hast, dann war das schon großartig. Da ist man gut damit über die Runden gekommen. Und es war eine Arbeit, die auch Spaß gemacht hat. Ich war da voll drin als Teil dieser Theaterdynastie – und vorher eben gar nicht. Interessanterweise habe ich erst da angefangen, bayrisch zu sprechen – und auch auf bayrisch zu denken."

Ich lache auf, weil mich diese Aussage doch sehr verblüfft. „Du denkst auf bayrisch?", frage ich nach.

„Na ja, auf süddeutsch halt. Ich denke jetzt nicht blöder Depp, sondern bleder Depp", sagt Harry und grinst.

So hat in Harrys Leben also eines das andere ergeben, denke ich. „Das war irgendwie wie ein Puzzle. Und jedes Stück hat gepasst", fasse ich meine Idee in Worte. Mit dem Bild kann Harry mitgehen.

„Das stimmt. Ich habe auch immer dieses Gottvertrauen gehabt. Vielleicht, weil ich da lebe, wo ich lebe." Harry macht eine ausladende Geste hin zum Bergpanorama vor unserer Nase. „Ich hab drauf vertraut, dass man nicht so tief fällt, sondern dass es immer Lösungen gibt. Ich neige nicht zum negativen Denken."

Der Spruch gefällt mir. Ich nehme mir vor, bei mir selbst zu prüfen, ob das auch auf mich zutrifft. Harry beobachtet mich einen Moment, dann ergänzt er: „Natürlich gab es auch Situationen, in denen ich dachte: Das läuft ja überhaupt nicht. Oder: Wo kommt bloß das nächste Geld her? Aber ich war eigentlich immer recht entspannt, dass es schon weitergehen wird."

Harry überlegt einen Augenblick. Ich vermute, er sucht nach der richtigen Reihenfolge, die seine Höhen und Tiefen verdeutlicht. Dann erzählt er: „Ich war jahrelang in Schwäbisch-Hall bei den Freilichtspielen. Die bespielen einen großen Marktplatz. Da hab ich erst kleine Sachen gemacht und dann große Produktionen. Das ist ein richtiges Sommerfestival, wo auch die Klassiker gespielt werden. *Kasimir und Karoline* von Horváth oder Shakespeares *Komödie der Irrungen*. Das war schon toll, weil es etwas völlig anderes war. Ich habe gemerkt, dass mir auf Dauer ,nur'" – Harry malt Gänsefüßchen in die Luft – „... Chiemgauer Volkstheater von der Fülle her nicht reichen würde. Ich wollte noch etwas anderes machen. Dann kam eben Schwäbisch-Hall dazu. Und 2008/09 der Kultursommer Garmisch-Partenkirchen. Das wurde von einer externen Firma aufgezogen. Der Wunsch der örtlichen Gemeinde war, die Natur hier zu nutzen. Wir haben da ganz tolle Freilichtproduktionen gemacht."

Harry deutet auf eine Stelle links vor uns – mitten auf dem Berg. „Unter anderem hier auf der Wiese dahinten den *Wildschütz Jennerwein*. Oben am Graseck haben wir ein Stück gemacht, das hieß *Flucht in die Heimat*. Eine wahre Geschichte über Albrecht Haushofer, der am Hitlerattentat beteiligt und hierher geflohen war. Er war Professor und im Außenministerium tätig und hatte sich hier wochenlang bei einer Bäuerin versteckt. Schließlich wurde er verhaftet und kam nach Berlin. Dort wurde er in den letzten Kriegstagen umgebracht. Wir haben in unserem Theaterstück erzählt, was mit ihm und der Bäuerin passierte, während er sich hier versteckt hielt. Szenen zwischen einer ganz einfachen Frau und dem Professor auf engstem Raum in dieser schwierigen Situation. Das war wirklich spannend. Das Stück war sehr gut besucht. Da hat man gesehen, dass man das Publikum auch mit Anspruch und Geschichte unterhalten kann. Es muss nicht immer lustig sein und kann trotzdem erfolgreich sein. 2016 kam dann leider der Crash. Das Projekt ist aus verschiedensten Gründen finanziell in die

Hose gegangen, und die Insolvenz stand vor der Tür. Wir haben erst ein halbes Jahr umsonst gearbeitet. Das war natürlich auch nicht schön. Aber dann war klar: Konkurs – es geht nicht weiter. So war dieses berufliche Standbein für mich weg. Zeitgleich waren da die Signale vom Bayerischen Rundfunk: Das Chiemgauer Volkstheater wurde immer mehr reduziert und irgendwann würde es keine neuen Produktionen mehr geben. Innerhalb von einem Jahr sind meine beiden Standbeine im künstlerischen Bereich zusammengebrochen. Das war schon bitter."

Harrys Körperhaltung hat sich verändert. Seine Schultern sind hochgezogen. Auf seiner Stirn zeigt sich eine Falte. Den Blick hat er in die Ferne gerichtet.

„Wenn du jung bist und keine Familie hast, ist das vielleicht egal. Dann kannst du sagen: ‚Ich gehe nach München oder Hamburg und mache etwas anderes.‘ Ich habe blöderweise noch Anfang 2016 ein sehr attraktives Angebot als Chefdramaturg und stellvertretender Intendant in einem schönen Stadttheater ausgeschlagen." Harry lacht auf. Das Lachen hat für den Bruchteil einer Sekunde eine bittere Note. „Weil ich mir dachte: Ich bin hier total verwurzelt. Hier möchte ich nicht weg mit meiner Familie. Und ein halbes Jahr später kam dann der große Breakdown."

Harry lacht erneut. Die Bitterkeit hat sich verflüchtigt. Jetzt klingt sein Lachen gelöst. „Aber gut, so ist es eben. Ich habe überlegt, was ich jetzt machen könnte. Woanders hingehen? Oder pendeln? Für mich war schnell klar: Ich möchte hier in diesem Umfeld bleiben. Aber was gab es hier, was ich machen konnte? Ich habe immer schon sehr viel mit Jugendlichen gemacht, habe Musicals geschrieben und viele Theaterprojekte durchgeführt. Das wäre doch etwas! Also war irgendwann klar: Ich würde in die Pädagogik gehen. Ich war ganz klassisch beim Arbeitsamt und hab nachgefragt, was die davon halten. Die meinten: ‚Ja, super. Gemeindejugendpfleger werden gebraucht. Männer sowieso. Da bekommt man auch mit über fünfzig noch einen Job.‘ Das hab ich dann also gemacht. Dafür musste ich noch einmal drei Jahre in eine Ausbildung investieren. Das ist gar nicht so ohne – ich meine die Perspektive, noch einmal die Schulbank zu drücken und viele Prüfungen zu schreiben."

Ich sehe, wie Harrys Burstkorb sich weit nach oben hebt. Dann atmet er hörbar aus. „Das muss man sich schon gut überlegen. Die Familie muss natürlich auch mitziehen. Du verdienst ja auch in der Zeit nichts. Meine Frau – die ist Bankerin – hat mir den Rücken freigehalten. Sie war da sehr loyal und hat das alles unterstützt. Das ist total schön."

Klingt wie eine Liebeserklärung – und ist wohl doch weit mehr: Ich habe das Gefühl, dass Harry ist, wie er ist, weil er Dinge erträgt, sich aber auch von anderen tragen lässt. Das wirkt auf mich ziemlich uneitel und sehr sympathisch. Harry erzählt weiter.

„Vor zwei Jahren war ich mit der Ausbildung fertig. Ich habe danach in der Kinder- und Jugendpsychiatrie in Murnau mein Anerkennungsjahr gemacht. Das war sehr interessant. Da ist man sehr nah an den Kindern und Jugendlichen dran. Aber der Schichtdienst war anstrengend. Ich hätte dort trotzdem weitergemacht. Doch dann hat das Jugendzentrum in Garmisch jemanden gesucht. Nachdem ich dort schon viele Projekte gemacht hatte, ich das Team kannte und auch wusste, dass ich mit dem Fahrrad zur Arbeit fahren konnte, habe ich mich beworben – und wurde auch genommen. So bin ich erst hier im Jugendzentrum gelandet. Im Dezember werde ich dann die Stelle wechseln und an einer offenen Ganztagsschule als Erzieher arbeiten. Das wird wieder eine neue Herausforderung für mich sein."

Ich lasse die Worte auf mich wirken. Harry hat sich nicht nur ein neues Betätigungsfeld erschlossen. Für mich klingt es, als hätte sich eine neue Welt aufgetan. Aber Harry findet das zu weit gegriffen.

„Ich habe ja auch schon vorher Jugendliche gekannt. Das ist nichts ganz Neues für mich. Für mich ist es neu, dass das jetzt die tägliche Arbeit ist und dass man im Team arbeitet. Das war ich so nicht gewohnt. Als Künstler ist das ja etwas anders. Da ist man in einem Ensemble auf Zeit. Über ein paar Wochen kommt man sich dort sehr nahe. Aber dann ist es wieder vorbei. Da bist du schon ein ziemlicher Einzelkämpfer – als Schauspieler, als Regisseur oder als Autor. Und jetzt arbeite ich im Team. Das ist sehr schön. Wir stärken einander gegenseitig den Rücken. Man muss sich natürlich auch viel mehr absprechen. Da musste ich am Anfang ziemlich umdenken. Das ist tatsächlich eine neue Welt: Dass man in einem festen Gefüge ist."

Mir fällt auf, dass Harry einiges über berufliche und private Rückschläge, über die Sehnsucht nach Sicherheit und nach einem Vater erzählt hat. Dennoch scheint er niemanden für Tiefen in seinem Leben verantwortlich zu machen. Und er hat wenig Interesse daran, sich lange mit dem Kreisen um ein Problem aufzuhalten. Ich scheine das gut erfasst zu haben, denn Harry bestätigt meinen Eindruck.

„Es ist halt so: In der Rückschau kann man das leicht sagen, dass das mit meinem Vater so okay war. Das liegt besonders daran, dass ich meinen Vater über die Arbeit noch einmal ganz neu kennen- und schätzen gelernt habe. Seit zwanzig Jahren kennen wir einander viel besser und lieben einander auch sehr. Deswegen kann ich entspannter über meinen Vater in meiner Kindheit reden, als wenn ich ihn nie richtig kennengelernt hätte. Da ist eine ganz große Wertschätzung zwischen uns. Obwohl wir komplett verschieden sind. Wir mögen einander sehr, und das wissen wir auch beide."

Und noch etwas ist Harry wichtig: „Ich finde, es bringt ja nichts, wenn man zurückschaut und jemanden verantwortlich machen möchte, wenn etwas schiefgegangen ist. Natürlich geht es einem in dem Moment schon schlecht. Beruflich bin ich nach dem Konkurs vom Kultursommer einige Woche in den Seilen gegangen. Aber jemanden dafür verantwortlich machen? Das hat doch niemand mit Absicht gemacht."

Niemanden für das Gelingen oder für Tiefschläge in seinem Leben verantwortlich zu machen – das ist vermutlich einer der Schlüssel zu einem guten Leben. Was so simpel klingt, ist sicherlich nicht immer leicht.

„Woher nimmst du die Gelassenheit und Energie dafür?", hake ich nach. Harry schmunzelt. „Gute Frage", findet er. „Vielleicht wieder aus dem Gottvertrauen. Ich denke, ich habe gute Voraussetzungen. Ich habe eine sehr liebe Familie – eine Frau und eine Tochter – um mich herum, die mich auffängt. Es ist immer schön, heimzukommen. Da kann nicht viel passieren, wenn man das als Gerüst hat. Und die Umgebung hier, das ist schon ziemlich toll. Ich glaube, ich habe einfach dieses positive Denken. Ich bin interessiert. An Dingen, die passieren. An Menschen. An der Welt. Das ist wohl auch der Grund, warum ich politisch aktiv bin. Ich mag mich gerne einmischen und teilhaben. Ich mag nicht passiv sein. Ich will aktiv sein."

Harry erzählt mir noch, dass er ein großes Gefühl der Dankbarkeit empfinde. Besonders dankbar sei er für die Gegend, in der er leben darf. Für mich schließt sich hier der Kreis. Denn genau mit dieser wundervollen Umgebung, die Harry Paradies nennt, hat unser Gespräch begonnen. Harry strahlt, als ich ihm das sage, und lässt sich von meinen Gedanken sofort anstecken. „Ja, schau mal. Wenn man das hier so sieht: Das ist doch der

Wahnsinn. Wobei es auch spannend ist, dass mir, als ich hier aufgewachsen bin, das nicht immer bewusst war, wie traumhaft schön es hier ist. Da muss man vielleicht erst einmal weggehen. Ich war studieren in München. Dann war ich einige Zeit in Leipzig, in Dresden und Schwäbisch-Hall. Und wenn du dann heimfährst und ein paar Stunden unterwegs warst, kommst du in dieses Tal und siehst die Berge. Dann denkst du dir: Is scho schee."

Mit einem Nicken verleiht Harry seinen Worten Nachdruck.

„Und es hat auch viel mit den Menschen zu tun, damit du dich daheimfühlen kannst. Du kommst ja in eine Gegend und auch in ein Umfeld. Dorthin, wo du denkst: Hier bin ich daheim, und hier bin ich gerne daheim."

Wir sitzen dann noch ein wenig schweigend nebeneinander und genießen den Blick auf die Berge, solange es noch hell genug ist. Dann plaudern wir noch ein bisschen über Harrys Engagement in der Kommunalpolitik, etwa gegen Rassismus, seinen Einsatz für Umweltthemen und für mehr Menschlichkeit. Und darüber, dass er noch nicht ganz raus ist aus der künstlerischen Arbeit. Dass er nach wie vor Drehbücher für eine TV-Serie schreibt und immer noch Kontakt zu den Kollegen und Kolleginnen aus Fernsehen und Theater hat. Und dass er auch weiterhin Musikkabarett macht. Mir kommt der Gedanke: „Ein Mensch, der Vielseitigkeit mag und selber äußerst vielseitig ist."

Ich bin von dem Mensch-Gespräch-Ausblick-Gesamtpaket tief berührt und merke, dass es in mir innen drin ganz wohlig warm ist. Ein Blick auf die Uhr zeigt, dass wir seit fast drei Stunden zusammensitzen. Es kommt mir vor wie ein paar Augenblicke. Harry und ich erzählen uns noch ein bisschen voneinander und lachen viel. Dann verabschieden wir uns herzlich. Ich sehe ihm noch nach, wie er ins Tal verschwindet. Bevor ich hoch in mein Zimmer gehe, versuche ich den Bergblick bei Mondschein einzusaugen und zu verinnerlichen. Ich bin von der wundervollen Begegnung mit Harry, vom Ausblick und der Magie des Augenblicks richtiggehend ausgefüllt. Und dankbar. Ich schaue mich um. Hier darf ich heute sein. Dankbar, ja, das bin ich wirklich. Ich nehme mir vor, dass ich auf meinem weiteren Weg immer wieder innehalte und nachspüre, wofür ich dankbar bin. Ich ahne, dass das nicht immer einfach sein wird. Schließlich werde ich nicht jeden Tag bei Sonnenschein in so wunderbarer Umgebung unterwegs sein. Hier ist Dankbarkeit gerade irgendwie leicht.

4 Neues Lernen

Ich erwache früh und fühle mich fit und ausgeruht. Heute wird ein etwas geruhsamerer Tag. Mein erster Weg führt mich bergab direkt ins Zentrum von Garmisch-Partenkirchen. Die Berge sind im Morgenlicht zum Greifen nah. Ich brauche dreißig Minuten, dann bin ich in der Zivilisation, also mitten in Garmisch-Partenkirchen. Der Verkehr und die Menschen, die ihren täglichen Aufgaben nachgehen, kommen mir hektisch und laut vor. Ich kann nicht mehr in meinem Tempo gehen, sondern muss an roten Ampeln warten und entgegenkommenden Radfahrern ausweichen. Ich merke, dass ich mir zwar in den vergangenen Tagen oft mehr Gesellschaft gewünscht hätte, mir jetzt aber weniger Trubel um mich herum lieber wäre. Denn so sind meine Sinne ziemlich gefordert von den vielen Reizen. Erst als ich schon beinahe daran vorbeigelaufen bin, bemerke ich, dass über dem Eingang eines Sportgeschäfts die Namen der beiden Schi-Ikonen Rosi Mittermaier und Christian Neureuther prangen. Das hätte ich beinahe übersehen. Als Jugendliche habe ich bei beiden begeistert mitgefiebert. Der Blick auf die Namen von früheren Idolen lässt eine gewisse Nostalgie in mir aufkommen.

Schließlich löse ich mich davon und biege in eine Nebenstraße ab. Dort steuere ich die kleine Pension an, in der ich die kommenden beiden Tage übernachten werde. Die Pensionswirtin empfängt mich freundlich. Alles hier ist mit liebevoller Hand und Freude am Detail gestaltet. Im Garten gibt es sogar eine kleine Sauna in einem überdimensionalen Holzfass. Mir ist sofort klar, dass hier ein besonders lebensfroher Geist herrscht.

Nachdem ich mein neues Quartier bezogen habe, nehme ich Kontakt zu meiner heutigen Interviewpartnerin auf. Ich habe Silke auf Sylt kennengelernt und durfte dort bei ihr Grundfertigkeiten im Tai-Chi lernen. Die Ruhe, die sie mit den fließenden Bewegungen aussandte, war damals richtiggehend ansteckend für mich. Gleichzeitig strahlte Silke eine große Freundlichkeit aus. Sie vermittelte, dass es möglich war, auch einmal Fehler zu machen oder seinen eigenen Rhythmus zu haben. Neben ihrer Tätigkeit als Qigong- und Tai-Chi-Lehrerin arbeitet sie noch freiberuflich als Webdesignerin. So kann sie sich ihre Zeit selbst einteilen, und wir finden schnell einen Termin. Wir verabreden uns für Mittag und wollen gemeinsam eine Wandertour in der Zugspitzregion machen. Weil wir

beide Hunger haben, führt unser Weg erst einmal zu einer nahe gelegenen Alm. Nach einer Brotzeit geht es weiter über die Partnachalm zur
Partnachklamm. Dort entscheiden wir uns nicht für den üblichen Weg,
den die meisten Besucher gehen, sondern schauen uns die Klamm von
oben an. Die Temperaturen zwischen dem Gestein sind merklich kühler
als noch wenige Meter vorher in der Sonne. Gebannt beobachten wir,
wie das Wasser mit lautem Getöse über die Felsen nach unten schießt.
Es ist unglaublich laut. Wir können uns kaum von dem Naturschauspiel
lösen. Dann schaffen wir es doch, uns einvernehmlich zuzunicken und
weiterzugehen. Während des gesamten Weges plaudern wir entspannt,
und ich genieße den schönen Kontakt.

Vom Kämpfen und Fliegen
Am Ende unserer Wanderung nehmen wir uns schließlich Zeit, auf der
Sonnenterrasse eines Cafés Platz zu nehmen und noch etwas intensiver
zu sprechen. Immerhin möchte ich mehr über Silke erfahren – darüber,
wer sie ist und wie es ihr gelingt, ein gutes Leben zu führen.

„Magst du ein bisschen über dich erzählen? Wer bist du, und wo
kommst du her?", fange ich an.

Silke schmunzelt. „Ich bin Silke Buttgereit. Und dass ist ja schon eine
ganz schwere Frage, wo ich herkomme. Jetzt komme ich gerade aus
der Partnachklamm. Davor aus Griesen, einem kleinen Weiler bei Garmisch-Partenkirchen. Davor aus Berlin und davor – dazwischen gab es
noch ein paar Stationen – aus einem kleinen Dorf in Schwaben. Da bin
ich geboren."

Die Kellnerin kommt an den Tisch und nimmt unsere Bestellung auf.
Wir haben beide Lust auf Kaffee und etwas Süßes. Als sie unsere Wün-
sche notiert hat und in Richtung Küche verschwindet, nehmen wir unser
Gespräch wieder auf.

„Wenn du dich in zwei Sätzen vorstellen solltest: Was ist dir wichtig,
über dich zu sagen?" will ich wissen.

Silke muss einen Augenblick über die Frage nachdenken. Ihre Augen
wandern nach oben. Dann verschränkt sie die Finger ihrer Hände und
setzt zu einer Antwort an. „Ich glaube, ich bringe immer die beiden Ebenen
Technik oder Theorie auf der einen Seite – beides kann mich begeistern –,

als auch etwas sehr Körperliches, Sinnliches zusammen. Oder es ist mir wichtig, beides zusammenzubringen – ich kann das eine ohne das andere nicht." Silke legt ihren Kopf schief. „Das waren jetzt zwei Sätze", lacht sie. Dann rückt Silke ihren grünen Klappstuhl zurecht und beugt sich nach vorne. Sie meint, dass schon immer zwei Herzen in ihrer Brust geschlagen hätten. „Eigentlich bin ich sehr entscheidungsschwach, weil es immer so viele Seiten von einer Sache gibt. Wenn man jede Seite durchdenkt, dann merkt man, dass jede durchaus ihre Berechtigung hat. Das sind zwar schöne Denkspiele, aber die führen auch schnell in eine Art Lähmung. Ich bin mit einer Frau zusammen, die so ziemlich das Gegenteil von mir ist. Das ist eine ganz interessante Erfahrung. Und dann gibt es Situationen mit verschiedenen Kräften in meinem Leben: Ich glaube, das begleitet mich."

Dann werden wir unterbrochen, weil unser Apfelstrudel serviert wird. Silke schiebt sich genüsslich eine Gabel davon in den Mund und spricht dabei in das Mikrofon des Aufnahmegeräts, das ich zwischen uns gelegt habe: „Weil man das ja nicht sieht: Wir essen jetzt Apfelstrudel. So viel zum Sinnlich-Körperlichen."

Einige Minuten widmen wir uns beide der wundervollen Mehlspeise auf unseren Tellern. Während des Kauens arbeitet es in Silkes Kopf, denn sie lässt nach jedem Bissen ihren Blick kurz in die Ferne schweifen. Als die letzten Krümel vertilgt sind, erzählt Silke weiter. „Ich finde Extreme eigentlich verlockend. Ich habe aber kein Talent dafür. Das hat mich in meinem Leben ständig begleitet. Ich bin eine begeisterte Kampfkünstlerin und stand immer wieder vor der Entscheidung: Mache ich das jetzt ganz extrem? Widme ich dem mein Leben? Ich fand es immer faszinierend, wenn Menschen auf ihrem Kampfkunstweg wahnsinnig weit gekommen sind. Und ich habe mir dann gedacht, ich würde das auch wollen. Aber tatsächlich konnte ich das nicht durchhalten. Ich mache das alles sehr gerne. Aber ich brauche auch immer eine starke Anbindung an ein ganz normales Leben, an ein weniger extremes Leben. An ein Leben mit Ausrutschern, ohne Askese, all so was."

Das Bild gefällt mir: Im Leben muss es auch erlaubt sein, zwischendurch aus dem Takt zu geraten, zu straucheln, ohne sich dabei zu verurteilen. Denn scheinbare Eskapaden sind eben das Normale.

Ich mustere Silke kurz und versuche, mich wieder ganz auf ihre Person zu konzentrieren. Es gelingt mir nur schwer, alles was ich über sie weiß, in

Einklang zu bringen: Sie hat Romanistik und Germanistik studiert. Sie ist Webexpertin und schult Menschen darin. Daneben ist sie Qigong-Lehrerin und hat sich diese Kunst unter anderem in Asien angeeignet. Auf diese Vielfalt nicht ohne Widersprüche spreche ich sie an.

„Wie bist du denn zu diesen einzelnen Facetten von dir gekommen?", will ich wissen.

Silkes Augen erscheinen eine Nuance dunkler, als sie für einen Moment in die Ferne blickt. „Sprache und Literatur haben mich schon immer interessiert. Deshalb habe ich das studiert. Das ist aber ein Beruf, in dem ich so nie gearbeitet habe. Dann bin ich zur Technik über eine kleine Frauenzeitschrift gekommen, die in den 1990er-Jahren in Berlin erschienen ist und wo wir zum ersten Mal mit so aufregenden Dingen wie Pagemaker und Quarkxpress gearbeitet haben. Das sind so frühe Satzprogramme. Während die anderen etwas länger gebraucht haben, bis sie verstanden haben, wie man ein Layout vom Leuchttisch auf den Computer bekommt, habe ich das sehr gut verstanden. Dann habe ich gemerkt, ich verstehe, wie Computer ticken. Und dass mir das sehr viel Arbeit erspart. Das war mein Weg zur Technik. Und die andere Facette, die Kampfkunst, die lief lange Zeit so mit. Ich habe sehr viel Judo, später auch Karate gemacht. Irgendwann hatte ich Rücken- und Knieprobleme. Damals dachte ich, wenn ich älter bin, mach ich dann Tai-Chi."

Silke lacht amüsiert auf. „Da glaubte ich noch, das wäre nur etwas für Ältere. Mit ungefähr 38 war ich in etwa alt genug, um damit anzufangen. Und habe bereut, dass ich damit nicht schon mit 28 angefangen habe."

Silke überlegt kurz. Dann fährt sie fort: „Außerdem ist mir noch wichtig: Ich lerne gerne. Leben ohne lernen finde ich langweilig. Und ich gebe das, was ich lerne, wahnsinnig gerne an andere weiter. Zu sehen, wie bei anderen der Groschen fällt, das sind für mich Glücksmomente. Das gilt für Technikunterricht, wenn ich sehe, ah, jetzt hat eine oder einer gemerkt, wie toll das Tool ist, das ich gerade vermittle. Und das gilt für den Tai-Chi-Unterricht, wenn ich sehe, wie jemand ein neues Bewegungsmuster annimmt: Wenn eine neue Bewegung, die ich unterrichte, im Körper angekommen ist, das ist einfach toll.

Ich glaube, ich habe fast alles, was ich im Leben gelernt habe, ziemlich schnell auch anderen beigebracht. Das meiste, das ich in meinem Leben gelernt habe, durfte ich von Menschen abschauen, die mir etwas bedeutet haben. Jedenfalls war dann das Lernen am nachhaltigsten und hat am meisten Spaß gemacht."

„Wo durftest du das lernen? Gab es einen Mentor oder eine Lehrerin dafür?", frage ich nach.

Ehe sie antwortet, fährt Silke sich durch ihre kurzen Haare. „Das Tai-Chi habe ich im Frauensportverein Berlin angefangen. Dort war ich Mitglied. Da bin ich dann hängen geblieben. Bis ich gemerkt habe, dass ich einen Tai-Chi-Stil mache, den sonst niemand macht. Ich war dann aber schon so lange dabei, dass ich bei diesem Stil geblieben bin. Irgendwann dachte ich, dass ich das auch gerne unterrichten würde. Ich bin bei einer Meisterin in Italien gelandet – Julia Fairchild, die die Meisterin dieses Stils ist. Sie war frisch aus Taiwan eingewandert. Bei ihr habe ich dann lange gelernt." Silke hält einen Moment inne. „Das ist eine lange Geschichte. Diese Meisterin ist auch lesbisch und lebte in Ligurien mit ihrer Freundin. Die beiden haben sich getrennt. Diese Meisterin hat sich dabei aber ziemlich danebenbenommen. Und ich habe bemerkt, ich kann niemandem folgen, nur weil sie sich Meisterin nennt. Wenn sie sich nicht gut benimmt, dann kann ich damit auch nichts anfangen. Deswegen ist jetzt ihre Ex-Freundin sozusagen in Tai-Chi meine Lehrerin. Wir sind inzwischen auch befreundet. Obwohl sie am Anfang immer gesagt hat: Meisterschaft und Freundschaft vertragen sich nicht. Ich lerne in Sachen Tai-Chi und Neigong – eine Meditationsform – sehr viel von ihr. Wir haben aber auch viel Spaß miteinander. Und manchmal reise ich auch heute noch nach Frankreich, wo sie jetzt lebt, und lerne Tai-Chi bei ihr. Dann habe ich gemerkt, dass ich zum Unterrichten noch etwas brauche, das weniger unbekannt ist als mein Tai-Chi-Stil. Ich habe angefangen, bei der Deutschen Qigong-Gesellschaft zu lernen, weil Qigong sehr nahe am Tai-Chi war. Ich dachte erst, die Ausbildung mache ich nur „fürs Papier". Aber dann habe ich es als sehr faszinierende Bewegungskunst erlebt."

Während der Schilderung sehe ich, wie Silke strahlt. Nicht nur, weil sie lächelt. Ihr ganzer Körper ist aufrecht. Den Brustkorb hat sie nach vorne geschoben. Mit den Armen gestikuliert sie weit. Dabei verliert sie aber nie ihre Stabilität.

„Für dich ist das eine Mischung aus Sport und etwas für das Wohlbefinden, für die Seele tun?", vermute ich.

Silke nickt. „Ja, unbedingt. Eigentlich ist Qigong sehr ganzheitlich. Als ich vor sieben Jahren damit angefangen habe, habe ich gemerkt, dass das ein ‚Killer' für ehrgeizige Menschen ist. Die wollen, dass man sie lobt und sagt: ‚Du machst das am besten.' Man kann Qigong nicht am besten machen."

Silke lacht auf. „Ich möchte aber alles sehr gerne am besten machen. Das war also eine sehr gute Schule für mich. Qigong ist gut für die Seele. Ich wurde mit meinem Ehrgeiz konfrontiert. Außerdem tut Qigong dem Körper gut. Ich habe den Prozess des langsam Älterwerdens – als die Hüfte angefangen hat zu zicken – als persönliche Beleidigung empfunden. Älterwerden bedeutet ja auch, Zweifel an der eigenen Unsterblichkeit zu bekommen. Dieses Immer-ganz-heil-Sein hat Risse bekommen. Das ist für mich nach wie vor eine Herausforderung. Mit dem einsetzenden ‚Verfall' zurechtzukommen."

Silke beschreibt Qigong als eine ganz praktische und für sie gut praktikable Möglichkeit, mit diesem Gedanken an Vergänglichkeit Frieden zu schließen – zumindest phasenweise. In der Theorie habe sie mit dem Älterwerden Frieden geschlossen. In der Praxis übe sie noch.

„Ich war kürzlich in der Hannah-Arendt-Ausstellung in Berlin. Die hat Denktagebücher geführt. Und sie hat geschrieben, wenn man sich vorstellt, der Tod würde abgeschafft werden und die Menschen würden ewig leben, dann würde das bedeuten: Alles, was je über den Tod geschrieben, gedacht, philosophiert wurde – diese ganze Tiefe hätte dann keine Bedeutung mehr. Diesen Preis ist die Abschaffung des Todes nicht wert. Das fand ich unglaublich klasse. In der Theorie finde ich es wahnsinnig beruhigend, dass das Leben ein Ende hat. Weil nur das die Idee von Kreislauf möglich macht. Es gibt einen Anfang und ein Ende. Ob man dann als Grashalm oder Eichhörnchen wiederkommt, weiß ich nicht. Aber es geht irgendwie weiter. Außerdem ist es – zumindest theoretisch – beruhigend, sich irgendwann auch wieder aus dem Leben ausklinken zu können. In der Praxis ist das natürlich etwas anderes. Da wollen wir alle achtzig Jahre lang gesund vor uns hinleben und uns dann ganz sanft rausnehmen lassen."

Für mich klingt das sehr versöhnlich. „Bist du ein Mensch, der wenig hadert?", frage ich nach.

„Das kommt darauf an, womit. Ich kann schon hadern. Aber es wird immer weniger. Mit Dingen, die in der Vergangenheit liegen, kann man schon mal hadern. Man kann feststellen, dass etwas falsch gelaufen ist.

Aber es ist sinnlos, sich sehr lange damit zu beschäftigen. Weil man es rückwirkend ja nicht ändern kann. Man muss eben damit leben. Auch mit sich selbst muss man leben."

Silkes Worte klingen noch ein wenig in mir nach. Ja, am meisten muss man wohl nicht nur mit anderen, mit Stolpersteinen und dem Nicht-Vorhersehbaren, sondern vor allem mit sich selbst zurechtkommen. Mir kommt noch eine Herausforderung in den Sinn, der Silke sich gerade stellt. Ihre letzte Station war Berlin. Da gab es in der Umgebung eine große Vielfalt und viele Möglichkeiten. Jetzt lebt sie im südlichen Bayern – in einem Siebzig-Seelen-Ort 500 Meter von der österreichischen Grenze entfernt.

„Hier führst du wahrscheinlich nicht das typische Leben, das deine Nachbarn führen. Wie kommst du damit zurecht?", frage ich.

Silke schmunzelt. „Das wird sich sicherlich erst noch zeigen. Was wir – meine Frau und ich – gesucht haben, war die Natur. Die haben wir hier gefunden. Ich kann morgens an den Fluss gehen und Tai-Chi üben. Ich entdecke in der näheren Umgebung neue Wege. Das ist etwas, das ich als Kind erlebt habe und jetzt wiederfinde. Ich hatte Eltern, die uns immer mitgeschleppt haben, um in den Wald zu gehen oder in ein Tal zu wandern. Die Wandererinnerungen, die ich aus der Kindheit habe, sind eng verknüpft mit der Natur."

Weil Silke gerade in Gedanken bei ihrer Kindheit ist, muss ich unbedingt noch nachfragen: „Weißt du noch, was du als Kind werden wolltest? Was du später machen wolltest?"

Die Antwort meiner Gesprächspartnerin kommt prompt und ohne Zögern: „Ich wollte Astrid Lindgren werden." Dann lacht sie. „Das wurde nichts. Wenn ich hadern würde, würde ich damit vielleicht hadern." Silke grinst. „Aber das muss man dann auch einfach anerkennen."

Wir haben unseren Apfelstrudel mittlerweile aufgegessen und genießen einen Augenblick satt und zufrieden das Schweigen. Dann erzählt Silke mir noch davon, dass sie sich mehr für Umweltthemen engagieren will und gerade auf der Suche danach ist, was zu ihr passt. Schließlich machen wir uns gemeinsam wieder auf den Weg. Silke begleitet mich bis zu meiner Unterkunft. Unterwegs beobachten wir noch bewundernd die Nachwuchssportlerinnen und -sportler, die im Olympiastadion in Garmisch-Patenkirchen fürs Skispringen trainieren. „Schon verrückt, sich einfach so in die Tiefe zu stürzen", überlegt Silke. „Ich denke, die erfüllen sich damit den alten Traum der Menschheit, fliegen zu können."

Darüber sinniere ich – als Silke und ich uns längst verabschiedet haben – noch eine Weile nach. Was sind meine Träume? Ich bin mir nicht sicher, ob fliegen können dazugehört. Das gute Leben zu finden, ist auf jeden Fall ein Traum von mir. Und dorthin bin ich gerade auf dem Weg. Dann denke ich über Silkes Begeisterung nach, Neues zu lernen und Wissen und Fertigkeiten weiterzugeben. Ich bin mir plötzlich ganz sicher, dass das ein wichtiger Faktor für ein gutes Leben ist. Mir fällt die alte Frau von vorgestern ein, die mit ihrem Kreuzworträtsel vor ihrem Haus saß und dabei so zufrieden wirkte. Und mir fällt auf, dass ich momentan auch gerade etwas Neues lerne: Ich kann tagelang nur mir mit unterwegs sein.

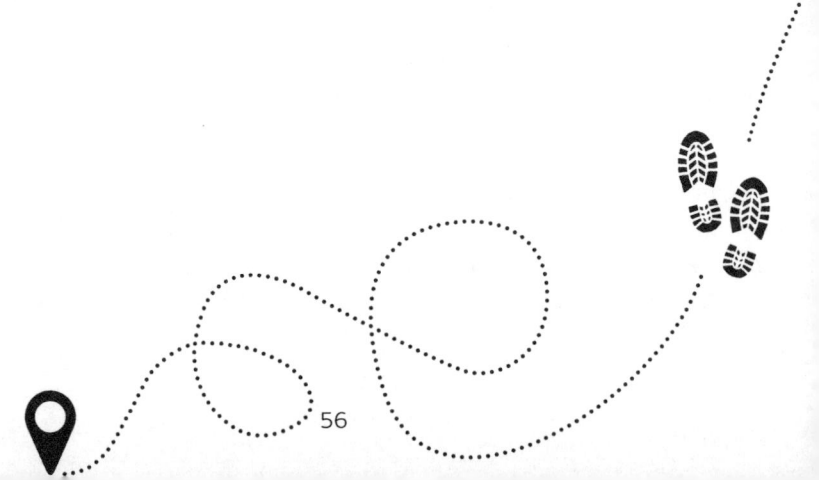

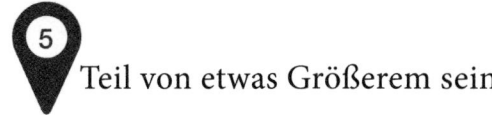

5 Teil von etwas Größerem sein

Als ich am nächsten Tag aufwache, fühle ich mich trotz der mittlerweile rund hundert Kilometer, die ich bereits hinter mir habe, voller Tatendrang. Für die heutige Etappe werde ich allerdings auf den Zug umsteigen. Der bringt mich in knapp eineinhalb Stunden von Garmisch-Partenkirchen ins österreichische Innsbruck. Eine Alpenüberquerung zu Fuß würde mich zwar mittlerweile wirklich reizen. Aber dafür fehlt im Moment die Vorbereitung. Mit der Bahn schaffe ich die geplanten sechzig Kilometer in knapp neunzig Minuten. Der Zug ist pünktlich. Ich sitze im Abteil mit einem Stoffbeutel, in dem nur mein Aufnahmegerät, meine Geldbörse und Taschentücher stecken. Dabei komme ich mir irgendwie nackt vor – so ganz ohne dem mit mir seit Tagen verwachsen scheinenden Trecking-Backpack. Immer wieder fasse ich mir an die Schultern und greife dabei ins Leere. Die Bahnstrecke von Garmisch-Partenkirchen verläuft über Klais, den höchstgelegenen Bahnhof Bayerns. Ich schaue aus dem Fenster. Draußen ziehen malerisch wirkende kleine Dörfer, Berge, Wiesen und Felder an mir vorbei. Das Tempo ist so ganz anders als die Tage davor – und mir beinahe zu rasant. Langsam wird die Gegend wieder bewohnter. Schon fährt der Zug im Hauptbahnhof der Tiroler Alpenstadt Innsbruck ein. Ich steige aus und sehe mich vor dem Bahnhofsgebäude um. Mein heutiger Interviewpartner Walter Anyanwu ist noch nicht da. Ich freue mich schon, ihn gleich wiederzutreffen. Ich durfte den Politikwissenschaftler, Schauspieler und Mitarbeiter der Kinderhilfsorganisation SOS-Kinderdorf vor sechs Jahren kennenlernen. Damals habe ich ihn bei seinem Achtsamkeitsprojekt, das er an verschiedenen Schulen in Berlin durchführte, begleitet und die Inhalte aufbereitet und aufgeschrieben. Wir wohnten für drei Tage gemeinsam im Gästehaus der Hilfsorganisation und haben jeden Tag beim Frühstück die Zeit mit Philosophieren über Gott und die Welt verbracht. Diese Jahre zurückliegende Begegnung hat mich lange begleitet und mich nachhaltig inspiriert. Darum war klar, dass ich die Gelegenheit nutzen wollte und Walter einen Platz auf meiner Suche nach dem guten Leben einnehmen musste.

Mein Handy klingelt. „Wo bist du?", fragt eine Stimme, die ich sofort wiedererkenne. Ich sehe mich um. Nach einigen Augenblicken kann ich Walter unter den vielen Menschen beim Busbahnhof mir gegenüber ausmachen. Er hat mich auch entdeckt. Wir lachen, winken, beenden das Telefonat und gehen aufeinander zu.

Mensch sein – egal wo

Walter führt mich im Zickzack durch die Bahnhofsgegend von Innsbruck, um dann zielstrebig ein Café anzusteuern. Hier ist kaum etwas los. Wir finden einen Tisch, an dem wir ungestört sind. Ich bestelle an der Theke zwei Espressi für uns und lasse mich Walter gegenüber nieder. Sofort knüpfen wir ohne Scheu an die Zeit von vor sechs Jahren an. Wir tauschen unsere Freude darüber aus, dass wir einander endlich einmal wiedersehen. Obwohl unsere erste Begegnung in Berlin nicht lange gedauert hat, fühlt sich der Kontakt zu Walter sofort vertraut an. Ich lege schließlich das Diktiergerät zwischen uns auf den Tisch und beginne mit meinen Fragen.

„Walter, wenn du dich in einem Satz vorstellen solltest, wer bist du dann?"

Walter überlegt lange. Er setzt immer wieder an, holt Luft, schweigt. Dann entschließt er sich, mir mit einem Zitat zu antworten. „‚Werde der, der du bist', sagte der griechische Philosoph Pindar. Und da frage ich mich: Wer bist du denn? Mensch! Ich bin ein Mensch. Ein Mensch, der sich jeden Tag neu kennenlernen möchte. Ich bin ein Mensch, der sich fragt. Ich bin ein Mensch, der die Fragen des Lebens jeden Tag neu aufnimmt – und gerne aufnimmt."

Diese Art, sich vorzustellen, habe ich nicht erwartet. In Walters Antwort schwingt sowohl Entschlossenheit als auch Vorsicht mit.

„Du bist also immer auf der Suche?", frage ich nach.

Walter lächelt. „Ja, das ist das Kreuz. Ich bin stets auf der Suche."

Wir rühren beide synchron in unseren Espresso-Tassen. Ich trinke einen Schluck. Der Kaffee ist stark und hat beinahe die Konsistenz von Sirup.

„Wo hat es denn begonnen, dein Menschsein? Wo hat dein Leben seinen Anfang genommen?", will ich von Walter schließlich wissen.

„Ich glaube, ich war elf, als ich ein Buch auf dem Tisch meines Vaters gefunden und zu lesen begonnen habe. Jedenfalls dachte ich damals, ich würde es lesen. Ich wollte das Buch einfach nicht weglegen. Mein Vater hat hin und wieder nach mir geschaut und geschmunzelt. Ich wusste nicht, weshalb. Ich dachte, ich würde verstehen, was ich da las, jetzt als Erwachsener weiß ich, dass das nicht der Fall gewesen sein konnte.

Bei dem Buch handelte es sich um *Die Kulturrevolution in China*. Ich habe das Buch damals bis zum Ende gelesen – und null verstanden. Ich war aber überzeugt davon, ich hätte alles verstanden, da meine Neugier geweckt war, und ich hatte auch einen Satz entdeckt, den ich auswendig lernte: ‚Jede Arbeit adelt dich, solange du diese Arbeit mit Freude, Stolz und Ehre machst.' Ich glaube, das hat mich damals so berührt, dass mich dieses Zitat bis heute begleitet. Und danach suche ich. Ich habe es noch nicht gefunden."

Walters Haltung zur Arbeit legt eine Vermutung nahe. „Du arbeitest für eine große Kinderhilfsorganisation. Ist das eine Tätigkeit, bei der du einen Teil davon gefunden hast?", frage ich nach.

Walter nickt langsam. Nicht zögernd, sondern mehr in Gedanken. „Ich glaube schon. Nach meinem Studium der Politikwissenschaften wollte ich die Uni nicht mehr sehen. Ich dachte immer, dass ich nach meinem Abschluss an der Universität so gut wie alles wissen würde. Aber es stellte sich heraus, dass ich gar nichts wusste. Ich habe dann eine künstlerische Ausbildung gemacht und mich zehn Jahre lang als Künstler durchgeschlagen – mit allen Höhen und Tiefen. Durch einen Zufall bin ich zu SOS-Kinderdorf gekommen. Ich habe bei einem Projekt dort mitgearbeitet. Die Frau, die mich damals für dieses Projekt engagiert hat, hat mich wirklich begeistert. Sie hat alles gewusst. Sie war eine wandelnde Geschichtsenzyklopädie, wenn es so etwas gibt. Ich sagte mir: ‚Das will ich machen. Ich möchte auch alles wissen.' Und der Geschäftsführer von SOS-Kinderdorf, das ist ein Mensch, so einen gibt es kein zweites Mal. Er ist oben und gleichzeitig unten. Er ist der Chef und dennoch einer der Mitarbeiter. Er hat das Sagen und hört gleichzeitig intensiv zu. So etwas zu kombinieren – das ist einmalig. So etwas habe ich gesucht. Und so bin ich bei SOS-Kinderdorf gelandet. Gerade als ich dort zu arbeiten begonnen habe, hat es einen Tsunami in Südostasien gegeben. Der Geschäftsführer hat damals gesagt: ‚Lass uns doch ein Konzept entwickeln, das auf andere Tsunamis, auf andere Missstände hinweist.' So bin ich auf die Idee von Ubuntu (Anm.: Schulprogramm zum Thema Achtsamkeit und Respekt) gekommen."

Walter erinnert sich an eine Geschichte, die ihm seine Mutter erzählt hat, als er noch ein Kind war: „„Es war einmal ein Kind, das beide Eltern verloren hat. Vor dem Nichts stehend, beschloss das Kind eines Tages, selbst etwas zu unternehmen. Der Junge nahm einen Korb, sammelte Kräuter und verkaufte sie. Mit dem Geld kaufte er sich ein Huhn. Das Huhn bekam Küken. Er verkaufte die Küken und kaufte sich eine Ziege damit. Die Ziege bekam Zicklein. Er verkaufte die Zicklein und kaufte sich eine Kuh. Die Kuh bekam ein Kälbchen. Er verkaufte es und heiratete eine Frau. Die beiden bekamen ein Kind. Sie nannten es Ubuntu.' Diese Geschichte war mir in dem Augenblick sehr nah. Als Kind habe ich sie sehr gerne gehört. Und jetzt als Erwachsener begegnete ich der Geschichte intellektuell, kognitiv. Was ich in der ihr entdeckte, war fantastisch. Für mich enthält sie die Idee von SOS-Kinderdorf. Denn in dieser Geschichte beschließt ein Kind, sein Leben selbst in die Hand zu nehmen. Junge Kinder können das aber häufig nicht. Sie können solche Entscheidungen nicht treffen, also haben Erwachsene für diese Kinder einzutreten. Das macht SOS-Kinderdorf. Die Organisation nimmt sich dieser Kinder an und trifft die Entscheidungen, die die Kinder noch nicht treffen können. Und sie schenkt ihnen so Freiheit, Freiheit von Leid und gleichzeitig Freiheit, zur eigenen Verantwortung zu finden. Das ist ermutigend und aufbauend zugleich. Bei meinem Schulprojekt Ubuntu habe ich diese Geschichte dann auch mitgenommen. Ich denke, darin gibt es viel zu entdecken. Nicht nur die Kraft, die in einem Märchen steckt. Sondern auch die Bedeutung, die darin für eine Schulklasse oder für die Gesellschaft an sich steckt."

Während Walter erzählt hat, habe ich seine Mimik beobachtet. Er hat immer wieder übers ganze Gesicht gestrahlt.

„Bist du stolz darauf, an der Idee mitzuwirken, bei Kindern zu beginnen und die Welt ein bisschen besser zu machen?", frage ich.

Walter lächelt. „Ja!", antwortet er und klingt sehr begeistert. „Ein gro-ßer Dichter hat einmal gesagt: ‚Ich bin ein Mensch. Nichts Menschliches ist mir fremd.' So interpretiere ich auch Hermann Gmeiner, den Gründer von SOS-Kinderdorf. Der hat aus eigener Geschichte entdeckt: Nichts Menschliches ist mir fremd. Wenn ich zurückschaue, dann stelle ich fest: Ich bin nach Österreich gekommen und habe hier nach über zehn Jahren selbst ein Zuhause durch SOS-Kinderdorf gefunden."

Ich weiß, dass Walters Zuhause am Anfang seines Lebens nicht Österreich, sondern Nigeria war. Ich stelle mir vor, dass es mit vielen Hürden verbunden ist, seinen Lebensmittelpunkt einfach auf einen anderen Kontinent zu verlegen. Deshalb möchte ich noch ein wenig über seine

Lebensgeschichte erfahren und frage nach, wann Walter nach Österreich gekommen ist.

„Das war kurz vor meinem 25sten Geburtstag. Ich habe in Innsbruck studiert. Damals war die Philosophische Fakultät in Innsbruck sehr bekannt. Ich bin hierher gekommen, um Deutsch zu lernen und zu studieren. Und jetzt habe ich hier ein Zuhause gefunden. Aus dieser persönlichen Verankerung heraus ist der Wunsch entstanden, Kinder oder auch Studierende an den Universitäten nicht zu belehren, sondern mich mit ihnen gemeinsam auf die Suche zu machen. Nach dem, was uns glücklich macht. Sowohl individuell als auch als Gemeinschaft.“

Als ich nachfrage, was Walter denn glücklich mache, findet er die Frage erst ziemlich schwer und muss etwas überlegen. Schließlich antwortet er: „Was mich glücklich macht? Ich bin gerne im Hier und Jetzt. Und die Ruhe, die macht mich glücklich. Bei sich zu sein, macht mich glücklich. Ein Buch in der Hand zu haben, macht mich glücklich. Meine Frau anzuschauen, macht mich glücklich. Sie hat so viele Eigenschaften, die mich begeistern und berühren. Ja, und Frieden macht mich glücklich. Ehrlich gesagt, wenn ich hier in Österreich die Gesellschaft anschaue, macht mich das auch glücklich. Ich sehe, dass hier die Menschen größtenteils versuchen, kollektiv Gutes umzusetzen und sich einzusetzen für andere. Ich komme aus einem Land, in dem das nicht selbstverständlich ist. Zu sehen, dass Menschen sich täglich bemühen, etwas zu erreichen, das macht mich glücklich, und nach dem zu streben, was wünschenswert und ehrenwert ist.“

Die Bedienung trägt ein Tablett mit Kaffee und Kuchen an uns vorbei. Der Kirschkuchen ist mit einem schwungvollen Sahnetupfer garniert. In Österreich sagt man dazu Schlagobers. Walter deutet darauf und lächelt. „Ich habe bei SOS-Kinderdorf ein Zuhause gefunden. Die Hilfsorganisation ist sozusagen das Sahnehäubchen für mich hier. Seit 14 Jahren mache ich das Bildungsprojekt Ubuntu. Ich stelle fest, dass ich ein ausgebildeter Mensch bin. Das ist mein Werkzeug. Aber ohne SOS-Kinderdorf wäre ich nicht das, was ich bin. Dass SOS-Kinderdorf sich das Projekt leistet, ist höchst ideal. Hier passt das Leitbild, hier wird die Vision in der Praxis umgesetzt: jedem Kind ein liebevolles Zuhause, ja, jedem Kind.“

Walter berichtet, dass nicht nur die Bedürfnisse der Kinder bei dem Hilfswerk respektiert werden. Auch die Mitarbeitenden werden mit ins

Boot geholt, auch ihre Stärken werden gesehen. „Du bringst ein, was du kannst, um diese Vision erlebbar zu machen. Ich habe dazu sogar ein Lied erfunden."

Walter beginnt leise zu singen, während die Kellnerin erneut an unserem Tisch vorbeigeht. „Ich bringe das Beste, das ich kann. Du bringst das Beste, das du kannst. Wir helfen den Kindern in Not." Dann fügt er hinzu: „Das ist es, was für mich Familie ausmacht. Und SOS-Kinderdorf – das ist dieser Familiengedanke. Bring das Beste, das du kannst."

Der letzte Satz berührt mich sehr, denn er sagt für mich aus, dass jeder Mensch ein „Bestes" hat, das er geben kann. Ich werfe Walter einen Blick zu. Er sitzt aufrecht in den Polstern des Lounge-Sessels, und er erweckt den Eindruck, als würde er in sich ruhen.

„Hat das Leben es denn gut mit dir gemeint?", will ich von ihm wissen.

Walter lächelt versonnen. „Ich wünschte, ich würde das Leben sehen, um ihm diese Frage zu stellen. Viktor Frankl (Anm.: österreichischer Psychiater und Neurologe) hat gesagt: ‚Das Leben ruft, und wir antworten.' Wonach hat das Leben bei mir gerufen?"

Walter lacht kurz auf. „Das weiß ich noch nicht. Dennoch, wenn ich, um Viktor Frankl noch einmal zu zitieren, in die Scheune der Vergangenheit hineinschaue, dann denke ich: Wow! Da ist wirklich reichlich Ernte. Da muss ich schon sagen, das Leben hat es gut mit mir gemeint. Meine Scheune der Vergangenheit ist wirklich voll. Voll mit guten Ernten."

Das legt bei mir eine Vermutung nahe: „Ich glaube, du bist ein großzügiger Mensch und gibst anderen Menschen von dieser Ernte auch etwas ab."

Walter lacht erneut. „Das sagt vielleicht mein Name schon. Ich bin ja in Nigeria geboren, in der Volksgruppe Igbo im Südosten des Landes. Mein Name in meiner Muttersprache bedeutet der Großzügige. Nomen est omen."

So ein Zufall! Oder auch nicht.

„Erlebst du, dass du selbst etwas bekommst, wenn du großzügig gibst?", hake ich nach.

„Ich bin Christ. Ich liebe den Spruch: ‚Wenn deine rechte Hand gibt, lass nicht zu, dass deine linke davon weiß.' Wenn ich gebe, erwarte ich nichts. Wenn ich gebe, heißt das: Ich habe. Wenn ich etwas gebe, heißt das nicht, das etwas weg ist. Geben ist das, was ich unter Solidarität verstehe."

Walter sieht einen Moment in seine mittlerweile leere Espresso-Tas-se. Dann antworte er: „Wenn du etwas gibst, dann ist die Freude beim Geben das Größte. Ich erinnere mich an die Zeit, als ich im zweiten Jahr am Gymnasium in Nigeria im Internat gewohnt habe. Damals hat mein Vater einen Unfall gehabt und war sechs Monate lang nicht arbeitsfä-hig. Das war sehr schwer für uns. Meine Mutter hat alles gemanagt, und es ist wirklich nicht mehr gegangen. Ich erinnere mich daran, dass ich an einem Wochenende aus dem Internat nach Hause gekommen bin. Ich wollte dort gerne etwas zu essen haben, denn wir waren in der Zeit wirklich beinahe am Verhungern. Als ich zu Hause ankam, war nichts da. Nicht einmal Geld, um am Sonntag wieder zurück ins Internat zu fahren. Ich habe geweint! Ich habe gefragt: ‚Was soll das heißen? Heißt das, ich kann nicht mehr zurück in die Schule?' Meine Mutter war sehr traurig. Sie ist zu den Nachbarn gegangen, um dort etwas zu leihen. Aber sie hat nichts bekommen. Wir waren alle sehr traurig. Als wir am Sonntag von der Messe nach Hause gekommen sind, war es bei uns im Haus so still, als ob jemand gestorben wäre. Kurz nach drei habe ich dann eine Auto-hupe gehört. Als wir aus dem Fenster gesehen haben, ist vor dem Haus das Auto meines Cousins gestanden. Wir sind rausgerannt und haben ihn begrüßt. Er ist aus dem Auto ausgestiegen und hat den Kofferraumdeckel aufgemacht. Darin sind fünfzig Kilo Reis, fünfzig Kilo Bohnen, Yamswur-zeln – das ist so etwas wie Kartoffel –, Kekse und viele andere Sachen gelegen. Wir haben nur geschaut und gestaunt. Er hat auch ein Kuvert dabeigehabt. Meine Mutter hat gefragt, was das sei. Mein Cousin hat geantwortet: ‚Mein Onkel schickt mich. Er hat gesagt, ich soll das seiner Schwester bringen.' Wir sind in Tränen ausgebrochen. Das ist Großzügig-keit. Das Leben ist an diesem Tag großzügig mit mir gewesen. Ich habe das an dem Tag nicht vorhersehen können. Es ist einfach so gekommen. Was kann ich dem Tag dann zurückgeben außer Freudentränen? Das ist für mich Großzügigkeit. Nicht, um sich zu glorifizieren, sondern weil es nach innen Freude macht.“

Ich bin beeindruckt davon, wie facettenreich Walter sich erinnert – und wie unaufgeregt er sich Zeit nimmt, das Positive in den Blick zu nehmen. Das sage ich ihm. Walter antwortet mir wieder mit kleinen Zitaten, zu denen er offensichtlich einen großen Bezug hat. „Es gibt eine Schriftstel-lerin, Katherine Baldwin, die hat gesagt: ‚Wie wir unsere Lebensgeschichte tragen, entscheidet, wie glücklich oder wie traurig wir sind.' Das ist ganz im Sinne der klassischen, stoischen Philosophen. Epiktet schreibt: ‚Dinge sind weder gut noch schlecht. Es ist einfach nur unsere Interpretation.' Ich lerne immer mehr, die kleinen, traurigen Dinge, die täglich passieren, mit Humor zu betrachten."

Ich grinse und zwinkere Walter zu, als ich nachfrage: „Worüber hast du denn diese Woche so richtig herzhaft lachen können? Worüber hast du dich gefreut?"

Seine Antwort kommt ohne langes Nachdenken. „Ich wäre dem Schicksal undankbar, wenn ich jetzt nicht sagen würde: Liebe Petra, genau über diesen Augenblick jetzt mit dir. Ich bin richtig überwältigt, dass du nach sechs Jahren an mich denkst und mich als würdig betrachtest, mich auf deine Suche mitzunehmen."

Darüber freue ich mich jetzt! Sehr sogar.

Nach dem Bezahlen begleitet mich Walter zurück zum Bahnhof. Er muss wieder ins Büro, er hat seine Mittagspause für unser Treffen etwas verlängert. Unsere Wege trennen sich wieder. Ich hätte gerne noch mehr Zeit mit Walter und hier in Innsbruck verbracht. Doch diesmal kann ich nicht einfach gehen und bleiben, wie ich will. Ich muss mich nach dem Fahrplan der Bahn richten. So bringt der Zug mich am Spätnachmittag über die Berge zurück nach Garmisch-Partenkirchen. Hier werde ich noch eine Nacht bleiben, bis ich mich morgen auf den Heimweg mache, um eine kleine Tourpause einzulegen. Während der Zugfahrt habe ich Zeit, das Gespräch mit Walter noch einmal in Gedanken durchzugehen. Ich kann gut nachvollziehen, dass ein gutes Leben kaum isoliert, sondern am ehesten als Teil einer Gruppe von Menschen, die einem nahestehen, klappen kann. Vor allem dann, wenn die Gemeinschaft positive Werte verkörpert und man sich dort zugehörig und angenommen fühlt und man gemeinsam etwas bewegen kann. Ich durfte das selbst oft erfahren: bei ehrenamtlichem Engagement oder in meiner Nachbarschaft, wo alle zusammenhalten und einander unterstützen. Vielleicht lässt sich das ja noch weiter ausbauen, denke ich mir. Dann bin ich auch schon in wieder in Garmisch-Partenkirchen angekommen.

Der Funke, der alles zum Glühen bringt

Als es Abend wird, merke ich, dass ich mich heute viel weniger bewegt habe als in den Tagen zuvor. Meine Füße wollen laufen! Ich mache mir also selbst noch ein kleines Abschiedsgeschenk: Ich wandere zum Eibsee. Das vor rund 3700 Jahren aus einem Gletscher entstandene Gewässer liegt auf knapp tausend Metern direkt unter der Zugspitze im Wettersteingebirge. Der Aufstieg dauert und sorgt dafür, dass ich jetzt auf keinen Fall mehr das Gefühl von zu wenig Bewegung und zu geringer körperlicher Anforderung habe. Am See angekommen, entscheide ich mich für eine Umrundung, um die Schönheit der Gegend aufnehmen zu können. Meter für Meter ändert sich die Atmosphäre. Das Wasser des Sees ist an manchen Stellen türkisgrün, an anderen dunkelblau, fast schwarz. Im Abendlicht spiegelt sich die Zugspitze auf der blank polierten Seeoberfläche. Und dann springt sozusagen der Funke über: Die Zugspitze wird in ein orangerosa Licht getaucht. Ich darf hier stehen und das Alpenglühen erleben! Es kommt mir vor, als hätte die Natur für meinen Abschied von den Alpen ein ganz persönliches Feuerwerk inszeniert. Ich bin auf besondere Weise tief zufrieden. Es ist eine Zufriedenheit, die wie ein weicher Teppich unter meinen Füßen liegt. Dieses Gefühl ist neu. Und es ist gut.

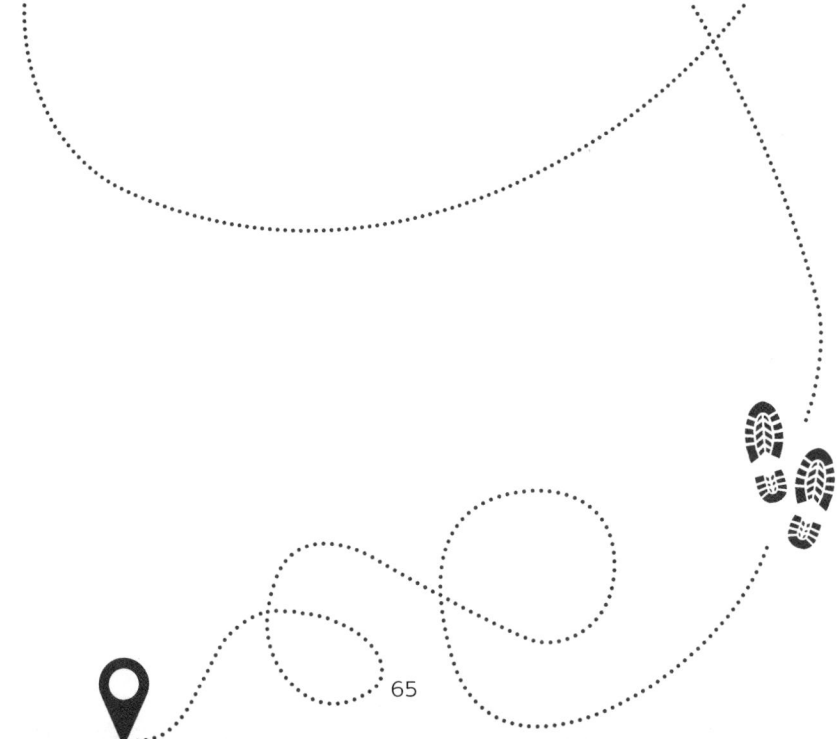

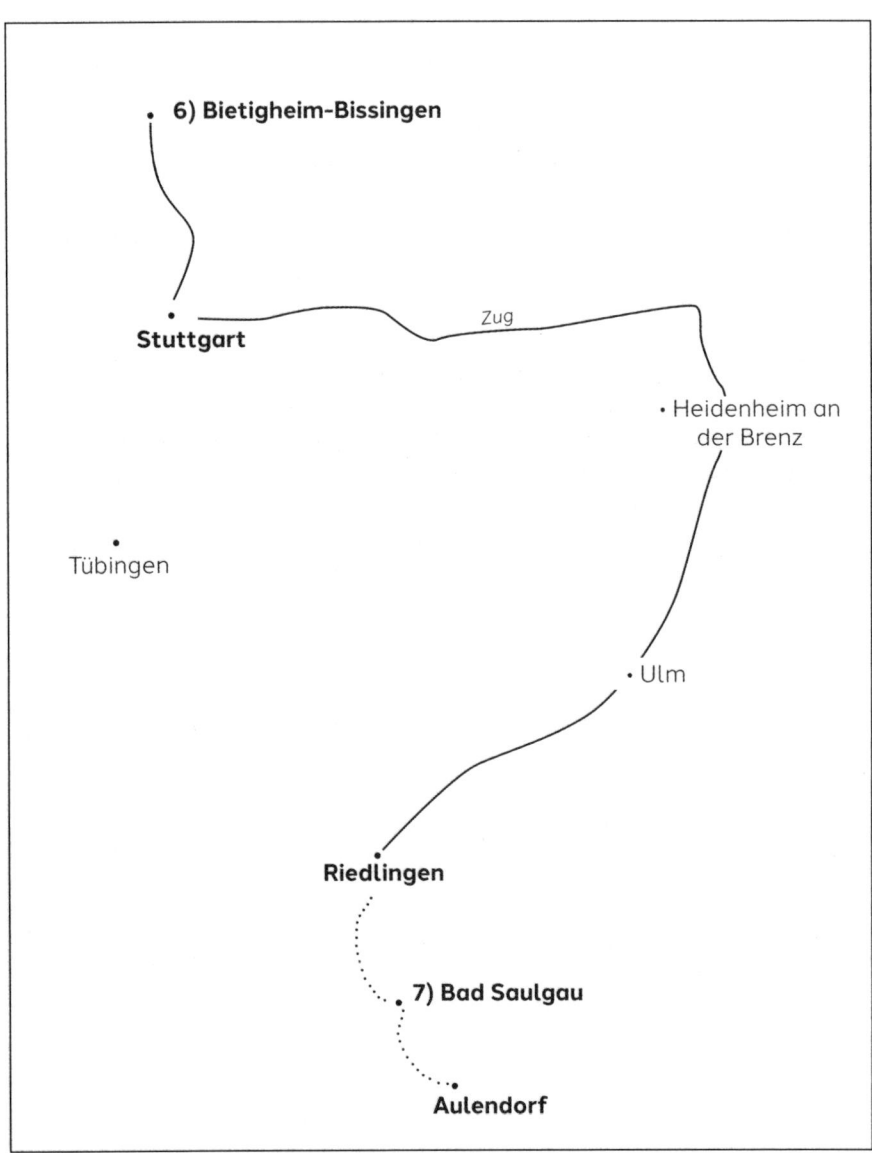

6) Bietigheim-Bissingen

Stuttgart

Zug

• Heidenheim an
der Brenz

Tübingen

• Ulm

Riedlingen

7) Bad Saulgau

Aulendorf

Unterwegs in
Baden-Württemberg

6 Dem Bauchgefühl trauen

Zwei Wochen später packe ich erneut meinen Rucksack. Es fällt mir jetzt leichter, mich zu beschränken. Immerhin kann ich auf die Erfahrungen aus meinem ersten Tourabschnitt zurückgreifen. Diesmal breche ich in Richtung Westen auf. Ich werde nördlich von Stuttgart starten und bis nach Oberschwaben gehen. Der zweite Teil meiner Interviewtour beginnt wie der erste: Mein Zug hat Verspätung! Ich kann meine Interviewpartnerin glücklicherweise per Handy erreichen und über mein Zuspätkommen informieren.

„Bleiben Sie gelassen. Ich bin da und habe Zeit. Sie melden sich einfach, sobald sie hier angekommen sind", meint Kathrin Stenger freundlich. Ein Freund – er ist Redakteur eines Fernsehsenders – hat mich auf sie aufmerksam gemacht. Kathrin Stenger sei eine ganz besondere Hebamme mit Herz und Hirn. Sie verstehe es, das Leben willkommen zu heißen, und das nicht nur wegen ihres Berufes. Das hat mich neugierig gemacht.

Ganz lässt sich meine innere Unruhe trotz der Worte meiner Gesprächspartnerin auch diesmal nicht besänftigen. Dennoch merke ich, wie mir das freundliche Entgegenkommen guttut. Eigentlich hatte ich geplant, mir am Bahnhof noch etwas zu essen zu holen. Doch als mein Zug dann mit zweistündiger Verspätung in Bietigheim-Bissingen einfährt, ist essen nebensächlich. Mit schnellen Schritten mache ich mich auf den Weg zu Kathrin Stenger, die glücklicherweise nicht sehr weit vom Bahnhof entfernt wohnt. Sie öffnet mir die Tür, kaum dass der Klingelton verklungen ist, und lächelt mir entgegen. Keine Spur von Ungeduld oder Verstimmung. Mein erster Eindruck ist: Frau Stenger meint, was sie sagt. Meine Verspätung hat tatsächlich nur mir zugesetzt – sie hingegen ist völlig entspannt und freut sich, mich zu sehen. Ich werde von ihr auch gleich in den Garten gebeten. Eine liebevoll gepflegte und dennoch natürlich-wilde Oase tut sich vor mir auf.

Das Leben lieben

Unter der Pergola ist ein Kaffeetisch gedeckt. Ein selbst gebackener Kuchen steht in der Mitte. Ich merke, wie mein Magen knurrt. Wir setzen uns. Kathrin Stenger schenkt mir Kaffee ein, schiebt mir ein Stück Streuselkuchen auf den Teller und lehnt sich zurück. Der Kuchen schmeckt herrlich, und der Kaffee tut gut. Ich merke, wie ich mich langsam entspanne. Während wir essen, beginnt Kathrin Stenger zu erzählen: Wie sehr sie ihren Garten liebe und wie froh sie sei, hier zu leben. Dass sie in der ehemaligen DDR, genauer gesagt in Markkleeberg in der Nähe von Leipzig, aufgewachsen sei. Und dass sie der Liebe wegen in den Westen gekommen sei.

„Sie haben Ihren Mann, der damals in der BRD gelebt hat, in der DDR kennengelernt?", versuche ich, das Bild zu komplettieren.

„Genau", antwortet Kathrin Stenger. „Der Pfarrer unserer Gemeinde in Markkleeberg war sehr engagiert. Der hat in Ettlingen eine Gemeinde gefunden, die bereit war für einen Jugendaustausch und die auch neugierig war auf Jugendliche aus der DDR. Unser Pfarrer Thomas Schorcht hat damals schon gesagt, er wolle unbedingt Jugendliche aus Ost und West zusammenbringen, weil nur so könne eine Vereinigung möglich werden, nämlich wenn sich junge Leute kennenlernten. Junge Leute tickten einfach gleich. Fänden sie zueinander und schürten nicht weiter das Feindbild, das der Staat aufgebaut habe, dann könne irgendwann einmal eine Wiedervereinigung stattfinden. Darum hat der Pfarrer das initiiert. Die Westdeutschen sind dann erst mal 1985 zu uns nach Markkleeberg gekommen. Dann ging alles relativ schnell. Wir haben beschlossen, uns alle gemeinsam in Ungarn zu treffen und zusammen Urlaub zu machen. Es war erstaunlicherweise sogar relativ einfach. Einer aus Markkleeberg meinte zwar, dass das nicht ginge, weil das DDR-Geld ja nichts wert sei. Aber die Westdeutschen meinten, sie würden einen Weg finden. Sie schlugen vor, dass die Jugendlichen aus der DDR und die aus der BRD jeweils hundert Mark in unterschiedlicher Währung in einen Topf geben sollten. Alle legten zusammen. Dann passte es wieder."

Kathrin Stenger muss bei dieser Erinnerung lächeln. „Das waren so tolle Urlaube damals. Der Pfarrer hat dann gesagt: ‚Ihr dürft alles machen. Ihr dürft euch nur nicht verlieben.'"

Jetzt lacht meine Gesprächspartnerin und zuckt mit den Schultern. „Fünf Pärchen sind aus dem Austausch entstanden. Wir, mein Mann und ich, und noch ein anderes Paar sind noch zusammen. Alle anderen sind mittlerweile wieder getrennt."

Ich selbst war in den 1980er-Jahren noch in der Schule und habe wenig von den Lebensumständen in der damaligen DDR mitbekommen.

Doch dieses Austauschprojekt erscheint mir mutig und besonders. „Das war ja wirklich eine spannende Zeit", sage ich.

Kathrin Stenger nickt. „Ja, das war sehr aufregend. Erst mal war es einfach sehr schön, weil wir natürlich sehr viel Verbindendes zwischen Ost und West gefunden haben. Bei uns im Osten war es zwar nicht immer einfach, die Feierutensilien zu bekommen, aber gefeiert haben wir ohne Ende! Und das wissen die Westdeutschen von damals immer noch, nämlich dass wir zwar die Bierflaschen einzeln im Kofferraum transportiert haben, weil es keine Getränkeständer gab, aber unsere Feten spektakulär waren! Getroffen haben wir uns immer in Ungarn oder bei uns im Osten. Wir mussten ja damals den Antrag bei der Polizei stellen, damit die Westdeutschen auf Besuchsreise kommen konnten. Dann wurde das auch genehmigt."

Meine Gastgeberin erzählt, sie sei erst nach der Wende in den Westen gekommen. Einen Ausreiseantrag hätte sie nicht gestellt. „Das hätte ich nicht gemacht. Es gab ein Pärchen, die haben einen Antrag auf Hochzeit gestellt. Die Frau ist dann auch tatsächlich ausgereist. Dafür bin ich zu sehr Familienmensch. Ich hätte das nicht gekonnt. Ich hänge sehr an meiner Familie. So schwer mir das gefallen wäre, aber ich hätte dann eher meine Beziehung aufgelöst. Das ist eben eine Herzensentscheidung. Ich hatte das erst mal laufen lassen. Sich dagegen zu wehren, ging nicht. Mein Mann behauptet zwar das Gegenteil – er meint, ich wäre bestimmt auch ausgereist –, aber ich bin mir da ganz sicher: Ich hätte auf keinen Fall einen Ausreiseantrag gestellt, schon weil es dann kein Zurück mehr gegeben hätte. Dann hätte ich mich mit meiner Familie nur noch in Tschechien oder Ungarn treffen können. Der Preis wäre mir zu hoch gewesen."

So waren sie und ihr Mann zuerst ein Liebespaar auf Distanz. Obwohl schon 1988 bei ihnen „die Liebe zugeschlagen" habe, wie Kathrin Stenger sich schmunzelnd ausdrückt.

„Wir haben einander Briefe geschrieben. Das hat dann immer wochenlang gedauert. Angerufen habe ich meinen jetzigen Mann nur einmal an seinem Geburtstag. Da bin ich vom Nachtdienst gekommen, bin zur Hauptpost in Leipzig und hab dort ein Gespräch in den Westen angemeldet. Dann habe ich mich in den Sessel gesetzt und gewartet – darauf, dass die Telefonzelle, die natürlich von der Stasi abgehört wurde, frei wurde. Irgendwann hat man mir gesagt, dass ich dran sei und die Nummer wählen könne. Ich war das ja nicht gewöhnt zu telefonieren. Wir hatten kein Telefon. Da habe ich wirklich nur ..." – Kathrin Stenger muss beim Gedanken daran schmunzeln – „... ganz schnell ‚Herzlichen Glückwunsch zum Geburtstag' gesagt. Ich konnte gar nicht richtig sprechen. Ich wusste ja, dass da mitgehört wird. Ich hab dann einfach aufgelegt. Und anschließend bin ich heimgefahren und hab mich schlafen gelegt."

Kathrin Stenger schenkt mir Kaffee nach. Sie ist eine wunderbare Gastgeberin, die mich nicht nur mit Kuchen verwöhnt, sondern auch einen wunderbaren Ort für unser Gespräch ausgewählt hat: ihren Garten, auf den sie sichtbar stolz ist. Ich schaue mich um. Hier kann man bestimmt stundenlang sitzen und die bunte, blühende Vielfalt betrachten, ohne dass es auch nur einen Augenblick langweilig wird. Ich atme tief ein und nehme dann den Faden wieder auf. „Sie waren damals schon ausgebildete Hebamme?", knüpfe ich an.

Kathrin Stenger trinkt einen Schluck, ehe sie antwortet. „Ja, ich habe mit 16 Hebamme gelernt. Gearbeitet habe ich in Schkeuditz. Nach der Wende bin ich dann hierher nach Baden-Württemberg gezogen. Ich wäre auch gerne im Osten geblieben. Wie gesagt, ich bin ein Familienmensch. Aber mich hat zum einen das Neue gereizt. Und zum anderen gab es im Osten damals ausreichend Hebammen. Mit der Wende wollten viele erst einmal keine Kinder. Die haben das nach hinten geschoben. Denn jetzt hieß es ja Freiheit. Viele wollten reisen und mit dem Kinderkriegen warten. In Schkeuditz wollte ich sowieso nicht so lange bleiben. Dort hatte ich mich nur für drei Jahre verpflichtet zu arbeiten, weil ich dort ausgebildet worden war. Das war mit der Wende hinfällig. Und schließlich war es dann nur noch ein Umzug. Ich wusste ja, dass ich meine Familie im Osten jederzeit besuchen konnte, auch wenn ich in den Westen ging. Darum habe ich mich dann hier beworben. Mein Mann war damals noch nicht ganz fertig mit seiner Ausbildung bei der Feuerwehr. Und für ihn hätte es nach der Wende im Osten bei der Berufsfeuerwehr keine Stelle gegeben, weil die Feuerwehr wie auch die Polizei irgendwie mit dem Staat verflochten waren. Ich bin dann also erst einmal auf mich gestellt in den Westen gekommen. Und ich musste mich da durchbeißen. Das war für mich eine komplett andere Welt. Wie ein Sprung ins kalte Wasser. Aber ich hatte dann im Krankenhaus eine ganz tolle Personalarbeiterin. Die hat mich unterstützt, und zu der konnte ich immer mit Fragen kommen.

Dennoch: Das allein zu schaffen, das war mir auch wichtig. Da fühlte ich mich dann gleichberechtigt. Ich bin absolut für Gleichberechtigung. Das zum Beispiel Arbeit gleich bezahlt wird, egal wer sie macht."

Ich habe den Eindruck, Kathrin Stengers Beruf der Hebamme ist ein Sinnbild dafür, dass Frauen sich für die Belange von Frauen einsetzen.

„Wie sind Sie überhaupt zum Beruf Hebamme gekommen? War das Zufall?", will ich wissen.

Kathrin Stenger lacht. „Nein! Nein, das war mir seit der sechsten Klasse klar. Also nicht, was eine Hebamme so genau macht, weil es zu DDR-Zeiten keine großen Einblicke gab, keine Filme darüber, auch kein Praktikum oder so. Ich wusste aber, dass ich in eine medizinische Richtung gehen wollte. Meine Mutter ist Krankenschwester – und das mit Leib und Seele. Ich bin da manchmal vorbeigegangen, wenn sie am Wochenende Spätdienst hatte. Als Krankenschwester musste sie ja auch zum Essen für die Patienten Brote schmieren oder den Abwasch machen. Und da hat sie mich mit einbezogen. Ich hab dann den Abwasch übernommen und dafür ein paar Mark bekommen. Und einmal hab ich auch im normalen Stationsbetrieb im Frühdienst mitgearbeitet. Das war gar nicht gut. Damals waren junge Schwestern – und wie die mit den Patienten umgegangen sind, das war nicht mein Bild von einer guten Krankenschwester. Das hatte überhaupt nichts …" Meine Gesprächspartnerin stutzt kurz. „Das klingt jetzt vielleicht blöd, aber es hatte nichts Heiliges mehr. Meine Mutter hat mir was anderes vermittelt. Da war Ruhe. Und es wurde darauf geachtet, wer was braucht. Mich hat die ungute Erfahrung damals davon abgehalten, Krankenschwester zu werden. Was mich auch störte, waren die immer wiederkehrenden Abläufe im Stationsbetrieb. Irgendwann kam ich dann auf Hebamme. Ich hatte als Jugendliche Geigenunterricht, und vor mir war immer ein Junge dran. Dessen Mutter war Hebamme, und die hat ihn immer gebracht, weil er noch klein war, jünger als ich, und sie hat auch immer auf ihn gewartet. Ich hab dann mein Instrument ausgepackt und mich leise auf den Stuhl gesetzt, um auf meine Stunde zu warten. Da hab ich die Frau immer ganz fasziniert gemustert. Das war für mich sehr interessant. Die war Hebamme, war also dabei, wenn die Kinder kamen! Meine Mutter wurde mit 41 Jahren nochmal schwanger – mit einem Nachzügler. Das hat mich begeistert und mich auch sehr interessiert. Und eine Frau in unserem Haus hat auch

Hebamme gelernt. Da konnte ich immer mal wieder einen Blick in ihre Bücher werfen, wenn sie im Garten saß und sich auf ihre Prüfung vorbereitet hat. Ich hab dann einfach bei ihr nachgefragt. Und schließlich habe ich mich als Hebamme beworben. Man wurde an eine medizinische Fachschule delegiert. In Schkeuditz war eine Stelle frei, und ich wurde zum Vorstellungsgespräch eingeladen. Der Chef meinte: ‚Wir haben aber nur eine Stelle. Würden Sie denn auch Kinderkrankenschwester werden, wenn es mit Hebamme nichts wird? Das ist doch auch schön.‘ Da habe ich sofort Nein gesagt. Ich wollte Hebamme werden! Ich hab dann die Ausbildungsstelle bekommen. Doch dann kam der Schock: Ich war ein ziemliches Mama-Kind, und ich hab erst nach der Vorstellung erfahren, dass ich für die Ausbildung ins Internat müsse. Leipzig hat in dem Jahr nicht ausgebildet, deshalb musste ich nach Merseburg. Das fand ich schrecklich. Aber ich hab es trotzdem gemacht. Obwohl ich gelitten habe. Der Wunsch, Hebamme zu werden, hatte Priorität."

Beinahe ehrfürchtig habe ich den Ausführungen von Kathrin Stenger gelauscht. Jetzt drängt sich eine Frage auf, die ich einfach stellen muss: „Erinnern Sie sich noch an Ihre erste Geburt?"

Meine Gesprächspartnerin strahlt übers ganze Gesicht. Es scheint die richtige Frage gewesen zu sein. Dann nickt sie. „Ja, also an die erste Geburt, die ich mit ansehen durfte. Das war hochinteressant. Ich hatte ja keine Vorstellung davon. Man wird da langsam herangeführt, bis man allein eine Geburt begleitet. Am Anfang steht man nur daneben, misst Blutdruck und Temperatur und beobachtet." Jetzt ändert sich die Tonlage von Kathrin Stenger. Sie hört sich etwas verklärt und beinahe eindringlich an: „Aber die erste Geburt – zum ersten Mal zu erleben, wie ein Kind geboren wird –, das werde ich nie vergessen. Das war Wahnsinn. Ich war fasziniert von dieser Naturgewalt. Dass das überhaupt ging! Wir waren ja sehr jung mit 16. Einige von uns waren richtig schockiert, aber ich kann nur von Faszination sprechen." Die Hebamme atmet tief ein. „Von großer Demut", fährt sie fort, dann lacht sie. „Und ich hatte sofort die Bestätigung: Hier bin ich richtig! Dann habe ich begonnen, mir etwas abzugucken. Natürlich braucht eine Hebamme viel Wissen, vor allem aber Intuition. Eine Hebamme ohne Intuition hat es schwer oder hört wieder auf. Ich finde, da muss man sehr auf Gefühle und Schwingungen achten."

Ich lege eine Hand auf meinen Bauch und spüre nach, ob ich hier eine Regung spüren kann. Es fühlt sich warm und ruhig an. Vielleicht ein Zeichen dafür, dass gerade alles stimmt. „Wussten Sie, dass Sie so ein verlässliches Bauchgefühl oder eine ähnliche Fähigkeit haben?", will ich wissen.

Kathrin Stenger wiegt ihren Kopf hin und her. „Nein, das kam erst mit der Zeit. Erst stutzt man noch, dann hält man es gelegentlich auch für verrückt, wenn man sich darauf verlässt. Zum Beispiel fragt man sich, weshalb man jetzt noch einmal zu jener Frau ins Zimmer gegangen ist. Eine logische Begründung dafür gibt es nicht, hätte man es jedoch unterlassen, wäre ein Unglück passiert ... Ich denke, man muss auf seine Intuition hören. Alle Menschen haben sie, viele unterdrücken sie jedoch oder gehen einfach drüber hinweg. Vielleicht sind sie auch vom Temperament her zu laut oder gestehen es sich nicht ein und tun ihre Intuition als Spinnerei ab. Es gibt sensible Menschen und weniger sensible. Ich glaube, dass sich vieles vermeiden ließe, wenn alle Menschen auf ihr Bauchgefühl hörten. Bei mir hat die Erfahrung dazu beigetragen, dass meine Intuition stärker ausgeprägt ist. Ich denke oft darüber nach, welche Entscheidungen ich in welcher Situation getroffen habe. Ich finde, da muss man sich Zeit dafür nehmen, um sich Gedanken zu machen. Ich muss Stille aushalten können, Gefühle wahrnehmen und mich manchmal auch unangenehmen Gefühlen stellen, erst dann kann ich vielleicht Schlüsse ziehen. Ich habe über vieles nachgedacht. Andere denken eher vor. Ich bin eine Nachdenkerin. Ich suche nach Ursachen, nach Schnittstellen, dann kann ich beim nächsten Mal in einer ähnlichen Situation feststellen: Jetzt fühlt es sich wieder so an. Dann ist es einfacher, die richtigen Entscheidungen zu treffen. Ich lass mich da ganz von meinem Bauchgefühl leiten. Ich kann gar nicht mehr anders. Die Intuition ist nicht nur für mich als Hebamme wichtig, sie leitet mich auch im Alltag."

Ich finde den Gedanken faszinierend, die innere Stimme zu spüren und sich darauf zu verlassen. Das gelingt mir nicht immer. „Wenn die Intuition mit den Jahren mehr wird, wie verhält es sich mit der Faszination und der Demut? Gibt es die noch?", frage ich nach.

Kathrin Stenger lässt einen Finger über den Rand ihrer Kaffeetasse kreisen. „Ja, die gibt es noch. Aber ich kann mir mittlerweile – auch dank meines Mannes – den Luxus leisten, nicht mehr jeden Tag zu arbeiten. Ich habe nur noch eine Teilzeitstelle. Mein Mann und ich kommen auch so zurecht. Wir fliegen nicht wer weiß wohin. Es reicht für uns. Und deshalb kann ich wirklich noch von Faszination sprechen. Und ich mache alles mit Humor. Ich rede gerne." Meine Gesprächspartnerin hält kurz inne. Dann lacht sie. „Und ich beobachte gerne. Mein Wissen und meine Fähigkeiten habe ich in der Stille erworben und durch das Beobachten einer sehr erfahrenen Kollegin, die heuer achtzig Jahre alt geworden ist. Ich habe sie zusammen mit einer Freundin zu ihrem Geburtstag besucht."

Bei dem Wort Geburtstag fällt mir ein, dass Kathrin Stenger meinte, sie brauche nicht viel. Das sage ich ihr und will wissen: „Was ist es denn, was Sie brauchen?"

Sie zuckt kurz mit den Schultern. „Ich persönlich brauche meine Ruhe. Ich brauche Menschen um mich, mit denen man sich gut unterhalten kann, mit denen man aber auch schweigen kann. Das können nicht viele. Das finden viele eher bedrohlich. Schweigen ist wichtig. Vielleicht auch nebeneinander hergehen und nicht reden. Es soll ja auch kein Schweigen sein, bei dem ein anderer leidet. Ich mag guttuendes Schweigen. Mehr so: Ich bin da. Du bist da. Wir sind zusammen. Und es reicht."

Kathrin Stenger schweigt einen Moment. Dann lacht sie. „Und Kaffee. Den brauche ich auch. Auf den Luxus würde ich ungern verzichten. Deshalb bin ich auch froh, dass es die DDR nicht mehr gibt mit dem Mokka-Fix, 8,75 Mark für 125 Gramm. Aber wir hatten das Privileg, dass wir eine Tante im Westen hatten. Deshalb hatten wir auch immer Westkaffee. Was brauche ich noch?" Meine Gesprächspartnerin lässt ihren Blick durch den Garten wandern. „Familie und Freunde. Und je älter ich werde, desto mehr gehe ich auf andere zu. Allerdings reichen mir mittlerweile weniger Menschen um mich herum. Das ist eine Art Freiheit."

Wir plaudern noch ein bisschen über ihren Garten, über ihre Leidenschaft für schön gestaltete Dinge oder selbst gemachte Geschenke. Da sei ihr der ideelle Wert wichtiger als der materielle. Schließlich verabschieden wir uns, und ich mache mich auf den Weg zu meiner Übernachtungsmöglichkeit für diesen Tag.

Ich darf diesmal bei einer Freundin hier in der Umgebung schlafen. Während ich mit geschultertem Rucksack losgehe, begleitet mich die Frage nach meinem eigenen Bauchgefühl. Ich lege meine Hände auf den Solarplexus und warte. Es regt sich nichts, aber das wäre wohl auch zu einfach. Das Bauchgefühl bezieht sich ja nicht auf die konkrete

Region Bauch. Doch wo finde ich die passende Gefühlsregung, wenn ich sie brauche? Nach einer Stunde bin ich bei Sabine, meiner heutigen Gastgeberin, angekommen. Als ich den Klingelknopf drücke, bemerke ich ein leichtes Flattern – tatsächlich in der Bauchgegend. Ich bin angekommen für heute. Und ich bin heute in vertrauter Gesellschaft. Das tut mir gut. Mein Bauchgefühl sagt mir, dass das ein schöner Abend wird. Sabine öffnet mir die Tür und winkt mich lächelnd in ihr Haus. Wir verbringen wunderschöne gemeinsame Stunden auf ihrer Terrasse. Wir reden, lachen und fühlen uns beide rundum wohl. Mein Bauchgefühl hat mich nicht getrogen.

Es gibt kein schlechtes Wetter ...
Bisher bin ich auf meinem Weg – vom Platzregen beim Auftakt meiner Tour einmal abgesehen – trocken geblieben. Doch nun sehe ich aus dem Fenster und weiß, dass sich das jetzt ändern wird. Dicke graue Wolken kündigen den bevorstehenden Niederschlag an. Wäre ich zu Hause, würde ich keinen Schritt vor die Tür setzen. Aber ich habe heute noch eine Verabredung zu einem Interview. Das habe ich mir schließlich selbst eingebrockt. Ich werde also meinen Weg fortsetzen – ohne Rücksicht auf mögliche Unannehmlichkeiten. Also schnalle ich den Hüftgurt meines Rucksacks fest und verabschiede mich – diesmal ein bisschen weniger beschwingt als sonst – nach dem Frühstück von Sabine. Eine Teilstrecke werde ich gleich mit dem Zug fahren. Sonst wäre der Weg von über hundert Kilometern nicht so schnell zu bewältigen. Ich werde also nach einem kleinen Fußmarsch zum Bahnhof erst einmal Zeit haben, um mich einzustimmen und Energie zu tanken. Auf diesem kurzen Stück fällt nur leichter Nieselregen. Als ich dann mit ganz wenigen anderen Fahrgästen im Abteil sitze, fängt es zu schütten an. Ich schaue aus dem Fenster. Regenwasser läuft in vom Fahrtwind verwehten Schlieren über das Glas. Felder und Häuser wirken eigenartig verschwommen. Ich muss mich anstrengen, um die Schilder an den Bahnhöfen zu entziffern. Gefühlt enden alle Orte, die der Zug passiert, auf -ingen. In einem dieser Orte steige ich schließlich aus. Es regnet in Strömen. Bevor ich losgehe, ziehe ich mir meine Regenjacke an und die Kapuze tief ins Gesicht. Ich atme durch, hadere einen Augenblick, ob ich wirklich losgehen soll,

dann mache ich den ersten Schritt. Und den zweiten. Ich denke einfach nicht an die vier Stunden Weg, die vor mir liegen, sondern immer nur an den nächsten Meter. Das hilft erst mal. Nach wenigen Minuten verlasse ich den Ort und spüre schon, dass meine Füße in den Schuhen nass sind. Weiter. Noch ein Stück. Nach einem Kilometer muss ich mir meine Brille an der Jacke trocken reiben, um wieder etwas sehen zu können. Das permanente Plätschern des Regens führt nach und nach dazu, dass ich mich wie ein Roboter fühle, der wie automatisch vorwärtsgeht. Jetzt kann es nicht mehr schlimmer werden, denke ich. Das war jedoch ein Trugschluss, denn mein Weg ist bei Weitem nicht so idyllisch wie die vorherigen. Ich muss unter knisternden Stromleitungen durchgehen, die zum Umspannwerk auf der anderen Straßenseite führen. Ich gehe durch ein Industriegebiet, das bei Regenwetter all seine Monotonie in Grau zur Schau stellt. Ich tue mir selbst ziemlich leid. Das Wetter hat sich gegen mich verschworen. Leise schimpfe ich vor mich hin. Dabei wäre es auch niemandem aufgefallen, wenn ich laut geschrien hätte. Der Regen schluckt alle Geräusche. Würde mir jetzt jemand mit Lebensweisheiten wie „Es gibt kein schlechtes Wetter, nur unpassende Kleidung" oder „Man muss sich emotional vom Regen unabhängig machen" kommen, würde ich garantiert ausflippen. So bekommt aber keine Menschenseele meine Schritt für Schritt zunehmende Gereiztheit mit.

Nach einer gefühlten Ewigkeit entdecke ich am Ende eines kleinen Dorfes eine alte Eiche. Ich lehne mich an den rauen Stamm, der mir den Rücken stützt, und stemme die Hände auf den Knien ab. Scheißwetter! Einige Minuten schaue ich einfach den Regentropfen beim Fallen zu. Dann werde ich von zwei Kindern, die auf ihren Fahrrädern vorbeidonnern, aus meiner Lethargie gerissen. Die beiden haben – dem Sauwetter zum Trotz – unübersehbar großen Spaß, durch Pfützen zu rasen und das Wasser aufspritzen zu lassen. Es gibt also doch noch eine andere Sichtweise auf die Situation als meine. In Bezug auf den Regen ist das eine banale Erkenntnis. Dennoch gelingt es mir dadurch, mich wieder aufzurichten und weiterzugehen. Wie ein Mantra sage ich Sätze in Gedanken auf, von denen ich hoffe, dass sie glaubwürdig klingen: „Du schaffst das. Du wirst dich doch von ein bisschen Regen nicht von deinem Herzensprojekt abbringen lassen. Bald bist du am Ziel."

Und dann lässt der Regen nach einigen Hundert Metern tatsächlich etwas nach. Meine Hose, meine Schuhe – alles ist nass, aber ich kann endlich meine Kapuze abnehmen und so mein Blickfeld erweitern. Das ist im Augenblick ein richtiges kleines Glück. Ich habe plötzlich wieder Augen für meine Umgebung, und die sieht wie saubergewaschen aus. Die Blätter der Bäume glänzen dunkelgrün, Vögel fliegen über mir. Ich komme an mehreren Mühlen vorbei und freue mich, dass ich statt Regen das Klappern der Mühlräder höre. Jetzt finde ich es hier richtig schön! So schnell kann sich die Einstellung also ändern.

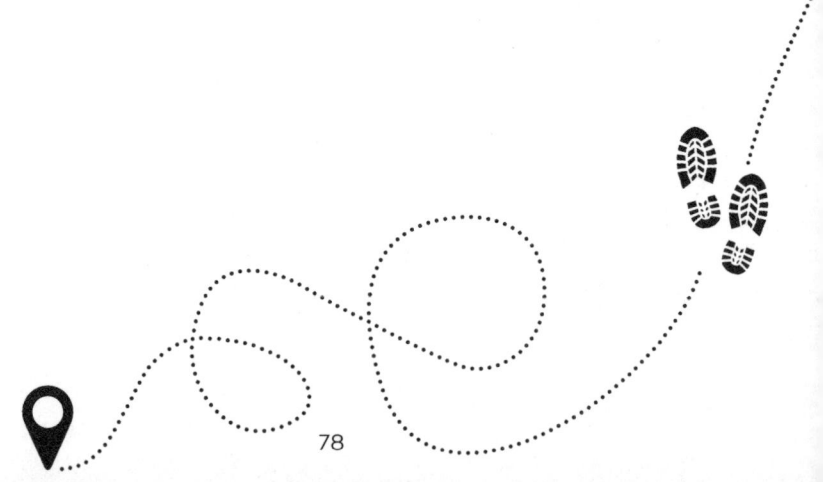

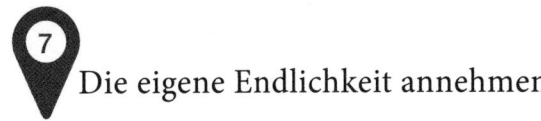

7 Die eigene Endlichkeit annehmen

Als der Regen ganz aufhört, treffe ich in Bad Saulgau ein und mache mich auf die Suche nach der Gärtnerei von Dieter. Wir kennen einander bisher nicht. Dennoch hat mich Dieter per Mail eingeladen, bei ihm und seiner Frau zu übernachten. Dann hätten wir am Abend noch Zeit, ganz ungezwungen zu reden.

Der kleine Kurort Bad Saulgau ist gut ausgeschildert. Schnell finde ich die Gärtnerei, die in der Nachbarschaft des Krankenhauses ansässig und mit ihrem dazugehörigen Blumenladen und dem bunten, pflanzenbestückten Schaufenster schon von Weitem zu erkennen ist. Bei meinem Blick durch das Fenster in den Laden erkenne ich Dieter, den ich bisher nur auf einem Foto auf seiner Homepage gesehen habe, sofort. Er mich auch und schon kommt er mir entgegen. Als er vor mir steht, muss er erst einmal lachen. Ich muss ein jämmerliches Bild abgeben: Ich stehe da – mit hochgezogenen Schultern – und tropfe.

„Bei Sonnenschein wandern kann ja jeder", sagt er, verschwindet kurz und kommt mit einem Handtuch zurück, das er mir reicht. Wieder etwas trocken, bekomme ich eine kleine Führung durch die Gärtnerei. Gewächshäuser haben auf mich immer schon eine richtiggehend magische Wirkung. Auf einem Weg, der sich über das weitläufige Gelände schlängelt, erreichen wir das Wohnhaus von Dieter und seiner Frau. Efeu hat den gesamten Platz an den Außenwänden für sich beansprucht. Wie aus einem Bilderbuch wirkt das grün eingewachsene Gärtnerhaus. Dieter zeigt mir das Gästezimmer, verabschiedet sich noch kurz, um in der Gärtnerei etwas zu regeln, und verspricht, mich in Kürze abzuholen. Gerührt sehe ich mich in dem Zimmer um, in dem das Bett für mich bereits bezogen worden ist. Ich mache mich etwas frisch und ziehe mir trockene Sachen an, was nach meinem Weg durch den Regen dringend nötig und eine wahre Wohltat ist. Dann holt Dieter mich auch schon ab, und wir machen uns gemeinsam auf den Weg. Dieter hatte vorgeschlagen, eine kleine Wanderung zum nahe gelegenen Kloster Sießen zu machen. Jetzt fragt er aber erst nach, ob das für mich nach meinem Fußweg hierher überhaupt noch angenehm sei. Ha! Natürlich! So weit war der Weg diesmal wirklich nicht. Mein Soll habe ich heute also noch gar nicht erreicht, und die gemeinsame Wanderung kommt gerade recht. Es tröpfelt wieder leicht. Aber Dieter hat für alle Fälle für jeden von uns einen Schirm.

Auf dem Weg zu „Bruder Tod"

Wir machen uns zusammen auf den Weg, verlassen nach wenigen Minuten den Ort und folgen einem kleinen Wanderweg, der sanft ansteigt. Die Landschaft sieht aus wie blank poliert. Alles ist saftig grün. Bald ist das Kloster, das auf einem Hügel thront, aus der Ferne zu erkennen. Etwas unterhalb an einer lang gezogenen Mauer bleibt Dieter stehen. Wir befinden uns an der Pforte zu einem Friedhof. Dieter erklärt mir, warum wir gerade hier einen kurzen Stopp machen. Eigentlich hatte ich mir vorgenommen, das Interview mit der Frage danach zu beginnen, ob ein Gärtner, für den Säen und Ernten und das Arbeiten mit dem Element Erde zum Alltag gehören, besonders bodenständig ist. Aber dazu kommt es gar nicht. Und im Nachhinein weiß ich: Das war auch genau richtig so. Denn Dieter beginnt ganz nebenbei beim für ihn Wesentlichen einzusteigen. Er habe zu Friedhöfen eine besondere Verbindung. Das läge vielleicht daran, dass sein Vater sehr früh verstorben sei. Er habe Suizid begangen, als Dieter gerade mal 25 Jahre alt war und nach seinem Meister als Gärtner noch eine Lehre zum Floristen machte. Er wurde damals ganz schnell in die Verantwortung genommen und musste von heute auf morgen den Familienbetrieb übernehmen. „Morgens war ich noch Lehrling, abends dann Betriebsleiter", sagt er und klingt dabei erstaunlich gelassen. Vielleicht liege es an seiner eigenen Erfahrung mit dem Tod seines Vaters – auf jeden Fall habe er seither das Bedürfnis, mit Angehörigen von Verstorbenen ins Gespräch zu kommen.

Wir setzen unseren Weg zum Kloster fort. Währenddessen reden wir weiter. „Ist das Thema Tod etwas, das dich auch momentan sehr beschäftigt?", frage ich.

Dieter zuckt mit den Schultern. „Was mich gerade am meisten bewegt: Was mache ich, wenn ich in den Ruhestand komme? Reisen ist eigentlich kein Thema. Da hatten wir als Selbstständige mit einer Gärtnerei nicht so viele Übungsmöglichkeiten. In einem Jahr hören wir auf, und ich frage mich: Was tue ich dann? Ich hab so ein Buch, und immer, wenn ich eine Idee habe, schreibe ich meine Impulse da rein. Ob ich das dann umsetzen werde, ist erst einmal nicht so wichtig. Ich will nur, dass meine Gedanken nicht verloren gehen. Und da merke ich zunehmend: Tod und Sterben, das sind Themen, die mir sehr wichtig sind. Und – das hört sich vielleicht komisch an, aber: Ich kann das auch. Leute darauf ansprechen.

Das traue ich mich einfach. Viele wenden sich bei dem Thema ab. Das habe ich auch beim Tod meines Vaters erlebt. Viele Menschen wissen nicht, wie man mit Trauernden spricht."

Mir geht es oft genauso, und ich kann verstehen, warum Menschen sich hilflos fühlen, wenn sie Trauernden gegenüberstehen. Das Thema Tod wird in unserer Gesellschaft ja häufig ausgeklammert. Es ist fremd und ungewohnt.

„Was braucht es dazu, dieses Thema anzusprechen?", will ich von Dieter wissen.

Wir legen schweigend eine kleine Wegstrecke zurück. Dieter braucht die Zeit, um nachzudenken. Dann antwortet er: „Mitmenschlichkeit – und die Bereitschaft, sich berühren zu lassen. Einfach da sein." Dieter bleibt stehen und sieht mich an. „Und ich trau mich einfach. Ich habe ja auch beruflich damit zu tun. Wenn Trauernde bei uns Blumen bestellen, versuche ich, das Beratungsgespräch immer selbst zu machen. Ich merke, dass ich die Leute gut auffangen kann. Ich frage nach, wie es ihnen geht. Oft erkundige ich mich auch später nochmal, wenn ich die Menschen auf der Straße wieder-treffe. Ich bin da schon auch aufgeregt. Manchmal befürchte ich, dass ich mit meinem Nachfragen Grenzen überschreite. Aber eigentlich hat sich das nicht bewahrheitet. Mit meinem Ansprechen habe ich noch nie eine Türe zugeschlagen. Im Gegenteil: Die Trauernden sind in der Regel dank-bar, wenn jemand versucht, ihren Schmerz zu verstehen."

Wir gehen weiter. Nach ein paar Schritten fährt Dieter fort: „Damit setze ich mich auch mit meinem eigenen Tod auseinander. Das ist für mich wichtig, mit meiner eigenen Endlichkeit umzugehen. Momentan mache ich öfter einen Spaziergang auf den Friedhof. Dort setze ich mich dann einfach auf eine Bank. Ich schaue mir auch gerne Grabsteine an. Viele der Menschen, die dort liegen, kennt niemand mehr. Die sind schon lange tot. Da kommt bei mir der Gedanke auf: Jetzt nimm dich selbst mal nicht ganz so wichtig! So geht es mir. Aber das muss jeder für sich ent-scheiden. Ich hab vor dem Tod auch keine Angst. Dabei bin ich mir nicht so sicher, was danach kommt oder ob etwas kommt. Aber ich kann mit allen Optionen leben. Wenn es aus ist und nichts mehr kommt, dann ist da eine große Stille. Das ist doch toll." Jetzt muss Dieter schmunzeln. „Und wenn es doch weitergeht, dann kann es nur noch toller werden. Da gibt es nichts, was mir Angst machen würde."

Wir sind am Kloster angekommen. Dieter zeigt mir den ehemaligen Obstgarten, der zum sogenannten Franziskusgarten umgestaltet wurde. Ein bezaubernder Ort mit unterschiedlichen Elementen: mit Sonnenuhr, Labyrinth, Feuerstelle, Kräutergarten, Bienenhaus und Kapelle. Auch der Bruder Tod hat dort eine eigene Station bekommen. Dieter erzählt mir, während wir den kleinen Serpentinenweg nach unten gehen, dass er sich mit der Kirche schwertue und täglich um seinen Glauben ringen müsse.

„Dafür kennst du dich mit Symbolen und religiösen Bräuchen aber gut aus", finde ich.

Dieter hebt kurz die Arme und lässt sie dann wieder sinken. „Ich wurde ja auch katholisch erzogen, mit allen Zwängen, die es da gab. Nach dem Motto: Ein guter Christ streitet nicht. Als ich mit zwanzig nach Berlin zog, habe ich beschlossen: Ich bin jetzt Atheist. Ich habe damals alles hinter mir gelassen. Meinen Glauben hab ich dann doch über meine Frau wiederentdeckt und irgendwie darin später wieder Fuß gefasst. Ich hab da immer wieder Glaubenskrisen. Aber ich finde, das darf auch so sein."

Wir bleiben vor einer Installation aus kreisförmig angeordneten Steinstelen stehen. Dieter erklärt mir, dass das die Sonnenuhr sei. „Schade, dass heute keine Sonne scheint", schmunzelt er. Ich deute auf die gelben Blumen, die rund um die Stelen wachsen. „Ist das Sonnenhut?", frage ich. Dieter lacht. „Da müsste man jetzt einen Gärtner fragen." Er wisse es nicht, gibt er mit einem Schulterzucken zu. Auch wenn er Gärtner sei, müsse er ja nicht alles wissen, meint er schmunzelnd. In dem Augenblick bin ich froh, meine eigentlich geplante Einleitungsfrage gar nicht erst gestellt zu haben. Dieter ist Gärtner von Beruf. Aber das spielt nicht die Hauptrolle in seinem Leben. Innen drin, da ist er Philosoph, Nachdenker, Mitfühlender – das wird mir plötzlich klar. Wenige Schritte später stehen wir vor einem dunklen, kastigen Tor, einer Art künstlichem Höhleneingang. Das sei sein Lieblingsort hier: der Bruder Tod. Dieter betritt den Innenraum und winkt mich hinter sich her. „Da müssen wir jetzt reingehen. Einfach rein in den Tod."

Ich bekomme Gänsehaut und folge ihm nur zögerlich. Beklemmende Enge und nach wenigen Metern fast völlige Dunkelheit empfangen mich. Nur Dieters Stimme vor mir gibt mir etwas Orientierung. Seine Stimme hallt. Nein, ich finde es hier alles andere als angenehm. Bevor ich kneifen und den Rückzug antreten kann, ermutigt mich Dieter, noch ein paar Schritte weiterzugehen. „Komm, noch ein bisschen. Schau, und jetzt wird es hell."

Tatsächlich durchbricht urplötzlich ein milchiger Lichtstreifen über mir die Finsternis. Die Interpretation überlässt Dieter mir. Vielleicht bedeutet es ja, dass das Dunkle nicht unbedingt das Letzte ist. Ich atme auf. Trotzdem bin ich froh, dann endlich wieder draußen zu stehen. Der trübe Regentag, der dort auf mich wartet, kommt mir jetzt schmeichelnd hell und strahlend vor. Wir setzen unseren Weg fort und steuern erst das Bienenhaus, dann den Kräutergarten und den Weiher an. Währenddessen erzählt mir Dieter von seinen Stationen in ganz Deutschland, wo er Ausbildung gemacht und gelebt hat. Dafür sei er dankbar. Das habe seinen Horizont erweitert. Schließlich sei er nach dem Suizid seines Vaters wieder zurück in sein Elternhaus und in den Familienbetrieb gekommen.

„Die ersten Jahre als Betriebsleiter waren für mich und meine Frau schwierig. Ich glaube aber im Nachhinein, dass mich diese Zeit geprägt hat. Ich habe allerdings immer wieder mit meinem Beruf gehadert", meint Dieter. Dann lacht er. „Ich habe mir schon manchmal gedacht: Vielleicht hätte ich doch Banker werden sollen. So schön es ist, mit der Jahreszeit im Einklang zu leben: Wenn du weggehen willst, musst du immer vorplanen. Wie wird das Wetter? Da ist immer eine gewisse Grundspannung. Als junger Vater saß ich auch manchmal im Schuppen und habe mir gedacht: Ich schaffe das alles nicht. Aber das hat sich dann mit der Zeit gelegt. Jetzt bin ich froh, dass alles so war, wie es war. Ich möchte nichts missen."

Wir bleiben einen Augenblick am Wasser stehen.

„Du bist sehr offen", stelle ich fest. „Darum traue ich mich jetzt auch, ganz offen zu fragen: Wie hast du es geschafft, mit dem Suizid deines Vaters umzugehen, ihn zu verarbeiten?"

Dieter antwortet, ohne zu zögern. „Ich hatte viel Verständnis dafür. Er war vom Krieg traumatisiert. Und er hatte viele Probleme und war sehr einsam. Ich konnte es also irgendwie nachvollziehen. Außerdem war er immer ein liebevoller Vater und hatte Zeit für mich. Deshalb hatte ich gar keinen Groll auf ihn. Manchmal war ich wütend darüber, was er mir dadurch zugemutet hat: den Betrieb von heute auf morgen zu führen, die Situation in der Gärtnerei mit finanziellen Engpässen, und mit meiner Mutter, die ein schwieriger Mensch war, zurechtzukommen. Das war für mich als junger Familienvater eine Scheißsituation. Dennoch muss ich sagen: Ich habe meinen Frieden gefunden. Aber ich weiß eben, was ein Suizid für eine Familie bedeuten kann. Deshalb kann ich auch da Trauernde ansprechen."

Mir kommt ein Gedanke, den ich als Frage mit Dieter teile: „Glaubst du, es hilft dabei, ein zufriedenes Leben zu führen, wenn man etwas loslassen, etwas sein lassen kann?"

Dieter nickt. „Mir hilft es auf alle Fälle im Leben oder zum Leben. Mein ganz eigener Glaube hilft mir dabei. Es ist gut, jemanden zu haben, bei dem man mal den ganzen Mist abladen kann. Vielleicht lüge ich mir da in die eigene Tasche. Vielleicht gibt es da auch niemanden. Aber für mich ist es wichtig, mit jemandem in Kontakt treten zu können. Das möchte ich auch für das Alter: Kontakt anbieten, mit Menschen in Kontakt kommen, da sein. Da merke ich: Das tut vielen Menschen gut. Und mir auch."

Mittlerweile haben wir den kleinen Weiher hinter uns gelassen und gehen einen kleinen Weg entlang, der sich serpentinenartig nach oben schraubt.

„Du machst gerade Inventur in deinem Leben: Was macht Sinn? Was will ich behalten? Was kann ich sein lassen?", vermute ich.

Dieter stimmt mir zu. „Ja, genau. Ich werde jetzt nicht anfangen zu reisen. Das hatte ich all die Jahre nicht. Ich möchte vielmehr offen sein. Ich will jetzt noch gar kein Patentrezept haben. Ich würde gerne mehr darüber erfahren, woher ich komme und was meine Wurzeln sind. Da würde ich gerne recherchieren und eine Familienchronik schreiben. Für mich, ohne den Anspruch, dass die vielleicht noch andere lesen wollen. Und ich habe mich bei dem Bestattungsunternehmen am Ort gemeldet, dass ich mir vorstellen könnte, Gesprächspartner für Trauernde zu sein. Und ich möchte gerne gehen, also längere Strecken zu Fuß. Erst mal zu meinen Kindern – die leben in Stuttgart und Tübingen."

Wir sind am Ende des Franziskusgartens angelangt. Aus dem Tröpfeln, das uns begleitet hat, ist wieder starker Regen geworden. Dieters Schirme kommen zum Einsatz. Der Gärtner schlägt vor, noch einen Abstecher ins gemütliche Klostercafé zu machen. Da bin ich gerne mit dabei. Bei Kaffee und Kuchen erzählt Dieter mir dann, dass er seit einigen Jahren Menschen mit Behinderung in den Gottesdienst mitnimmt. Da sei er so etwas wie ein bunter Vogel. Anfangs wurden er und die Menschen, die er mitbrachte, komisch gemustert. Heute wird er dagegen angesprochen, wenn er keine Begleiter und Begleiterinnen mit dabei hat. Ich kann mir das gut vorstellen. Dieter wirkt auf mich sehr warmherzig – und gleichzeitig wie ein Mensch, der eine diebische Freude daran hat, Tabus zu brechen und scheinbare Grenzen zu überschreiten – ohne dabei jemandem zu schaden, sondern um Veränderung zu bewirken und andere Menschen mit einzubeziehen.

Als wir wieder bei Dieter zu Hause ankommen, muss er noch einmal in die Gärtnerei. Ich habe etwas Zeit, um mich im Gästezimmer einzurichten. Als alle Pflanzen versorgt und die Gärtnerei geschlossen ist, bereitet Dieter Brot, Wurst und Käse für das Abendessen vor. Wir sitzen zu dritt am Tisch: Dieter, seine Frau und ich – und ich spüre, dass ich willkommen bin. Nach dem Essen schlägt Dieter vor, mir noch sein Bad Saulgau zu zeigen. Der Regen hat nicht nachgelassen, im Gegenteil. Aber das tut der Stimmung keinen Abbruch. Ich bin Regen ja jetzt gewohnt, und wir haben Schirme dabei. Ich werde von Dieter mit allen sehenswerten Orten in der Altstadt vertraut gemacht, bewundere die liebevoll restaurierten Fachwerkhäuser und die vielen klappernden Störche, die seit Jahren in Bad Saulgau heimisch sind und Dächer und Türme mit ihren Nestern besiedeln. Schließlich sitzen wir noch bis kurz vor Mitternacht auf Dieters überdachter Terrasse und plaudern. So, als würden wir uns schon jahrelang kennen. Dieter erzählt mir, er wolle vielleicht mal den Jakobsweg gehen, wenn er in Rente sei. Und er erzählt mir noch einige Details zu seinen Plänen, als Begleiter für Trauernde da zu sein. So begleitet uns die Auseinandersetzung mit der eigenen Endlichkeit bei unserer Begegnung also wie ein roter Faden. In Dieters Gegenwart kann ich mich dem Thema gut nähern. Für die Zukunft wird das sicher noch eine größere Aufgabe und Herausforderung für mich sein, der ich mich stellen will. Dieter hat mich dazu ermutigt, wofür ich ihm sehr dankbar bin.

Planänderung

Als ich am nächsten Tag vom Gästezimmer in die Küche komme, sind Dieter und seine Frau längst in der Gärtnerei. Auf dem Tisch steht ein Frühstück für mich bereit. Dieters Frau hat mir eine wundervolle Karte auf den Teller gelegt. Sie schenkt mir aufbauende Worte für meine weiteren Wege und betont, dass ich bei ihnen herzlich willkommen war.

Das ist eine so bedingungslose Gastfreundschaft, wie ich sie noch nie erlebt habe. Ich bin richtig überwältigt von so viel Freundlichkeit. Der Abschied von Dieter und seiner Frau fällt dementsprechend emotional aus, als ich nach dem Frühstück im Blumenladen vorbeischaue. Ich verlasse Bad Saulgau schweren Herzens – nicht nur, weil es immer noch oder schon wieder regnet.

Mein Weg führt mich heute zum 18 Kilometer entfernten Bahnhof. Ich hatte gehofft, vielleicht zufällig auf Menschen zu treffen und mit ihnen zur Frage nach dem guten Leben ins Gespräch zu kommen. Aber diese Hoffnung wird nicht erfüllt: Spontane Begegnungen bleiben heute aus. Kein Wunder, denn bei Regen sind wohl alle lieber im Trockenen, statt draußen unterwegs zu sein. Und die wenigen, die mir entgegenkommen, haben es eilig und würdigen mich keines Blickes. Ich fahre also ohne weitere Begegnungen nach Hause.

Kaum angekommen, merke ich, wie ich mich nach Sonne sehne und meine Füße kaum stillhalten kann. Das Wetter ist mittlerweile herrlich. Die Sonne strahlt und wärmt bei angenehmen Temperaturen. Ich beschließe, nach einem kurzen Zwischenstopp und nachdem ich trockene Kleidung eingepackt habe, gleich wieder loszuziehen. Kurzerhand verlängere ich sozusagen meinen zweiten Tourabschnitt – bei Sonnenschein und in den Bergen. Ich fahre in die Schliersee-Spitzingsee-Gegend und verbringe dort eine Nacht auf einer Alm.

Den ersten Tag brauche ich, um mich an Bergen und grünen, von Kühen beweideten Wiesen im Sonnenschein sattzusehen und gemütlich zwei benachbarte Almen zu erlaufen. Allein die Umgebung schafft es, dass ich von Glückshormonen geflutet werde. Ich genieße das in vollen Zügen, merke aber mit einem Mal, dass ich auch ohne Sonnenschein und Bergpanorama zufrieden sein kann, auch wenn ich im Augenblick wirklich nichts gegen diese Endorphin-Spritze einzuwenden habe. Ein gutes Leben zu führen, hängt nicht von materiellen Dingen oder der Beschaffenheit der Umgebung ab. Aber äußere Umstände machen es gelegentlich einfach leichter oder eben auch schwerer. Und nicht nur ich freue mich, bei Sonnenschein hier sein zu dürfen. Auf dem Weg zur Freudenreich-Alm sehe ich schon von Weitem einen Mann mit langem Stock und Hut, der mit den Fingern in die Luft tippt.

„Der zählt irgendetwas", ist meine erste Idee. Als ich näherkomme, sehe ich etliche Schafe auf einer schräg abfallenden Weidefläche grasen. Der Mann sieht sich suchend um.

„Sind es alle?", frage ich, während ich vorbeigehe.

Der Mann schüttelt den Kopf. Eines würde fehlen. Ich bleibe einen Augenblick stehen und helfe ihm beim Zählen der Schafe. Schließlich schlüpft ein weißes Wollknäuel unter einem Busch hervor.

„Jetzt sind alle da", meint der Mann lachend. Dann erzählt er mir, er sei Rentner und erfülle sich dieses Jahr einen Lebenstraum: einen Sommer auf der Alm.

Andere Menschen, von denen ich weiß, dass sie sich dafür entschieden haben, einen Sommer in den Bergen zu arbeiten, sind wesentlich jünger. Um sich einen Lebenstraum zu erfüllen, ist es aber wohl nie zu spät. Und es ist schön, wenn Menschen Träume haben und es nicht dabei belassen. Ich wünsche dem Mann noch eine wundervolle Zeit hier oben und gehe weiter.

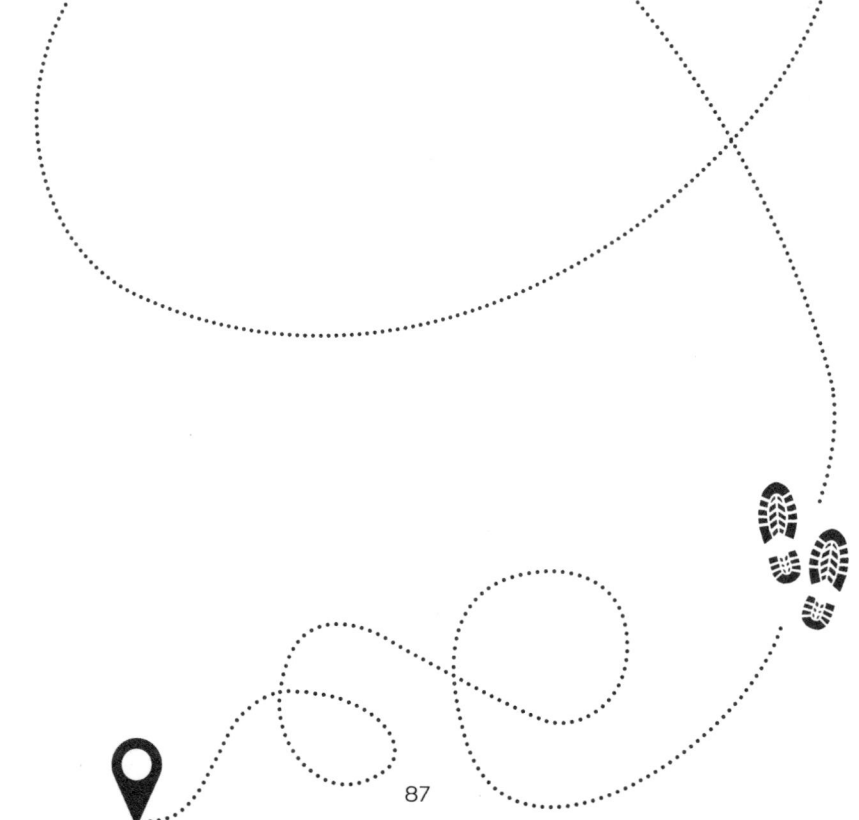

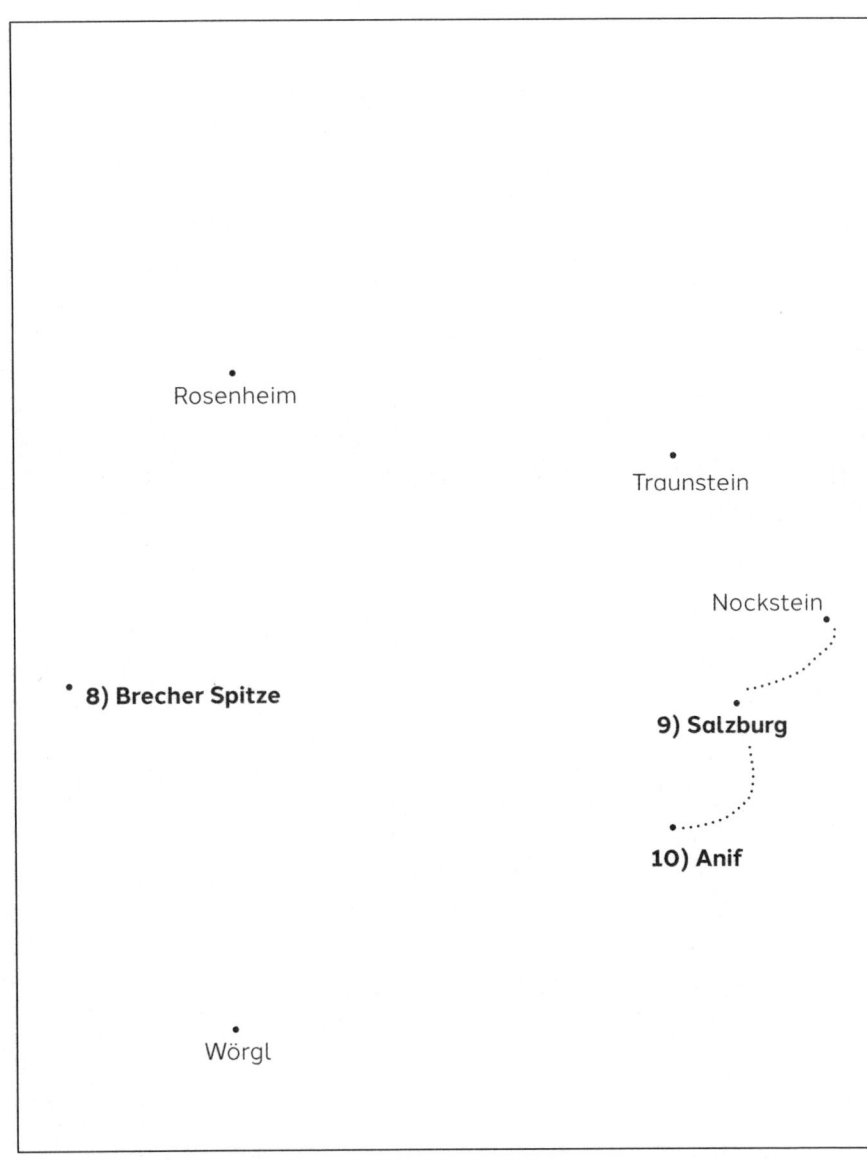

Rosenheim

Traunstein

Nockstein

8) Brecher Spitze

9) Salzburg

10) Anif

Wörgl

Begegnungen in den Bergen und in Salzburg

8 Den kleinen Dingen Beachtung schenken

Am zweiten Tag entscheide ich mich für eine größere Wegstrecke auf den Brecherspitz, einen Gipfel im nördlichen Mangfallgebirge. Die Wanderung ist durchaus anspruchsvoll und auch ein bisschen abenteuerlich. Ich muss mich konzentrieren, wandere auf kleinen, holprigen Trampelpfaden bergauf. Kurz vor dem Vorgipfel des Berges biege ich auf einen Felsengrat ab, um einen Abstecher zur Freudenreichkapelle zu machen. Als ich ankomme, schnappe ich erst einmal nach Luft. Nicht nur, weil ich außer Atem bin, auch und vor allem deshalb, weil ich vor einer winzigen, holzvertäfelten Kapelle stehe, die mitten auf einem Felsvorsprung mutig Platz gefunden hat. Was hat die Erbauer wohl angetrieben, auf diesem schmalen Grat ein kleines Gotteshaus zu errichten? Und welche Mühen die Pioniere hier wohl in Kauf genommen haben? Von der Kapelle aus sieht man ins Tal – im Westen fängt der Blick den Tegernsee, im Osten den Schliersee ein. Was für ein atemberaubender Ausblick! Ich kann mich kaum davon lösen. Doch dann sehe ich hinüber zum Gipfel des Brecherspitz und straffe meine Schultern. Dort wollte ich hin, also werde ich jetzt auch weitergehen. Am drahtseilgesicherten, schroffen Felsengrat, der zum Gipfel führt, weist ein Schild darauf hin, dass hier alpine Erfahrung, Trittsicherheit und Schwindelfreiheit notwendig seien. Vor mir gehen drei Frauen. Als der Weg etwas breiter wird, wandere ich an ihnen vorbei. Ich grüße, und sie grüßen zurück. Im Vorbeigehen höre ich eine der drei sagen: „Ja, das geht halt ein bisschen langsam, wenn man die Oma dabei hat."

Ich bleibe stehen und drehe mich um. Erst jetzt sehe ich, dass die Frau wirklich schon älter ist.

„Es geht ja nicht darum, möglichst schnell oben zu sein", meine ich und lächle.

Die Frau strahlt, nickt und stützt sich auf ihre Wanderstöcke. Lachfalten durchziehen ihr freundliches Gesicht.

„Darf ich fragen, wie alt Sie sind?", hake ich nach.

„Fast achtzig", bekomme ich zur Antwort – und bin sprachlos!

„Ich habe meine Tochter und meine Enkeltochter dabei. Es geht zwar langsam, aber wir kommen schon hoch." Die Seniorin deutet auf ihre beiden Begleiterinnen: eine junge Frau und eine Frau mittleren Alters.

„Ich finde, Sie sind sehr mutig und vor allem sehr fit", meine ich bewundernd. Dann wünschen wir einander noch einen schönen Tag, und ich setze meinen Weg zum Gipfel fort. Oben bin ich erst einmal beschäftigt, die Aussicht zu genießen. Ich befinde mich auf knapp 1700 Meter Höhe. Von dort reicht der Blick bis zu den Blaubergen, zum Karwendel und zu den Tegernseer Bergen. Im Norden, ganz in der Ferne, lassen sich die Hochhäuser von München in Dunst gehüllt erahnen. Ich empfinde plötzlich tiefe Ehrfurcht und merke, dass ich einen Kloß im Hals habe. Mit jedem Atemzug sauge ich mehr von der Faszination dieses Anblicks ein.

Zufriedenheit muss man auch wollen

Irgendwann wandert mein Blick zum Gipfelkreuz. Und dort sitzen sie, die drei Frauen, die ich vorher überholt habe. Die Älteste packt gerade ihre Brotzeitdose aus. In rotweiß-karierter Wanderbluse und Funktionshose sitzt sie da und pellt konzentriert ein hart gekochtes Ei. Die Wanderstöcke hat sie neben sich an den Felsen gelehnt. Die Begeisterung darüber, dass eine knapp Achtzigjährige hier oben auf dem Gipfel steht, ist plötzlich ebenso groß wie die Faszination über das Panorama. Ich beschließe, die Frau einfach anzureden. Ich habe beinahe etwas Lampenfieber, als ich ihr entgegentrete. „Entschuldigen Sie bitte", spreche ich sie an. Ich stelle mich vor und erfahre, dass ich mit Anastasia Auer spreche. Dann erzähle ich ihr von meinem aktuellen Buchprojekt und dass ich Menschen interviewe, die ein zufriedenes, gutes Leben führen. Ich frage, ob ich sie auch interviewen dürfte. Sie nickt und beißt von ihrem hart gekochten Ei ab. Ihren Händen sieht man an, dass sie ihr Leben lang damit gearbeitet hat. Dann legt sie die Hände in den Schoß, schluckt den Bissen hinunter und sieht mich aufmerksam und erwartungsvoll an.

„Wie schafft man es, in Ihrem Alter diesen Gipfel hochzusteigen und dabei so zufrieden zu wirken?", beginne ich mit meinen Fragen.

Hinter Anastasia Auer ragen die Gipfel der Nachbarberge auf. Sie sitzt auf dem Felsen unter dem Gipfelkreuz und wirkt aufrichtig – in ihrer Körperhaltung, aber auch in dem, was sie sagt. „Na ja, mir geht es ja gut", antwortet sie. „Da kann ich mich nicht beschweren. Ich bin fit. Aber das bekommt man nicht umsonst. Ich trainiere jeden Tag. Entweder gehe ich – jeden Tag eineinhalb oder zwei Stunden – oder ich setze mich auf den Heimtrainer." Anastasia Auer nimmt ihr Kopftuch ab und streicht sich über die Haare. „Früher, mit meinem Mann, da sind wir immer gemeinsam auf die Berggipfel hoch. Ich gehe ja schon seit Kindesbeinen auf die Berge. Ich war schon auf allen Viertausendern in der Schweiz, in Italien und in Frankreich. Sogar am Montblanc auf über 4800 Metern waren wir, und auf allen höchsten Gipfeln in Österreich. In all den Jahren kommen da viele Bergtouren zusammen. Heute gehe ich immer noch regelmäßig in die Berge. Ich bin aus Benedikt-beuern. Da haben wir die Benediktenwand. Da war ich auch schon oben. Jetzt geh ich mit meiner Tochter und meiner Enkeltochter wandern. Da kann man doch zufrieden sein."

So viel Lebensfreude bis ins hohe Alter – das ist es, was so viele sich wünschen. Mich eingeschlossen. Ich merke, dass ich hier und heute etwas lernen kann. Darum frage ich nach: „Was ist denn Ihr Geheimrezept? Wie bleibt man so gesund, glücklich und zufrieden?"

Anastasia Auer schiebt die Ärmel ihrer rot-weiß karierten Wanderbluse zurück und lächelt. Einer der beiden Wanderstöcke, die sie an den Felsen gelehnt hat, rutscht nach unten. Anastasia Auer nimmt sich Zeit, den Stock wieder richtig hinzustellen, und wartet einen Augenblick ab, ob er hält. Dann wendet sie sich wieder mir zu, um zu antworten. „Das muss man schon auch wollen. Natürlich läuft das Leben nicht immer so gut. Da ist mal jemand krank. Ich hatte auch schon einen Herzinfarkt. Mehrere Stents haben die mir eingesetzt. Das ist erst einmal nicht so schön. Aber ich habe mich davon nicht unterkriegen lassen, hab einfach schnell wieder angefangen zu gehen und mich wieder aufzurappeln."

Anastasia Auer beißt von ihrem hart gekochten Ei ab und kaut bedächtig. Dann lacht sie, und in ihrem ganzen Gesicht breiten sich Lachfalten wie Sonnenstrahlen aus.

„Ich muss schon sagen, ich hab in meinem Leben so viel Gutes erlebt. Mein Mann und ich haben uns in Benediktbeuern ein Haus gebaut. Da haben alle Nachbarn mitgeholfen. Ich hab da ganz viel Hilfsbereitschaft erfahren. Man hat sich sowieso immer geholfen. Früher hatte man ja nicht so viel. Aber wenn alle zusammenhalten, dann geht das schon."

Anastasia Auer verscheucht kommentarlos und wie nebenbei ein paar Ameisen, die auf ihren Hals gekrabbelt sind. Ihre Hände sehen rau aus. Es sind große Hände. Hände, die zupacken können, wenn es nötig ist.

„Ich bin ja ein einfaches Bauernmadl. Aufgewachsen bin ich auf einem kleinen Berg in einem Dorf mit vier Bauernhöfen. Wissen Sie, mein Schul-weg, der hat damals eine Stunde gedauert. Zu Fuß. Und damals hat sich keiner Gedanken darüber gemacht, ob das gut läuft in der Schule oder ob man Hausaufgaben macht oder ob man was lernt."

Anastasia Auers Worte klingen ruhig und überlegt. Sie wirft ihrer Tochter, einen Blick zu. Für mich fühlt es sich an, als läge ganz viel Wärme darin. Dann fährt sie fort. „Das wollte ich bei meinen Kindern besser machen. Ich hab meine Kinder immer unterstützt, so gut, wie ich das halt konnte. Jetzt haben alle einen vernünftigen Schulabschluss. Da bin ich schon stolz."

Nun ist es die Enkeltochter, die von Anastasia Auer mit einem Blick bedacht wird. Sie sitzt mit etwas Abstand neben ihrer Großmutter auf dem Felsen. Die Enkeltochter strahlt ihre Oma an. Anastasia Auer nickt. „Und auch meine Enkelin hat jetzt Abitur. Das hat sie dieses Jahr gemacht."

Direkt an ihre Enkeltochter gewandt, meint sie: „Da hast du schon was. Ein guter Schulabschluss. Das ist schon etwas wert."

Anastasia Auer wischt sich ihre Hände an der blauen Wanderhose ab. Keine Geste der Verlegenheit, das spüre ich. Eher ein Handgriff, um etwas zu unterstreichen. Dann wendet sie sich wieder mir zu.

„Aber da waren auch noch viele andere Sachen. Als mein Mann und ich nach Benediktbeuern gezogen sind, da habe ich die Tiere vom Hof zu Hause schon sehr vermisst. Da meinte mein Mann, dass wir ja Schafe kaufen können. Das haben wir dann getan. Die waren auf einer Alm bei Garmisch. Gekümmert um die Tiere haben sich Senner. Und wir haben immer wieder nach ihnen gesehen. Eines der Schafe hat sogar einmal Zwillinge bekommen. Das war schon was! Und dann hatten wir noch den Schäferball." Anastasia Auer streicht sich über die Haare, die sich durch die Anstrengung des Bergaufstiegs aus ihrem Knoten am Hinterkopf gelöst haben. „Und die Waldweihnacht. Das war immer so schön. Und an Silvester sind wir immer nach Garmisch." Sie seufzt. „Aber das geht ja dieses Jahr nicht. Wegen Corona. Aber zufrieden bin ich trotzdem." Dann schmunzelt sie. „In Garmisch bin ich gerne. Da sind die Leute so besonders. Die sind gar nicht ruachad (Anm.: habgierig)."

„Sie haben großen Respekt vor Menschen, Tieren und der Natur", sage ich. Es ist eine Feststellung, keine Frage. Anastasia Auer nickt. „Ja, das ist auch wichtig. Und die Familie, die ist auch wichtig. Die geht über alles. Es ist gut, wenn alle gesund sind und wenn es allen gut geht. Aber natürlich ist das nicht immer so. Im Leben gibt es auch mal Krankheit oder schwere Zeiten. Dann muss man das halt nehmen und damit umgehen. Aber wenn man zusammenhält, dann geht das auch. Dann kann man wieder weiter-machen und nach vorne schauen."

Natürlich gibt es in achtzig Lebensjahren zwangsläufig auch Schicksals-schläge und Talsohlen. Und dennoch habe ich selten eine so vergnügte, lebenshungrige Seniorin getroffen – mitten auf dem Berg.

„Sie haben also trotz allem ein richtig gutes Leben?", frage ich nach.

„Ja", antwortet Anastasia Auer schnell und mit fester Stimme.

In diesem Wort liegt so viel Überzeugung, dass kein Zweifel bleibt. Meine Bergbekanntschaft lacht. „Mir gefällt es. Die Berge zum Beispiel! In zwei Wochen gehe ich mit meiner Tochter und meiner Enkelin wieder zum Wandern. Da wollen wir nach Tirol ins Gschnitztal. Wenn ich in den Bergen bin, dann bin ich glücklich. Dann geht es mir gut. Das hier ...", Anastasia Auer macht eine ausladende Handbewegung, „... das ist schon ein Glück."

Anastasia Auer schiebt sich das letzte Stück von ihrem Ei in den Mund und nickt wie zur Bestätigung. Ich bedanke mich herzlich bei ihr und frage sie noch, ob ich ein Foto von ihr machen darf.

„Ja, aber mei, ich schau jetzt doch gar nicht gut aus."

Ich widerspreche ihr, meine, sie sehe fantastisch aus. Den Kommentar wischt sie mit einer Handbewegung weg und setzt sich in Position. Ihr Gesicht strahlt – immer noch etwas gerötet und erhitzt von der Anstren-gung des Bergaufstiegs – in die Kamera. Ihre Augen funkeln dabei sehr aufmerksam und wirken geradezu gütig. Ich fühle mich reich beschenkt! Am Ende darf ich mich noch ein klein wenig revanchieren und ein Drei-Generationen-Foto der Frauen vor dem Gipfelkreuz machen. Die Lebens-freude und Freundlichkeit, die alle drei ausstrahlen, sind beeindruckend. Wir verabschieden uns voneinander, und ich mache mich an den Abstieg.

Der Weg, den ich dafür wähle, ist noch anspruchsvoller als der Aufstieg. Jeder Schritt fordert meine volle Konzentration. So entgeht mir tatsächlich nichts. Ich nehme jeden Stein genau in Augenschein. Ich entdecke Käfer, Eidechsen und sogar eine dicke Kröte, die sich in einem Erdloch versteckt. Unten angekommen, merke ich, wie meine Knie zittern. Nur langsam lässt die Anspannung nach. Ich bin gerade mächtig stolz auf mich, denn ich habe meine Komfortzone verlas-sen und meine persönlichen Grenzen neu gesteckt. Und ich merke, dass es das besagte Bergglück wirklich gibt. Das große: ein atemberaubendes Panorama als Belohnung für einen mühsamen Aufstieg. Und das kleine: Flora und Fauna, Vogelgezwitscher und den Wind in den Haaren. Die Erinnerung daran, die bleibt.

9 Die eigenen Bedürfnisse ernst nehmen

Einige Tage später breche ich noch einmal auf, um meinen Berghunger zu stillen. Ich fahre mit dem Zug nach Salzburg. Am Bahnhof holt mich ein Freund ab, zusammen wollen wir auf den Nockstein. Der Berg schließt an den Nordosthang des Gaisbergs an, markiert den nördlichsten Teil der Kalkalpen und ist wegen seiner Nähe zur Mozartstadt einer der Hausberge Salzburgs. Der Nockstein ist 1042 Meter hoch, was in der österreichischen Bergwelt wirklich nicht als Höhe zählt, und doch übt er eine besondere Faszination auf mich aus: Die Felsformation am Gipfel sieht aus wie Felsenzähne, die sich in den Himmel recken. Auf diese Weise wirkt der kleine Berg, als wäre er Teil der Hochalpen. Es scheint fast so, als würde die schroffe Erhebung von oben mit natürlicher Autorität über die Stadt Salzburg wachen.

Von Salzburg aus steuern wir den kleinen Ort Koppl an, um dort unsere Wanderung zu beginnen. Glücklicherweise sind wir unter der Woche unterwegs.

„Du glaubst gar nicht, wie viele Salzburger es am Wochenende hier herauf verschlägt", meint mein Wanderbegleiter lachend.

Erst geht es gemütlich einen Feldweg entlang. Wir passieren ein Wetterkreuz, die Bank davor lädt zu einer kurzen Rast ein. Aber noch sind unsere Beine kein bisschen müde, deshalb lassen wir die Bank links liegen und gehen weiter. Wenige Minuten später geht es in einen Wald. Dann wird es steiler.

„Schau, hier sind überall Engel", stelle ich verblüfft fest.

Mein Begleiter erzählt mir, dass der Abschnitt nicht umsonst Schutzengelweg heiße. Insgesamt dreißig Engel seien hier verteilt. Ich versuche, alle zu entdecken, kann schließlich aber nur zwanzig zählen. Das letzte Stück bis zum Gipfel hat es dann in sich: Wir benötigen immer wieder unsere Hände, um sicher die Felsen hochzuklettern. Gut, dass ich meine Trittsicherheit auf meinen Wegen mittlerweile geübt habe. Schließlich haben wir es nach einer knappen Stunde Aufstieg geschafft – und werden mit einer phänomenalen Aussicht belohnt! Hier oben liegt uns die Stadt Salzburg zu Füßen. Die Festung, der Dom – alles sieht aus wie ein Miniaturwunderland. Einmal um die eigene Achse gedreht, kann ich das Dachsteinmassiv, das Salzburger Seenland und den Untersberg sehen und bis ins Alpenvorland blicken. Konzentriert lasse ich meinen Blick

Runde um Runde schweifen, in der Hoffnung, das Bild in mir lange konservieren zu können. Sozusagen auf Vorrat, sollten einmal keine Berge in der Nähe sein.

Schweren Herzens löse ich mich nach einiger Zeit von dem Ausblick. Wir treten den Rückweg an. Bergab geht es schneller. Nachdem wir wieder in Salzburg angekommen sind, verabschiede ich mich von meinem Bergbegleiter. Ich schlendere noch ein wenig durch die Gassen der Stadt, bevor ich mich mit Willi Geisbauer treffe. Der Abend ist lau. Wir setzen uns auf den Überfuhrsteg – einen beliebten Treffpunkt, der die Salzach überspannt.

Das Gefühl haben, genug zu sein

Willi lebt in der Nähe des Traunsees in Oberösterreich. Dort leitet er ein Fortbildungsinstitut für Coaching – wo ich ihn im Rahmen einer Weiterbildung kennenlernen durfte. Das ist mittlerweile sieben Jahre her. Über das Wiedersehen freue ich mich sehr, denn Willi ist mehr als ein Ausbildner oder Trainer, er kann zu Menschen eine Verbindung herstellen. Ich habe mich damals in der Gegenwart von Willi immer beachtet gefühlt. Schon während meiner Weiterbildung kam mir der Gedanke, dass Willi die Gabe besitzt, Menschen wachsen zu lassen – und er scheint dabei ganz bei sich und sehr zufrieden zu sein. Das alles sage ich ihm zu Beginn unseres Gesprächs.

„Oh, da hast du jetzt wahrscheinlich hohe Erwartungen in mich und in das, was ich sage. Ich hoffe, dass ich das erfüllen kann. Da bin ich mir gar nicht so sicher", lacht Willi.

„Ich glaube, deine Menschenfreundlichkeit ist keine Coaching-Technik. Ich denke, das ist deine Lebensphilosophie", behaupte ich. Willi sieht mich erst nachdenklich an, dann nickt er. Ich will von ihm wissen, wie ihm das gelingt. Willi wiegt seinen Kopf hin und her. „Das ist eine interessante Frage. Ich glaube, dass ich sehr gute Voraussetzungen für Menschenfreundlichkeit habe. Ich habe meine Frau, die ich schon seit fünfzig Jahren kenne und mit der ich seit 48 Jahren verheiratet bin. Das ist sozusagen meine Homebase. Auf sie kann ich mich verlassen. Dann habe ich meine Familie. Wir sind ein kleiner Clan und treffen einander regelmäßig. Das liebe ich sehr. Und ich bin ein spiritueller Mensch – ohne dass ich das großartig kommuniziere. Durch Pilgern auf dem Jakobsweg gelingt es mir zum Beispiel, Dinge des Alltags mehr in den Hintergrund treten zu lassen. Die vierte Säule ist die Gegend, in der ich lebe. Ich habe direkten Zugang zur Natur. Auf all diese Ressourcen kann ich zurückgreifen, wenn meine Balance in Gefahr ist. Das erlebe ich gerade jetzt sehr stark: Eigentlich bin ich seit fünf Jahren in Pension, aber die Nachfrage nach Coaching ist momentan sehr hoch. Ich habe gemerkt, dass ich das gerne mache, trotzdem muss ich gut mit meinen Energien haushalten. Ich plane also bewusst freie Zeit ein, die ich mit meiner Frau, aber auch mit mir allein verbringe."

Willi hält kurz inne. Er lässt seinen Blick nach oben wandern, als schwebe dort ein Gedanke, den er fassen möchte. „Ich bin schon sehr zufrieden. Dennoch finde ich es wichtig, in dem Zusammenhang auch über Unzufriedenheit zu reden", setzt er an. „Ich habe das Gefühl, die Unzufriedenheit ist ein ganz verlässlicher Begleiter. Gerade für Menschen, die gestalten wollen. Da gibt es Phasen, da ist man mit nichts zufrieden. Wenn man dann genauer hinschaut, dann erkennt man, dass man sich mitten in einem Prozess der Auseinandersetzung und der Entwicklung befindet."

Unzufriedenheit als ein Antriebsmotor, um wieder zur Zufriedenheit zu gelangen – diesen Gedanken finde ich erfrischend und entlastend. Willi ergänzt, dass sich Phasen der Unzufriedenheit im Leben gar nicht vermeiden ließen. Um die Wirkung dessen zu unterstreichen, erzählt er von einer persönlichen Erfahrung: „Ich habe vor zwei Jahren begonnen, mich für Naturfotografie zu interessieren. Dazu habe ich mir eine sehr gute Kamera gekauft. Vor allem, weil auch alle meine Kollegen eine sehr gute Kamera hatten."

Willi lacht. „Ich war damit völlig überfordert. Zwei Monate habe ich nur schlechte Bilder gemacht, weil ich die Kamera nicht bedienen konnte. So schlechte Fotos hast du sicher noch nie gesehen." Willi schmunzelt. „Ich war sehr unzufrieden. Dann habe ich mich hingesetzt und mich mit der Kameratechnik beschäftigt. Ich habe mich regelrecht durchgebissen. Letzte Woche war ich in Südungarn. Mit dabei war mein Fotolehrer, der sehr kompromisslos ist. Und da hat er zu einem – also zu einem einzigen – Foto gesagt: ‚Meisterklasse'. Das hat genügt. Jetzt bin ich wieder zufrieden."

Willi lehnt sich zurück, ehe er fortfährt. „Phasen des wenig Zufriedenseins lösen bei mir aus, dass ich mir Hilfe hole, damit ich die Situation nicht allein durchstehen muss. Das habe ich im Laufe des Lebens gelernt. Ich denke, Unzufriedenheit ist ein guter Wegweiser. Sie zeigt auf, dass es Bedürfnisse gibt, die nach Erfüllung drängen. Wenn ich das unbeachtet lasse, werde ich antriebslos oder auch grantig auf mich selbst."

Zu einem guten Leben gehört also, dass ich meinen eigenen Bedürfnissen auf die Spur komme und einen Weg finde, sie mir zu erfüllen. „Ich finde, in dieser Erkenntnis steckt viel Lebenserfahrung. Doch die kam ja erst im Laufe der Jahre. Gibt es Ressourcen, die du als Kind schon hattest oder von zu Hause mitbekommen hast?", frage ich nach.

„Sicher habe ich Ressourcen mitbekommen. Trotzdem fällt mir als Erstes dazu ein, dass meine Eltern überhaupt nicht zufrieden mit mir waren. Ich hätte in ihren Augen ein ganz anderer sein sollen. Das hat mich bis ins Erwachsenenleben begleitet: Ich bin anders. Aber ich habe auch gemerkt: Anders ist auch gut." Willi überlegt kurz. „Also, bei mir zu Hause ging es schon sehr liebevoll zu. Das hat vieles relativiert. Dennoch waren die Ansprüche meiner Eltern hoch. Das hat schon als Kleinkind bei mir etwas ausgelöst. Ich bin in eine Art stille Rebellion gegangen. In der bin ich heute noch. Ich glaube, ein ‚normaler Mensch' möchte ich gar nicht sein", sagt Willi und lächelt. „Man kann mir gar keine größere Freude machen, als zu sagen: ‚Das bringst du nicht zusammen!' Das mobilisiert Kräfte bei mir. So, als würde man mich an drei Akkus anschließen."

Willi erzählt, dass er nach seiner Matura die Pädagogische Akademie besucht habe. Eigentlich sei er gelernter Grundschullehrer, habe aber dann in der Hauptschule mit Zehn- bis Vierzehnjährigen gearbeitet. Nach zwölf Jahren Schuldienst habe es einen Wendepunkt in seinem Leben gegeben. „Mein Schwiegervater hat damals einen Nachfolger für seine Firma gesucht. Zwei Jahre habe ich das parallel zur Arbeit in der Schule gemacht. Das ging nicht gut. So habe ich meinen Lehrberuf gekündigt – und auch ziemlich Angst gehabt, diese Sicherheit aufzugeben. Meine Eltern waren über die Kündigung richtiggehend entsetzt, mein restliches Umfeld auch. Die Einzige, die bei Wendepunkten nie entsetzt war, ist meine Frau." Willi lächelt. Ich muss an den Begriff Homebase denken, den Willi am Anfang des Gesprächs im Zusammenhang mit seiner Frau verwendet hat.

„Jedenfalls bin ich dann 16 Jahre in der Firma geblieben. Das hat mir schon Spaß gemacht. Der Umgang mit den Menschen in der Firma war schön. Ich habe betriebswirtschaftliche Abläufe gelernt. Aber die Tätigkeit hat mich sehr gefordert. Das habe ich auch gesundheitlich gespürt. Dann ist etwas passiert, das ich nicht erwartet hätte: Ich habe die Systemische Beratung kennengelernt. Das war anders als alles, was ich bisher erlebt hatte. Da dachte ich mir: Das mache ich auch mal – vielleicht in der Pension. Ich habe dann eine systemische Ausbildung in Heidelberg gemacht. Als ich damit fertig war, war ich 44. Da war noch lange hin bis zum Ruhestand. Ich habe dann irgendwann die Entscheidung getroffen, die Firma zu verlassen, was mir in meinem Umfeld natürlich den Status der Verrücktheit eingebracht hat." Willi lacht auf. Dann wird er wieder ernst. „Ich konnte die Bedenken der anderen verstehen. Aber es war einfach Zeit für etwas anderes. Ich habe gemerkt, wie wohltuend es ist, ein System zu verlassen, in dem man sich nicht mehr wohlfühlt. Das hat mir Gesundheit und Zufriedenheit zurückgebracht."

Seitdem arbeitet Willi als Coach und bildet andere zum Coach aus. Er erzählt, dass er in seiner Rolle als Begleiter erlebe, dass Menschen Unzufriedenheit und Überforderung mit körperlichen Symptomen beantworteten – mit Rückenschmerzen oder Kreislaufbeschwerden. Er habe sogar erlebt, dass Überlastung zu Unfällen führen könne. Da sei dann schnell auf dem Tisch, dass eigentlich Entscheidungen zu treffen seien. Doch das erfordere natürlich Mut.

„Und du bist dann der Mutmacher", stelle ich fest. „Jemand, der – obwohl er selbst andere Erfahrungen gemacht hat – Menschen vermitteln kann: ‚Du bist genau richtig, so wie du bist!'"

Willi lacht. „Ja, das wäre mein Ziel." Gleichzeitig sei ihm wichtig, sich bei aller Zugewandtheit zu anderen nicht zu verbiegen. Er sei einmal von einer Firma für ein Coaching gebucht worden. Als er dort ankam, habe er gemerkt, dass es sich um eine Rüstungsfirma gehandelt hat. Da habe er vor Ort das Coaching abgesagt und sei wieder nach Hause gefahren.

„Ich habe das Gefühl, es gehört zu meinen Aufgaben, dass ich sorgsam mit mir umgehe. Dass ich nicht etwas mache, das für mich nicht stimmt. Sich zu verbiegen, kommt einem nicht zugute. Das kann man vielleicht für kurze Zeit aushalten, aber das darf kein Dauerzustand werden, denn dann wird der Alltag mühevoll, und die Intuition verstummt. Die braucht nämlich Raum und will frei sein, um uns einen Weg zu zeigen, der dahin führt, wo es uns gut geht – also wenn wir nicht selbst aktiv dagegen arbeiten."

Willi versucht, auf seine Intuition zu hören. Manchmal helfen ihm dabei kleine Irritationen. Sich auf Situationen, die zuerst einmal fremd oder ungewohnt erscheinen, einzulassen, sei auch ein Einlassen auf sich selbst. Dabei dürfe man auch Fehler machen. Man bekomme auf jeden Fall sichere Rückmeldung, ob man sozusagen auf Kurs sei oder nicht. „Das merkt man an dem Grad der Lebendigkeit, den man sich dabei einhandelt", versucht Willi diese Resonanz zu beschreiben. „Wenn ich mich lebendig fühle, ist eines meiner wichtigsten Bedürfnisse erfüllt." Willi holt noch weiter aus: „Auch mein Begleiten von anderen Menschen erfüllt für mich ein Bedürfnis. Ich habe gemerkt, dass ich einen Hang zur Seelsorge habe. Das klingt vielleicht sonderbar: Mir geht es darum, Möglichkeiten zu finden, jemanden in seiner Seele zu berühren. Das gelingt mir nicht immer. Aber wenn es mir gelingt, dann macht mich das sehr zufrieden. Das, glaube ich, hat jeder in sich: Jeder Mensch möchte ein guter Mensch sein oder werden. Das bedarf oft einer leichten Berührung. Irgendwo lässt sich jeder Mensch berühren. Diese Berührung kann dem anderen weiterhelfen, um in eine Vorwärtsbewegung zu kommen, um sich auf den Weg zu machen, seine Talente zu entfalten."

Willi fügt an, dass das Vorwärtsgehen es manchmal auch notwendig mache, ein gewohntes System zu verlassen. Den Mut dazu bekäme man leichter, wenn man das Gefühl habe, dass sich etwas zum Besseren verändere.

„Wenn man den Schritt wagt und neue Wege geht, muss man oft auch etwas zurücklassen", meint Willi nachdenklich. „Ich stelle mir das so vor: Um den nächsten Entwicklungsschritt zu gehen, muss man erst durch eine Engstelle. Da muss ich das eine oder andere ablegen oder weglassen. Ich kann vielleicht nur ein kleines Gepäckstück mitnehmen, sonst passe ich nicht durch diese Engstelle hindurch. Manche versuchen, diese Veränderungen, diese Engstellen, mit all dem Gepäck, das sie bei sich haben, zu bewältigen. Und die kommen dann vielleicht nie auf der anderen Seite an, weil sie nichts von dem Alten loslassen wollen." Willi schmunzelt. „Das wäre aber günstig für die Passage."

Mein Blick fällt unwillkürlich auf meinen Rucksack. Ich bin schon die gesamte Zeit meiner Suche nach dem guten Leben mit kleinem Gepäck unterwegs – und ich vermisse nichts. Natürlich spricht Willi nicht von realem Gepäck. Erst am Ende meiner Tour werde ich wohl überlegen müssen, was von meinem symbolischen Gepäck – Gewohnheiten, Dinge und Menschen, mit denen ich mich Tag für Tag umgebe – ich vielleicht für einen nächsten Schritt loslassen sollte.

Willi und ich plaudern noch ein wenig und genießen die sommerliche Atmosphäre an der Salzach. Dann schultere ich meinen Rucksack und verabschiede mich. Ich hoffe, dass es nicht wieder Jahre dauern wird, ehe wir einander erneut begegnen.

Zusammen zufrieden

Die Nacht verbringe ich in einer kleinen Pension in Anif, einem Ort, der im Süden an Salzburg anschließt. Noch etwas müde von dem langen Tag gestern sitze ich morgens im Frühstücksraum, halte mich an einer Kaffeetasse fest und schaue aus dem Fenster. Der Ausblick weckt – mehr noch als das Koffein – überraschend schnell meine Lebensgeister. Ich schaue direkt auf den Untersberg. Das Bergmassiv wirkt imposant, was noch dadurch unterstrichen wird, dass der Turm der Dorfkirche versucht, sich vor dem Berg in die Höhe zu strecken. Die Pensionswirtin Britta Schnöll folgt meinem Blick und lächelt.

„Als der Dalai Lama in Salzburg war, hat er gesagt, der Untersberg sei das Herzchakra Europas", sagt sie und fügt augenzwinkernd an, „und dem Dalai Lama widerspricht man natürlich nicht!"

Wir kommen ins Gespräch, und ich erzähle, dass ich gerade zu Fuß auf der Suche nach Zufriedenheit und dem guten Leben sei. Britta Schnöll nickt und legt ihren Kopf schief. „Ich kenne jemanden, der da sehr gut passen würde", meint sie, und mein Interesse ist sofort geweckt. „Meine Schwiegereltern. Die sind fleißig, bescheiden, zufrieden – und ein wenig weise", sagt sie. „Wenn Sie möchten, frage ich mal nach, ob die beiden mit Ihnen sprechen würden."

Und ob ich das will!

Auf ein erfülltes Leben zurückblicken

Wenig später werde ich ins Wohnzimmer der Familie gebeten. An einem langen Tisch nehme ich auf der Bank Platz. Die 77-jährige Aloisia Schnöll sitzt mir gegenüber. Ihr 83-jähriger Mann Alois nimmt seinen gewohnten Platz in einem Lehnstuhl am Kopfende des Tisches ein.

„Ich weiß nicht, ob wir jetzt da die Richtigen sind", gibt Aloisia Schnöll gleich zu Bedenken. „Wir sind ja nichts Besonderes."

Alois Schnöll zuckt mit den Schultern und nickt mir zu. „Na ja, unsere Schwiegertochter, die wird das schon wissen", schmunzelt er.

Seine Frau legt ihre Hände auf den Tisch. „Auf jeden Fall sind wir sehr zufriedene Menschen", sagt sie und sieht ihren Mann an. „Vor allem, weil wir alle zusammen sind. Wir haben einander, und wir haben eine große

Familie", beginnt sie zu erzählen. „Wir haben vier Kinder, tüchtige Schwiegerkinder, zehn Enkelkinder, drei Urenkel ..."

„Da sind wir wirklich ein Haufen Leute", unterbricht sie ihr Mann.

Aloisa Schnöll nickt. „Und es ist immer schön."

Dann beginnen sie zu erzählen, was sie in all den Jahren schon erlebt haben. „Ich bin aus Leopoldskron. Das ist nicht so weit weg von hier", meint Aloisia Schnöll.

„Na ja." Ihr Mann schmunzelt. „Immerhin zehn Kilometer werden es sein. Früher war das schon eine Entfernung. Wenn ich meine Zukünftige besuchen wollte, bin ich mit dem Radl gefahren."

Aloisia widerspricht: „Nein, du bist damals mit deinem Opel gekommen."

„... und mit dem Motorrad", ergänzt Alois.

„Jedenfalls haben wir uns beim Tanzen kennengelernt. Es gab ja früher viele Bälle." Aloisia nimmt ihre Finger zu Hilfe und zählt auf: „Den Musikerball, den Feuerwehrball, ein Gschnas (Anm.: Faschingsball), ja, und da hat man sich halt getroffen. Und da hat sich der Alois dann um mich bemüht."

Ihr Mann lacht. „So ungefähr, ja. Das kann man so sagen."

Die beiden müssen schmunzeln.

„Wir waren beide aus einer Landwirtschaft", nimmt Aloisia Schnöll wieder den Faden auf. „Eigentlich wollte ich ja weiter auf eine höhere Schule gehen. Ich wäre gerne Lehrerin geworden, aber das ging nicht. Wir waren zu Hause drei Mädchen. Meine ältere Schwester hatte Kinderlähmung, mein Vater war in der Politik, da wurden meine andere Schwester und ich auf dem Hof zum Arbeiten gebraucht. Deshalb bin ich dann auf die Landwirtschaftsschule gegangen." Aloisia Schnöll streicht mit den Händen über die Tischplatte. „Dann wurde ich schwanger. Als ich zwanzig war und der Alois 26, haben wir geheiratet. Erst kam ein Sohn, dann eine Tochter und dann noch Zwillinge, ein Sohn und eine Tochter. Und so vergeht die Zeit. Jetzt sind wir alt. Aber wir sind zufrieden, mit unserer Gesundheit und mit unserem Leben."

Beide erzählen, dass sie auch schon schwere Krankheiten bewältigen mussten. Die Letzte war die Krebserkrankung von Alois. „Das hätte auch anders ausgehen können, aber ich habe alles gut überstanden. Da habe ich Glück gehabt", erzählt er.

„Alois hat das wirklich gut weggesteckt. Nach jeder Chemo-Therapie, wenn er wieder nach Hause gekommen ist, hat er sich gleich auf den

Bagger gesetzt und gearbeitet. Ich habe in der Klinik mal nachgefragt, ob sie ihm irgendwelche besonderen Vitamine oder so etwas Ähnliches geben", lacht Aloisia. Sie kann die zurückliegende Erkrankung ihres Mannes im Nachhinein mit Humor nehmen.

Dass die beiden immer zusammengehalten haben, habe dabei geholfen, auch schwierige Zeiten zu überstehen. „Auch das gemeinsame Arbeiten hat uns getragen. Jede Hand wurde gebraucht, als ich als junge Frau nach Anif hier auf den Hof kam. In der Landwirtschaft gibt es ja immer viel zu tun. Und meine Schwiegermutter hat damals schon Zimmer vermietet. Die waren sehr begehrt."

„Die Autobahn ging früher nur bis Salzburg-Süd – also direkt bis hierher", erklärt Alois Schnöll. „Da sind alle Urlauber abgefahren und haben in Anif ein Zimmer gesucht. Die sind regelrecht Schlange gestanden, um ein Zimmer zu bekommen. Ganz Anif hat also vermietet, und wir haben auch eine kleine Pension eröffnet. Das war damals genau das Richtige." Er überlegt einen Augenblick. „Wir haben ja auch einen großen Hof gehabt, mit dreißig Kühen."

Seine Frau nickt. „Das war viel Arbeit: der Stall, die Feldarbeit und die Pension mit dreißig Zimmern und dann noch die vier Kinder. Aber irgendwie ist das schon gegangen." Seine Frau lächelt. „Man könnte sagen, wir waren fleißige Leute."

„Aber trotz der vielen Arbeit hatten wir auch mal Zeit, um zu streiten", lacht Alois Schnöll.

Aloisia schmunzelt und nickt. „Wenn es sein muss, dann muss man auch mal streiten. Das gehört dazu. Die Dinge müssen ausgeredet werden. Und dann passt es wieder."

Dann kommen die beiden wieder zurück zu ihrer gemeinsamen Lebensgeschichte. Als der Milchpreis immer mehr gesunken sei, hätten sie die Kühe verkauft. Sie hätten dann umgesattelt und Erdarbeiten ausgeführt. „Jetzt haben wir sieben Bagger und einige Lastwagen", erzählt Alois Schnöll. Mittlerweile habe der eine Sohn die Erdbau-Firma und der andere Sohn die Landwirtschaft übernommen. Das Aufhören und Kürzertreten sei ihm allerdings schwergefallen.

„Ich bin Lastwagen gefahren, bis ich 82 Jahre alt war. Seit einem Jahr ist jetzt Schluss", meint er.

„Ja, den Ruhestand haben wir uns schon verdient", nickt Aloisia.

Ihr Mann lehnt sich zurück und streicht über sein kariertes Hemd. „Ich habe es jetzt wirklich schön, richtig gemütlich", lacht er.

Die beiden erzählen ein wenig von ihren Kindern. Alle hätten einen bodenständigen Beruf. Die beiden älteren Kinder seien immer in der Gegend geblieben. Der jüngste Sohn sei allerdings ein Weltenbummler gewesen. Und die jüngste Tochter sei als Au-Pair nach Boston gegangen. Aber das wäre schon in Ordnung gewesen.

„So etwas muss man machen, solange man jung ist", meint Aloisia.

Der Gesichtsausdruck von Alois und Aloisia Schnöll ist weich. Das Ehepaar wirkt stolz, als sie über den Werdegang ihrer Kinder sprechen.

Britta Schnöll, die Schwiegertochter der beiden, betritt das Wohnzimmer und stellt drei Gläser mit Wasser auf den Tisch. „Ihr habt bestimmt Durst, wenn ihr so viel erzählt", sagt sie und lächelt. Als sie das Zimmer wieder verlässt, prostet Alois seiner Frau und mir zu.

„Ihre Schwiegertochter hat gesagt, sie wären ganz besonders zufriedene Menschen. War das immer schon so? Oder sind Sie mit der Zeit zufrieden geworden?", will ich wissen.

„Ich war schon immer zufrieden, schon mein ganzes Leben lang", kommt es von Alois prompt.

Seine Frau zögert kurz. „Bei mir kam die Zufriedenheit erst im Alter", meint sie dann. „Als ich jung war, habe ich mir hier und dort schon mal mehr erhofft. Wenn das nicht ging, war es dann aber auch in Ordnung. Wenn ich zurückblicke, bereue ich jedenfalls nichts. Es hat alles gepasst. Doch, in der Rückschau muss ich sagen, ich kann zufrieden sein. Auch wenn wir viel Arbeit hatten, habe ich mir immer Zeit genommen für schöne Momente. Ich mache gerne Kreuzworträtsel. Am Mittwoch habe ich meinen Stadttag mit Freundinnen. Da schauen wir ein bisschen in die Schaufenster und kaufen ein. Dann setzen wir uns noch ins Tomaselli (Anm.: ältestes Kaffeehaus in Salzburg) und trinken Kaffee. Sonntags, wenn die meiste Arbeit erledigt war, bin ich früher mit einer Freundin auf Flohmärkte gegangen. Das war ein Vergnügen! Und mit einer Gruppe Frauen bin ich immer wieder im Winter zum Schifahren, zwei, drei Tage, auch einmal eine Woche. Das habe ich sehr genossen."

Alois Schnöll zuckt mit den Schultern. „Nur miteinander konnten wir nicht wegfahren. Das ging nicht wegen der Landwirtschaft. Nur einmal, als unser Sohn schon übernommen hatte, sind wir gemeinsam zum Schifahren, vier Paare."

Aloisia sieht ihren Mann mit schief gelegtem Kopf an. „Ja, das war schön. Das sind Erlebnisse, die vergisst man nicht", meint sie. „Schifahren habe ich erst gelernt, als ich verheiratet war. Vorher, als Mädchen, war ich mit der Schule einmal zum Schifahren am Gaisberg – mit den Zweimeterbrettln aus Holz vom Vater. Da haben sie mich dann nach dem ersten Tag wieder heimgeschickt, weil ich alles umgefahren habe", erzählt sie lachend.

„Ich bin immer schon Schi gefahren, hinter dem Haus oder beim Zementwerk. Nicht einmal Stahlkanten hatten unsere Bretter. Einen Lift gab es da natürlich nicht. Da musste man erst mühsam hinaufsteigen", meint Alois Schnöll.

Die beiden sind sich schließlich einig: Arbeit, die man gerne macht, und zwischendurch schöne Erlebnisse – das braucht es, um ein gutes Leben zu haben.

„Ich habe immer schon gerne gearbeitet. Und mir war nie langweilig. Als ich jung war, wurde die Feldarbeit noch mit Pferden erledigt. Erst viel später haben wir unseren ersten Traktor bekommen. Da wurde die Arbeit dann ein wenig leichter", erzählt Alois Schnöll. „Jetzt mache ich langsamer. Ich schlafe länger. Und dann setze ich mich auf die Terrasse und lese Zeitung. Am Sonntag gehe ich nach der Kirche zum Frühschoppen", ergänzt er.

„Und ich komme dann nach, und wir essen sonntags beim Wirt. Da koche ich nicht. Oft bleiben wir dann auch länger sitzen. Das ist schön", schwärmt Aloisia von dem kleinen Luxus, den sie sich im Alter gönnen.

Aloisia und Alois erzählen davon, dass ihre Kinder sich immer schöne Überraschungen für sie einfallen lassen würden, Ausflüge oder Familienfeiern.

„Familie ist etwas ganz Wichtiges", sagt Alois Schnöll. „Wir sind wirklich zufrieden." Seine Frau nickt. „Es braucht gar nicht viel, damit du ein gutes Leben hast. Man sollte sich verstehen, zusammenhalten, den anderen Freiraum geben und Freude haben bei dem, was man macht."

„Und ein bisschen Glück muss man auch haben, damit das mit dem Zufriedensein klappt", fügt Alois Schnöll noch an.

Andere so sein lassen, wie sie sind

Am Ende unseres Gesprächs erzählen mir Alois und Aloisia, dass sie in drei Jahren ihre Diamantene Hochzeit – also sechzig gemeinsame Jahre – feiern werden. So Gott will. Und dass sie einander jederzeit wieder heiraten würden. Sie würden sich auch heute noch darüber freuen, dass sie noch zusammen seien. Ich bin wirklich beeindruckt!

Schließlich verabschiede ich mich von den beiden, die dann auch gleich wieder ihren Beschäftigungen nachgehen. Ich bedanke mich bei der Pensionswirtin Britta Schnöll, die das Gespräch ermöglicht hat. Sie sieht ihren Schwiegereltern nach. In ihrem Blick liegt etwas Liebevolles.

„Die beiden sind wirklich etwas Besonderes", sagt sie. „Die haben ihr Leben lang gearbeitet – ohne zu klagen, sondern mit Hingabe. Ich müsste bestimmt 300 Jahre alt werden, um so viel zu schaffen wie die beiden. Ich bin da anders. Ich mache langsamer. Trotzdem lassen mich die beiden so, wie ich eben bin, und wollen mich nicht ändern. Das schätze ich sehr an meinen Schwiegereltern", fügt sie noch an.

Vielleicht ist das eines der Geheimnisse eines zufriedenen Lebens, denke ich, als ich aus dem Haus trete: eingebunden zu sein in einer großen Gemeinschaft – und dabei sich selbst und die anderen nicht verbiegen zu wollen.

Dann gehe ich los. Mein Weg führt mich über die von Bäumen gesäumte Hellbrunner Allee, vorbei am Salzburger Zoo und dem Schloss Hellbrunn. Ein Stück später begleitet Klaviermusik meinen Wegabschnitt. Leichte Läufe wehen aus einem offenen Fenster des Orff-Instituts, das direkt an der Allee liegt, herüber. Schließlich geht es von Süden nach Norden durch die Stadt bis zum Bahnhof, von wo aus ich meine Heimfahrt antrete.

Von der Naturwildnis in den Großstadtdschungel

Als ich wieder zu Hause bin, macht sich in den ersten Tagen ein großes Hochgefühl in mir breit. Ich tippe die Interviews ab, denke über die vielen Eindrücke und Erfahrungen nach und bin sozusagen noch einmal im Kopf unterwegs. Das ist wie ein Flow. Der ist intensiv, aber nicht von Dauer. Der letzte Tourabschnitt muss wegen der Urlaubszeit im Sommer noch etwas warten. Ich kann viele der nächsten Interviewpartner nicht erreichen und die Tour deshalb nicht richtig planen. So zieht sich die Zeit, bis ich wieder unterwegs sein kann, und mein Alltag holt mich ein. Meine Gedanken drehen sich plötzlich wieder mehr um Einkaufslisten, die Organisation der üblichen Alltagsabläufe, das Planen und Verschieben von Lesungen oder die passende Schreibsoftware. Irgendwie verliere ich gerade den Zugang zum guten Leben. Das fällt mir auf, während ich bei herrlichstem Wetter anfange, Trübsal zu blasen. Der gebe ich mich einige Tage hin, spüre dem Gefühl nach, das so anders ist als in den Tagen, in denen ich unterwegs war. Aber es ist da. Darum hat es wohl auch seine Berechtigung. Nach einigen Tagen merke ich, dass ich nicht länger an der tristen Stimmung festhalten will. Mir wird klar: Ich will etwas dagegen unternehmen! Also überlege ich, was mich in den vergangenen Wochen zufrieden gemacht hat: die Begegnungen mit den Menschen. Klar! Und dass sie ihre Lebensgeschichten mit mir geteilt haben und so eine Inspiration für mich waren. Ja, und da war noch etwas: das Gehen. Auch wenn ich momentan keine Interviews führen kann, gehen kann ich trotzdem! Und so gehe ich zwischen meiner zweiten und dritten Interviewtour im wahrsten Sinne des Wortes neue Wege. Ich gehe auf Berge im Bayerischen Wald, auf denen ich bisher noch nie war, obwohl sie sozusagen vor meiner Tür liegen. Ich gehe im Chiemgau und in Tirol. Ich lasse mich von Gipfeln berühren und von Aussichten beeindrucken. Ich gehe Schritt für Schritt, und meine Gedanken verändern langsam wieder ihre Richtung. Ich bin zutiefst dankbar. Ich merke, dass ich keine Höchstleistungen vollbringen will. Doch ich will nicht aufhören, für das Zufriedensein auch etwas zu tun. Ich möchte meine Energie in gute Dinge stecken. Nach und nach kommen die Konturen meiner ursprünglichen Idee wieder zum Vorschein: Ich bin unterwegs, um das gute Leben zu finden. Für mich gehört Bewegung dazu.

Dann ist es endlich so weit: Mein letzte Touretappe steht vor der Tür. Bisher war ich auf meiner Suche vor allem in ländlichen Gegenden und in der Natur unterwegs. Ich merke, es wird Zeit, mich großen Menschenansammlungen und dem wuseligen Alltag in der Großstadt zu stellen. Ich will meinen Fokus neu ausrichten und dazu durch eine Millionenstadt wandern. Als der Herbst schließlich vor der Tür steht, geht es nach München. Schon bei der Planung merke ich, dass das eine nicht zu unterschätzende Herausforderung wird. Kann man überhaupt in einer Großstadt wandern? Ich nehme mir vor, bewusst auf öffentliche Verkehrsmittel zu verzichten und mich stattdessen auch hier darauf zu verlassen, dass meine Füße mich auf meiner Suche nach dem guten Leben an die richtigen Orte bringen werden.

Mit Schokolade dem Leben einen Sinn geben

Als ich an einem Montagmorgen in München ankomme, spüre ich den Unterschied zu den vorherigen Etappen sofort: Statt Stille und Gemächlichkeit empfängt mich laute, hektische Betriebsamkeit. Etwas verloren stehe ich an einem der unzähligen Bahnsteige am Hauptbahnhof und muss mich erst einmal sammeln. Ich fühle mich augenblicklich allein unter vielen. Gleichzeitig macht sich ein neugieriges Kribbeln in mir breit: Hier gibt es vieles – anderes als bei den beiden vorherigen Touren – zu entdecken. Mein erster Interviewtermin ist am Nachmittag. Bis dahin habe ich Zeit. Darum entschließe ich mich zu einem längeren Fußmarsch in den Stadtteil Thalkirchen-Obersendling. Dort möchte ich gerne mehr über das süße Leben erfahren. Vor einigen Wochen habe ich eine Schokoladentafel gekauft, die etwas ganz Besonderes war: fair produziert direkt im westafrikanischen Ghana – initiiert vom 2016 gegründeten Sozialunternehmen fairafric in München.

Erst mal muss ich an viel befahrenen Straßen entlanggehen. An jeder Ecke wird gebaut. Der Flächenfraß schreitet voran. Ich begegne Handwerkern und Bauarbeitern. Ein LKW-Fahrer lehnt an der Fahrerkabine seiner Zugmaschine, kaut konzentriert an seinem Wurstbrötchen und nickt mir zu. Dann führt mein Weg quer über die Theresienwiese – um diese Zeit sonst Austragungsort des weltbekannten Oktoberfestes. In diesem Jahr fällt das Fest aus, und der weitläufige Platz ist leer und leise. Ich werfe der Bavaria, der kolossalen Bronzestatue und Symbolfigur Bayerns, einen Blick zu. Mit dem Lorbeerkranz in ihrer linken Hand scheint sie mir zuzuwinken. Anschließend kann ich immer wieder durch kleine Parkanlagen gehen und gelange schließlich in den Süden der Stadt. Ich lande vor einem nüchternen Geschäftskomplex. Ich spähe durch die Fenster im Erdgeschoss, während ich nach dem richtigen Eingang suche. Ich entdecke Büros, Labore und Fabrikationsräume. Dort drinnen tummeln sich die unterschiedlichsten Menschen: manche in Anzügen mit akkurat gebundener Krawatte, andere leger in Jeans und T-Shirt, andere in weißen Kitteln.

Es dauert etwas, bis ich fairafric gefunden habe. Das Büro des Unternehmens sieht gemütlich aus: ein bisschen wie eine Mischung aus Arbeitsplatz und Wohnzimmer. Der Raum wird geteilt durch ein Regal auf Rollen, das die Mitarbeitenden von fairafric selbst aus Paletten zusammengebaut haben. Auf einem Whiteboard an der Wand stehen die wichtigsten Infos des Tages. In einem kleinen Regal sind die verschiedenen Schokoladensorten ausgestellt, die das Sozialunternehmen mittlerweile in seinem Sortiment hat. Hendrik, der Gründer des Unternehmens, ist gerade in Ghana. Dort ist 2019 ein Tochterunternehmen gegründet worden. Momentan wird an der Eröffnung der ersten Chocolaterie-Schule im Land gearbeitet, und eine neue, solarbetriebene Schokoladenfabrik wird gerade gebaut.

Ann-Kathrin, die seit über einem Jahr Teil des Teams ist, nimmt sich Zeit für mich, um mir ein wenig über die Idee des Unternehmens und ihre Rolle dort zu erzählen. Sie habe Umweltwissenschaften studiert, sei dann für die Stelle aus Hamburg hier nach München gezogen und habe es nicht bereut. Sie erzählt mir davon, dass fairafric den Herstellungsprozess von Schokolade umgekrempelt hat und Nachhaltigkeit, Solidarität und ökologisches Denken miteinander verknüpft.

„In Südamerika ist der Bio-Anbau von Kakao schon länger angekommen. In Westafrika, wo siebzig Prozent des Kakaos für alle weltweiten Schokoladen herkommen, ist der Öko-Landbau noch nicht so verbreitet – was auch kein Wunder ist, denn die staatliche Kakaobehörde gibt dort Pestizide kostenlos aus. Viele Farmer und Farmerinnen greifen darauf zurück, weil die Sensibilisierung für ökologische Bewirtschaftung fehlt", erklärt Ann-Kathrin mir die Zusammenhänge.

Die Spirale von Armut, Zerstörung der Umwelt und überhaupt schlechten Lebensbedingungen wollte Hendrik, der Gründer von fairafric, durchbrechen. Auf die Idee sei er vor vielen Jahren während einer Rucksackreise durch mehrere afrikanische Länder gekommen.

„Mit jeder Tafel, die fairafric produziert, will unser Unternehmen dagegen angehen: Wir zahlen beispielsweise die höchste Prämie für Kakao in Ghana. Wenn Familien ausreichend Geld zur Verfügung haben, können sie ihre Kinder zur Schule schicken und sich die medizinische Versorgung leisten."

Das Besondere an fairafric sei es, dass der Rohstoff Kakao nicht exportiert werde, sondern die Produktion der Schokolade dann auch direkt in Ghana stattfinde. So würden zusätzliche Einkommensmöglichkeiten für die Menschen vor Ort geschaffen. Das sei schon eine Art Leuchtturmprojekt. Auch wenn es natürlich ständig neue Herausforderungen gebe, die bewältigt werden müssten.

„Es ist ein großartiges Gefühl, Teil dieser Idee zu sein und mit anderen ständig weitere Meilensteine zu erreichen", meint Ann-Kathrin.

Am Ende unseres Gesprächs schenkt sie mir dann noch eine Tafel Schokolade aus dem fairafric-Sortiment. Wie einen Schatz stecke ich sie in meinen Rucksack. Ich hebe sie mir für Genussmomente auf – wenn der Weg zwischendurch mal wieder beschwerlich wird. Dann verabschiede ich mich von Ann-Kathrin und wünsche ihr und ihrem Team weiterhin viel Energie, ihre Vision so kraftvoll anzupacken.

Eine nicht neue, aber hier vom Engagement von fairafric greifbar untermauerte Erkenntnis begleitet mich, als ich aufbreche: Egal ob hier in Deutschland, in Ghana oder sonstwo auf der Welt – wer Geld hat, ist nicht zwangsläufig zufrieden und führt nicht automatisch ein gutes Leben. Doch wenn man von seinem Einkommen nicht gut leben kann, tritt das gute Leben schnell in den Hintergrund. Dann wird es schwieriger, ein zufriedenes und glückliches Leben zu führen.

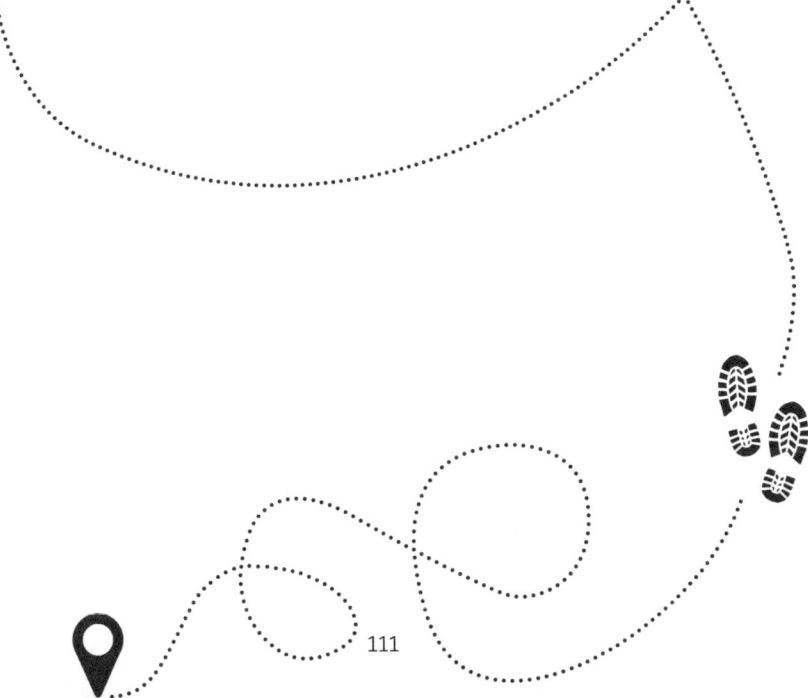

111

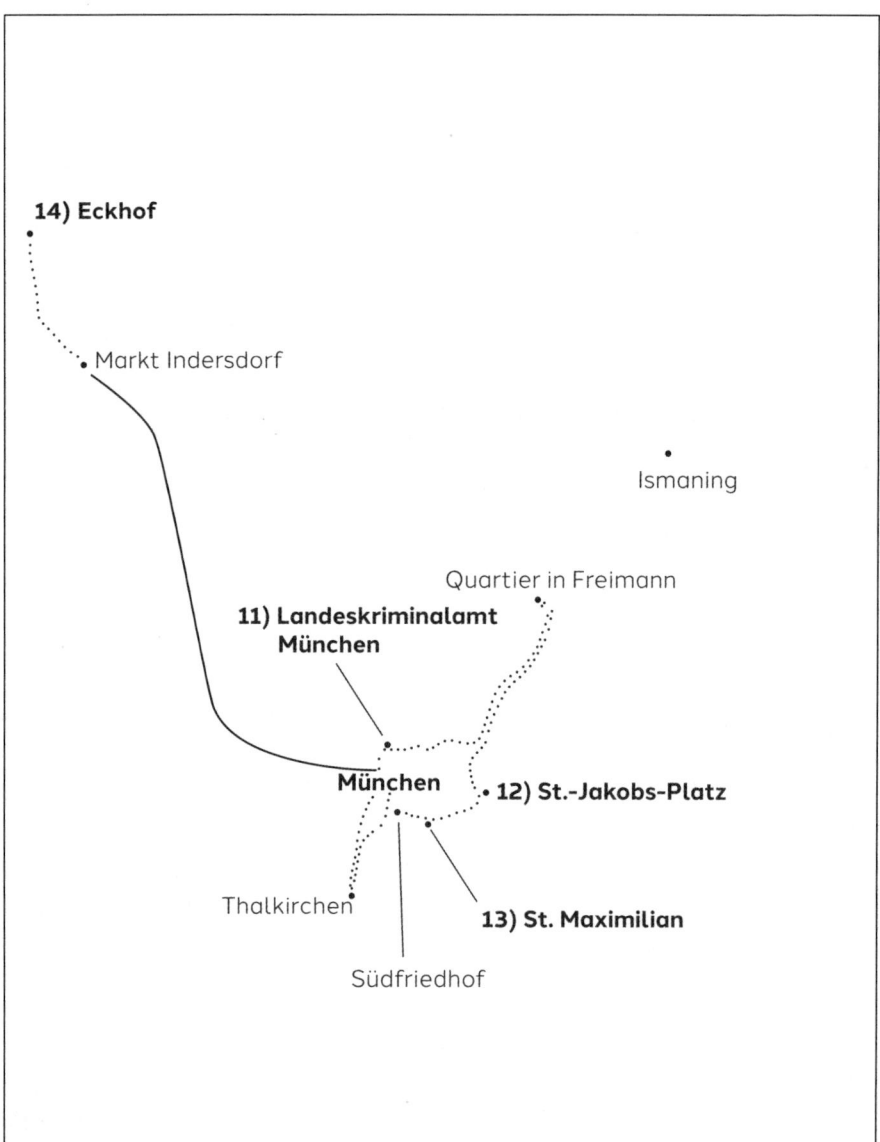

14) Eckhof

Markt Indersdorf

Ismaning

Quartier in Freimann

11) Landeskriminalamt München

München

12) St.-Jakobs-Platz

Thalkirchen

13) St. Maximilian

Südfriedhof

Unterwegs in München und Umgebung

11 Verzeihen können

Nun geht es wieder zurück ins Zentrum von München. Zuerst laufe ich planlos durch die Gegend – den Blick starr aufs Handy gerichtet, auf dem ich meine Landkarten-App geöffnet habe. Ich will schließlich nicht vom Weg abkommen – und vor allem pünktlich sein, denn ich bin als Nächstes mit einem echten Kriminalkommissar verabredet. Erst als direkt vor mir ein Eichhörnchen den Weg kreuzt, merke ich, wie wenig ich von meiner Umgebung wahrnehme. Ich stecke mein Handy weg und vertraue darauf, den Weg auch so zu finden. Was jetzt beginnt, ist eine wahre Entdeckungsreise. Ich bewundere den Löwenzahn, der an einer Hausecke durch den Asphalt bricht. Ein Fahrradkurier schlängelt sich durch Autos und Fußgänger. Ich freue mich über Kastanien, die den Grünstreifen zu meiner rechten wie glänzende Riesenperlen verschönern. Ein Kind grinst mich aus seinem Buggy an. Ich gehe an einer langen gelben Gebäudemauer vorbei. Vielleicht eine stillgelegte Firma, denke ich. Doch plötzlich stutze ich: Auf dem Gehweg liegen Sägespäne. An der Stelle ist die Mauer von einem hohen Metalltor durchbrochen. Hinter dem Tor kann ich Stimmen hören. Sie klingen, wie durch ein Mikrofon gesprochen. Und war das tatsächlich Pferdegetrappel? Ich glaube, meine Wahrnehmung spielt mir einen Streich, bis ich am Ende des Gebäudes ankomme und um die Hausecke biege. Dort steht ein alter Zirkuswagen. Lichterketten baumeln unter dem Vordach. Ich stehe direkt vor dem Krone-Gebäude, das zu dem weltberühmten Zirkus gehört. Der Geruch nach gebrannten Mandeln kitzelt mich in der Nase. In einer Bude neben dem Eingang wird allerlei Süßkram angeboten. In meinem Kopf werden Kindheitserinnerungen wach. Wie schön, dass ich das so nebenbei entdecken durfte.

Jetzt brauche ich doch kurz technische Hilfe beim Orientieren. Ich bin überrascht, als ich erkenne, dass ich nur zwei Querstraßen von meinem heutigen Ziel entfernt bin. Ich werde mich gleich mit Manfred Schwarz treffen. Wir sind im Landeskriminalamt verabredet. Auf einem riesigen Areal stehen etliche ziemlich farblos wirkende Gebäude. Das Gelände ist von einem hohen Metallzaun umgeben, auf dem sich oben bedrohliche Spitzen befinden. Alle paar Meter sehe ich Kameras auf den Zaunsäulen thronen. Der Anblick wirkt auf den ersten Blick nicht gerade einladend. Ich merke, dass meine Aufregung steigt. Mit leicht zitternden Fingern fische ich meinen Personalausweis aus dem Rucksack. Den müsse ich an der Pforte abgeben und mich so als Besucherin legitimieren, hat mich der Kriminalhauptkommissar vorab informiert. Der Eingangsbereich ist überschaubar, und eine gesicherte Drehtür hindert mich daran weiterzugehen. Von einem dicken Glasfenster abgeschirmt, sitzt ein Beamter hinter seinem Schreibtisch. Ich trete näher und betrachte den Mann einen Augenblick. Er trägt Jeans und ein sportliches Sweatshirt. Als er den Blick von seinem Bildschirm ab- und sich mir zuwendet, breitet sich ein freundliches Lächeln auf seinem Gesicht aus. Ich fühle mich schlagartig wohler. Das Unbehagen, beim Betreten des Kriminalamtes sofort irgendwie verdächtig zu sein, verschwindet. Der Beamte nimmt meinen Ausweis entgegen, händigt mir eine Besucherkarte aus, und nun darf ich den großen Hauptflur des Gebäudes betreten. Hier soll ich auf Manfred Schwarz warten. Ich nehme erst auf dem modernen Sofa Platz – ein gelungener Versuch, den nüchternen, breiten Flur verbindlicher zu gestalten. Doch ich kann nicht stillsitzen. Darum stehe ich auf und sehe mich um. An Stellwänden informieren Plakate über Kunstfälschungen. Die Rückwand hinter dem Sofa zeigt die Geschichte des Bayerischen Landeskriminalamts. Nichts davon kann meine Aufmerksamkeit lange auf sich ziehen. Ich bin erleichtert, als Herr Schwarz wenige Minuten später erscheint. Sicher bin ich mir erst, dass er tatsächlich der Richtige ist, als er sich mir vorstellt. Ich bin dem Mann noch nie begegnet. Wir hatten das Interview per Mail vereinbart und einmal miteinander telefoniert. Eine Freundin, die als Museumsführerin arbeitet, hat mir von Herrn Schwarz erzählt. Sie hat eine Gruppe der Kriminalpolizei durch ein Museum geführt. Manfred Schwarz war ihr Ansprechpartner. Er hat meine Freundin tief beeindruckt mit seiner respektvollen Art, mit der er mit seinen Kollegen und Kolleginnen – mit und ohne Handicap – umging. Jetzt möchte ich gerne herausfinden: Was ist es, das diesen Menschen so menschenfreundlich und zugewandt sein lässt?

Den anderen respektieren – auch wenn das nicht immer leicht ist
Vor mir steht ein Mann mit grauen Haaren und einer schwarzen Metallrandbrille. Er trägt Jeans und eine anthrazitfarbene Weste über seinem hellblauen Hemd. Das Lächeln lässt seine Augen strahlen und macht ihn

mir sofort sympathisch. Optisch würde er perfekt zum Ermittlerteam des Münchner *Tatort* passen. Aber das behalte ich lieber für mich. Kommissar Schwarz hat einen kleinen Besprechungsraum für uns reserviert. Über eine Treppe gelangen wir in den ersten Stock. Der Raum, den wir betreten, ist nüchtern und sieht aus, als würden hier Schulungen stattfinden. Wir nehmen gegenüber an einem der Tische Platz.

„Mögen Sie einen Kaffee?", fragt Manfred Schwarz. „Mein Kollege hat angeboten, uns einen zu bringen."

An seiner Stimme meine ich zu erkennen, dass er ebenso aufgeregt ist wie ich. Was er mir dann auch gleich bestätigt. „Komisch ist das schon für mich. Normalerweise bin ich derjenige, der die Fragen stellt", sagt er und lacht.

Als kurz darauf zwei Tassen Kaffee, Wasser und sogar ein Teller mit Kuchen auf dem Tisch stehen, lässt die Anspannung bei uns beiden nach. Ich frage nach, ob ich unser Gespräch aufnehmen darf, platziere nach der Erlaubnis mein Aufnahmegerät auf dem Tisch und schalte es an. Ich muss lachen. Irgendwie erinnert mich das alles hier an Befragungen von Verdächtigen in Fernsehkrimis.

„Ab jetzt muss ich aufpassen, was ich sage", meint Manfred Schwarz und grinst. Mit Vernehmungen hat er Erfahrung. Glücklicherweise hat das, was dann folgt, mit einer solchen nicht das Geringste zu tun.

„Sie sind Polizist. Wollten Sie das immer schon? War das ein Kindheitstraum von Ihnen?", beginne ich mit meinen Fragen.

Manfred Schwarz lacht. Es klingt wesentlich entspannter als noch vor ein paar Minuten. „Nein, gar nicht. Ich wusste nach dem Abitur einfach nicht, was ich machen wollte." Der Kommissar schmunzelt. „Damals hatte ich eine kostspielige Freundin. Das Anfangsgehalt bei der Polizei war sehr gut. Und man musste nicht zur Bundeswehr. Deshalb habe ich mich dafür entschieden."

Also kein Kindheitstraum, sondern scheinbar reiner Pragmatismus. Aber was wollte der heutige Polizist dann als Kind werden? Ich frage nach, welchen Beruf er sich früher für seine Zukunft ausgemalt hat. Manfred Schwarz muss nicht lange nachdenken. „Am liebsten wollte ich eigentlich etwas mit Tieren machen. Besonders mag ich Hunde. Wir hatten zu Hause immer schon Tiere. Dann war da noch die Schreinerei meines Vaters. Die hätte ich übernehmen sollen. Aber ich habe zwei linke

Hände." Der Kommissar hält lachend seine beiden Hände hoch. „Deshalb hat mein Bruder die Schreinerei bekommen. Und das ist auch gut so. Aber mit Tieren zu arbeiten, das wäre es gewesen. Ich glaube, ich war ein Spätentwickler – wenn man die geistige Reife betrachtet. Deshalb war mir das nicht so klar. Heute weiß ich, dass der Umgang mit Tieren mir sehr entspricht. Auf Bayrisch gesagt: Des taugt mir."

„Und dann sind Sie bei der Polizei gelandet", stelle ich fest.

Manfred Schwarz zuckt mit den Schultern. „Ja, und da hat es mir aber auch getaugt. Trotzdem bin ich schnell zu einer Erkenntnis gekommen: Ich bin ein Mensch, der großen Wert auf Gerechtigkeit legt. Aber Recht ist nicht dasselbe wie Gerechtigkeit. Das musste ich erst lernen, nämlich dass das Gesetz oder die Rechtslage nicht immer zu allen gerecht ist. Das habe ich bei der Polizei täglich erlebt. Damit habe ich mich am Anfang wirklich schwergetan, schon in den ersten Jahren als Straßenpolizist. Trotzdem fand ich die Arbeit gut. Als uniformierter Polizist machst du ja auch alles: vom Bankraub bis zum Mord im ‚ersten Angriff', wie man in der Fachsprache sagt. Und es ist in der Realität nicht so, dass die Streifenpolizisten dem Herrn Kommissar nur die Tür aufhalten dürfen. Gerade als Streifenpolizist bist du in einer Schlüsselposition. Da kann man am meisten falsch machen. Allein bei der Spurensicherung oder bei einer Fahndung – da können viele Fehler unterlaufen. Deshalb ist es gut für jeden Schandi (Anm.: Kurzform von Gendarm), dass er oder sie zuerst mal als ‚Straßenbulle' anfängt."

Einen Moment sieht Manfred Schwarz sich im Raum um. An den Wänden hängen Wimpel und Urkunden von Polizeistationen aus der ganzen Welt.

„Nach meiner Zeit als Streifenpolizist kam der Aufstieg. Mich hatte der Ehrgeiz gepackt. Ich durchlief die Beamtenfachhochschule. Nach meinem Abschluss war ich dann erst wieder Straßenpolizist, aber als Dienstgruppenführer, also als Vorgesetzter. Wir waren eine Schicht, in der es ein großes Zusammengehörigkeitsgefühl gab. Wir konnten uns einfach aufeinander verlassen. Sicherlich gibt es auch Dienststellen, wo das nicht so ist. Aber mir war das wichtig. Und ich konnte das als Vorgesetzter auch vorleben und mitgestalten. Für mich ist es schwierig, wenn jeder nur auf sich selbst schaut und sein eigenes Süppchen kocht. Mir hat meine Aufgabe als Dienstgruppenleiter gut gefallen. Aber es ist schon ein Knochenjob. Wenn einmal die Kripo kommt, dann läuft es gemächlicher. Die haben ja Zeit. Aber am Anfang ist es wichtig, alles richtig zu machen. Das ist die Aufgabe der Streifenpolizisten. Ich finde es schade, dass das so wenig honoriert wird. Ich habe damals dann ein Versetzungsgesuch geschrieben. Ich wechselte ins Präsidium der Grenzpolizei. Ich merkte schnell, dass eine Führungsdienststelle etwas ganz anderes war als eine kleine Dienstgruppe, wo alle füreinander da sind. Jetzt ging es plötzlich darum, wer sein Konzept durchsetzen konnte. Da war ich nicht so richtig. Ich bin wohl einfach ein ziemlicher Softi."

Der Kommissar lacht. Es klingt etwas angestrengt. „Für manche war das eine negative Eigenschaft. Aber viele meiner Kolleginnen und Kollegen haben das auch positiv gesehen."

Manfred Schwarz greift nach einen Stück Gebäck, legt es dann aber wieder zurück auf den Teller. „Ich war schon immer bei jedem Familienstreit der Streitschlichter. Mir ist es wichtig, dass es gerecht und friedlich zugeht. Dafür habe ich mich eingesetzt. Jeder Mensch hat es verdient, dass man ihn sieht und mit ihm respektvoll umgeht. Das gelingt mir auch meistens. Nur bei ganz abgebrühten Schwerverbrechern mit einem meterlangen Vorstrafenregister habe ich mich schon mal schwergetan. Für die war ich vielleicht nicht der richtige Ansprechpartner."

Mein Gegenüber nimmt einen tiefen Atemzug. Seine Augen hat er erst nach oben gerichtet, dann sieht er mich wieder an. „Als sich die Grenzpolizei dann aufgelöst hat, habe ich überlegt, wohin es mich jetzt zieht. So bin ich beim LKA gelandet. Ich war dort im Führungsstab im inneren Dienst. Das war sehr viel Verwaltungsarbeit. Mir war schnell klar, dass mir der Kontakt zu den Menschen fehlt. Klar, es gab auch Vorteile: Ich hatte Gleitzeit und freie Wochenenden. Das weiß man nach jahrelangem Schichtdienst schon zu schätzen. Trotzdem hat es irgendwann nicht mehr gepasst. Ich habe mich intern für das Sachgebiet Lageauswertung beworben. Da war ich dann quasi Zeitungsredakteur. Wir haben täglich gesammelt, was in anderen Bundesländern und im Ausland los ist, und haben alles zusammengestellt und für die bayerischen Polizeidienststellen aufbereitet."

Manfred Schwarz berichtet mir, dass er dann eines Tages zum Personalrat gewählt worden wäre. Ein wenig Stolz schwingt in seiner Stimme mit.

„Ich habe bei der Wahl so viele Stimmen bekommen, dass es für eine Freistellung gereicht hat. Seit 2011 bin ich nun freigestellter Personalrat hier am Landeskriminalamt. Ich bin also schon richtig lange raus aus dem Tagesgeschäft." Das Gesicht von Manfred Schwarz bekommt weiche Züge, und er lächelt, als er fortfährt: „Jetzt kommen die Kolleginnen und Kollegen zu mir, wenn sie Sorgen und Nöte haben. Und ich habe für alle ein offenes Ohr. Ich glaube, ... also, ich will mich jetzt ja nicht selbst loben ..., aber diese Aufgabe passt richtig gut zu mir."

Ich kann heraushören, wie wichtig dem Polizisten Zusammenhalt und Verbindlichkeit sind. „Sie bringen Leute zusammen", versuche ich meinen Eindruck auf den Punkt zu bringen.

Manfred Schwarz stimmt mir nickend zu. „Ja, ich bin schon ein Brückenbauer. Egal, ob es meine eigene Familie betrifft oder ob Unfallgegner sich in den Haaren haben. Ich habe auch bei Vernehmungen von Beschuldigten versucht, sie wieder auf die richtige Bahn zurückzuholen. Wenn es irgendwie ging, habe ich mich auch für Strafmilderung eingesetzt."

Polizeiarbeit und Mitgefühl – für Manfred Schwarz ist das ein gutes Duo statt ein Widerspruch. Er überlegt einen Moment, ehe er seine Haltung weiter verdeutlicht.

„Ich finde es wichtig, zu hinterfragen, warum jemand etwas getan hat. Bei einem Verkehrsunfall ist es ja beispielsweise so, dass sich niemand vornimmt, heute jemanden im Straßenverkehr absichtlich zu verletzen. Klar ist derjenige dennoch schuld an dem Unfall. Aber wenn die Folgen nicht so groß waren, habe ich versucht, das Strafverfahren nach Absprache mit der Staatsanwaltschaft in eine Ordnungswidrigkeit umwandeln zu lassen. Dann war derjenige zumindest nicht vorbestraft. So war ich immer bemüht – im Rahmen des Spielraums, den ich hatte –, aus dem geltenden Recht Gerechtigkeit zu machen. Aber ich habe auch Menschen, die vorsätzlich etwas getan haben, ihre Strafe, also das Leben, zugemutet."

Manfred Schwarz nickt, wie um seine Worte noch einmal zu bestätigen. „Ich finde es wichtig, mit den Menschen gut umzugehen, alle gut zu behandeln. Darauf habe ich auch damals bei der Streifenpolizei wert gelegt. Und natürlich auch jetzt als Ansprechpartner für Kolleginnen und Kollegen im Personalrat. So kann ich ein wenig dazu beitragen, dass sich hier im Haus alle wohl fühlen. Denn wenn ein Mensch sich nicht wohl fühlt, wird er im schlimmsten Fall sogar krank. Und damit ist ja niemandem gedient."

Für andere ein offenes Ohr haben, sich im oft rauen Klima der Verbrechensbekämpfung dem anderen zuwenden – das kostet sicherlich Kraft.

„Woher nehmen Sie Ihre Energie? Ihre Kraft, um anderen gut zuhören zu können?", frage ich nach.

„Da hilft mir sicherlich meine Familie", meint Manfred Schwarz. „Aber auch meine Tiere geben mir da sehr viel. Wir haben fünf Hunde, acht Katzen, drei Mäusebussarde, drei Schleiereulen und ein paar Wachteln. Ich wohne am Land. Da ist es möglich, all diese Tiere zu halten. Ich muss dadurch jeden Tag nach München pendeln. Das nervt manchmal. Dennoch gleichen meine Tiere das wieder aus und helfen mir beim Auftanken."

Vor meinem geistigen Auge sehe ich den Kommissar mitten unter seinen Tieren stehen. Vielleicht hat er so einen engen Bezug zu Tieren, weil es in deren Gemeinschaft keine Verbrechen gibt? Meine Gedanken wandern zu Filmszenen aus Fernsehkrimis. Mir fällt kein Polizist ein, der sich in seiner Freizeit um Greifvögel kümmert. Eigentlich sind die Kommissare im Film immer ziemliche Käuze – und Einzelgänger, die sich vor allem von Currywurst ernähren und bei denen keine Beziehung lange hält. Weil keine Familie der Belastung des Polizeiberufs auf Dauer standhält. So wird es jedenfalls in der fiktionalen Welt der bewegten Bilder suggeriert.

„Findet Ihre Familie es eigentlich gut, dass Sie Polizist sind?", hake ich nach.

„Ich bin jetzt zum zweiten Mal verheiratet", antwortet Manfred Schwarz. „Als ich noch Streifenpolizist war, da hatte meine erste Frau wirklich viel Verständnis für meine Arbeit und den Schichtdienst. Das ging alles irgendwie. Wir haben drei Kinder, die sind mittlerweile erwachsen. Meine damalige Frau und meine Kinder waren für mich wichtig, um zu Hause nach einem schweren Tag abschalten zu können. Dann kam ein Umbruch in meinem Leben. Ich habe ja die Stelle gewechselt und hatte plötzlich keinen Schichtdienst mehr. Dennoch wurde ich mit einem Mal unzufrieden. Die Kinder waren aus dem Haus, und ich bin irgendwie aus meinem Leben ausgebrochen. Ich weiß nicht, ob das in der Zeit passiert ist oder schon vorher: Meine Frau und ich hatten uns auseinanderentwickelt. Plötzlich hat irgendetwas gefehlt. Daran ist die Ehe dann auch zerbrochen."

Manfred Schwarz unterbricht seine Erzählung. Er blinzelt kurz. Dann blickt er ins Leere und seufzt. „Jetzt meldet sich mein schlechtes Gewissen.

Ich habe mich meiner ersten Frau gegenüber nicht wirklich fair verhalten. Ich bin damals eine neue Beziehung eingegangen, obwohl die alte noch nicht abgeschlossen war. Damit habe ich sie verletzt. Ich verletze niemanden gerne. Ich will selbst auch nicht verletzt werden." Manfred Schwarz braucht einen Moment, um sich wieder zu sammeln. Er atmet tief ein. „Schließlich haben meine Ex-Frau und ich uns aber gütlich getrennt." Jetzt lacht mein Gegenüber auf. „Wir haben sogar eine Online-Scheidung gemacht. Es war gut, dass wir uns geeinigt haben. Mir war das sehr wichtig, allein schon wegen der Kinder."

Manfred Schwarz richtet sich in seinem Stuhl auf und strafft die Schultern. „Jetzt bin ich zum zweiten Mal verheiratet. Meine jetzige Frau und ich verbindet die Liebe zu den Tieren. So konnte ich mir mit ihr meinen Traum erfüllen, mit so vielen Tieren zu leben. Ich habe also einen kleinen Umweg gebraucht, um zu meiner Zufriedenheit wieder zurückzufinden."

Ich denke mir gerade: Wenn ich mal mit der Polizei zu tun habe, dann würde ich mir wünschen, an einen Polizisten wie Manfred Schwarz zu kommen. Da könnte ich mir sicher sein, dass ich als Mensch gesehen werde. Das sage ich ihm. Manfred Schwarz lacht. Meine Worte scheinen ihn zu freuen. Ich beende die Tonaufnahme, und wir plaudern noch ein wenig. Dann bin ich einfach noch neugierig: Ich frage nach, ob denn die Arbeit bei der Kriminalpolizei in Wirklichkeit so ist, wie es in Filmen und Serien jeden Tag gezeigt wird. Herr Schwarz schmunzelt und schüttelt den Kopf. Er erklärt mir, dass das meiste überhaupt nicht der Realität entspricht. Es gebe keine Alleingänge von einem oder zwei Ermittlern. In der Regel werde bei einem Kapitalverbrechen, also bei Mord, immer gleich ein Team von zwanzig bis dreißig Leuten zusammengestellt. Üblicherweise komme auch der Staatsanwalt oder die Staatsanwältin an den Tatort. Und die Kripobeamten würden sich auch nicht nur von Currywurst ernähren, meint Manfred Schwarz lachend. Oft wären die Leute von der Spurensicherung das Authentischste bei Fernsehkrimis. Die würden tatsächlich den Tatort mit ihren weißen Overalls absuchen. Was dann allerdings für die Kripo folgt, ist meist langwierige – und nicht selten langweilige – Ermittlungsarbeit. Also ganz und gar nicht so schnell und spannungsgeladen, wie Filme es uns vorgaukeln. Nachdem ich das jetzt weiß, werde ich den nächsten Sonntagskrimi vielleicht mit anderen Augen anschauen.

Multitasking in Perfektion

Während meiner Tage in München darf ich bei einer lieben Freundin übernachten. Der Gedanke an ein paar Abende in vertrauter Gesellschaft beflügelt mich auf meinem Weg in den Münchner Norden. In den vorangegangenen Tourwochen habe ich mich nämlich immer mal wieder ziemlich allein gefühlt. Und zwischen allein und einsam lag oft nur der nächste Schritt. An den Abenden war in meinem Kopf ein Geschwurbel von Gedanken und Erlebnissen, und um mich herum war es still. Ich mag Ruhe. Aber nicht immer. Für mich waren die vergangenen Tourabschnitte eine Lernphase, um mir selbst näherzukommen. Ich lernte und lerne, geduldig mit mir zu sein. Ich schaue genauer auf den Weg, den ich gehe. Statt mit anderen teile ich den Augenblick mit mir. Das ist ein bisschen wie Freundschaft mit sich selbst schließen. Aber es ist einfach schön, einen Kreis von Menschen um sich zu haben, die einem nahestehen und mit denen man Erlebnisse teilen kann.

Nach eineinhalb Stunden Weg, der mich quer durch den Englischen Garten führt, bin ich bei Diana und ihrer Familie angekommen. Ich werde mit einem Abendessen empfangen und genieße einen gemütlichen Abend mit meiner Freundin auf deren Familiencouch.

Am nächsten Tag zeigt der Herbst, was er so alles kann. Nebelschwaden wabern vor meinem Fenster im Gästezimmer vorbei. Seufzend schultere ich meinen Rucksack. Es geht heute wieder ins Zentrum von München. Also wieder durch den Englischen Garten. Eigentlich eine schöne Route. Doch schon bald verwandelt sich der Nebel in hartnäckigen Nieselregen, der die grüne Lunge der Stadt grau und unwirtlich erscheinen lässt. Außerdem werde ich nach und nach nass. Und es ist kalt. Dabei hätte ich mir so sehr schönes Wetter für meine letzte Tourwoche gewünscht. Ich bin allerdings nicht die Einzige, die trotz des schmuddeligen Herbstwetters draußen unterwegs ist. Im Park kommen mir morgendliche Joggerinnen, Spaziergänger, Menschen mit Hund und Radfahrer entgegen. Ich versuche, allen ganz bewusst ein Lächeln zu schenken. Doch viele haben es so eilig, dass sie einfach an mir vorbeisehen. Eine Läuferin allerdings strahlt mich an und ruft mir ein „Guten Morgen!" über die Schulter zu. Das fühlt sich an wie ein kleiner Sonnenstrahl, der durch die grauen Wolken bricht. Ich komme langsam dem Zentrum näher, und der Betrieb im Englischen Garten nimmt zu. In der Großstadt werden Wege einfach schneller mit dem Fahrrad zurückgelegt. Darum kommen mir auch etliche geschäftsmäßig gekleidete Menschen auf ihren Drahteseln entgegen – oder Eltern, die ihre Kinder in Fahrradanhängern in Kita oder Schule bringen.

Während ich gleichzeitig gehe, eine schnelle Kurznachricht an meine Familie auf meinem Handy tippe und versuche, den Weg im Auge zu behalten, zieht ein Gefährt meine Aufmerksamkeit auf sich. Ich sehe von meinem Mobiltelefon auf. Ein Mann tritt in die Pedale eines Cargobikes. Vor dem Lenkrad ist eine großzügige Sitzgelegenheit. Dort erkenne ich ein Kind, vielleicht drei Jahre alt, das an einem Gebäckstück kaut und in der anderen Hand eine Trinkflasche hält. Es sieht ganz so aus, als würde das Kind hier sein Frühstück einnehmen. Dann höre ich, wie der Mann etwas sagt. Das ist aber sicherlich nicht für sein Kind bestimmt, denn ich höre Satzfetzen, die nach Terminvereinbarung und geschäftlichen Absprachen klingen. Vermutlich hat er einen Kopfhörer im Ohr. Und ich nehme noch etwas war: Der rechte Arm des Mannes bewegt sich während des Radfahrens unentwegt auf und ab. Als er mit seinem Gefährt auf meiner Höhe ist, erkenne ich, dass der Mann während des Fahrens mit einer kleinen Hantel trainiert. Ich muss laut auflachen. Das Ziel dieser Aktion kann ich natürlich erahnen. Der Weg zum Kindergarten wird hier wirklich optimal genutzt: für Frühstück, Geschäftsbesprechung und Fitness. Doch dann vergeht mir das Lachen, denn ich bemerke, dass ich immer noch mein Handy in der Hand halte. Ich fühle mich von mir selbst ertappt: Ich bin um keinen Deut besser! Ich glaube nicht, dass es zufriedener macht, mehrere Dinge gleichzeitig oder alles schneller zu tun. Klar, manchmal ist das nötig. Doch es macht einen erheblichen qualitativen Unterschied, die ungeteilte Aufmerksamkeit einer Sache zu widmen, statt halbherzig viele Dinge parallel zu tun.

Nach dieser Erkenntnis bleibe ich erst einmal stehen. Ich hole die Tafel Schokolade, die ich gestern geschenkt bekommen habe, aus meinem Rucksack. Für das Lösen der Verpackung nehme ich mir Zeit. Ich breche ein Stückchen ab, rieche erst daran und stecke es dann in den Mund. Süß und klebrig. So schmeckt und fühlt es sich an, als die Schokolade auf meiner Zunge schmilzt. Ich weiß, dass ich das gar nicht groß beachtet hätte, wenn ich zerstreut und im Gehen gegessen hätte. Nachdem ich die restliche Tafel wieder verstaut habe, nehme ich mein Handy und tippe die angefangene Nachricht zu Ende. Dann stecke ich es weg, gehe weiter und achte einige Minuten lang auf jeden einzelnen Schritt. Wenn ich schreibe, schreibe ich. Wenn ich gehe, gehe ich. Der Effekt dieses meditativen Gehens stellt sich schnell ein: Meine Sinne scheinen plötzlich viel geschärfter zu sein. Als ich ein lautes Rauschen höre, weiß ich, dass die Eisbach-Welle ganz in der Nähe ist. Ich bin also beinahe schon im Herzen von München. Ich verlasse den Englischen Garten und gehe in Richtung Marienplatz.

12 Im Innen sein, statt ständig im Außen

Gleich hinter dem Marienplatz, auf dem sich trotz Nieselregen etliche Menschen tummeln, und neben dem berühmten Viktualienmarkt, auf dem reges Markttreiben herrscht, liegt der Sankt-Jakobs-Platz. Als Erstes sticht mir nicht das Angerkloster, das ich suche, sondern die jüdische Synagoge Ohel Jakob ins Auge. Der große, freistehende Quader steht mitten im Zentrum des Platzes. Sein Sockel aus grob behauenen Steinen soll an die Klagemauer erinnern. In direkter Nachbarschaft befindet sich das Jüdische Museum. Ich umrunde das Gebäude. Die Zitate und Dialoge, die an den hohen Glasfenstern angebracht sind, ziehen mich für einige Augenblicke in ihren Bann. Ich bin berührt von Aussagen, von Erlebnissen und dem Humor, der sich zwischen bedrückende Textzeilen mischt. Das Schlagen einer Glocke erinnert mich daran, dass ich weitermuss. Ich sehe mich um. Ein rotes Backsteingebäude nimmt die gesamte Länge des Platzes hinter dem Jüdischen Museum ein.

Das Kloster, in dem Schwester Veronika lebt und wo wir einander treffen werden, besteht aus mehreren ineinander übergehenden Gebäuden, zu denen auch die Kirche St. Jakob gehört. Ich mache mich auf die Suche nach dem Klosterportal. An der Pforte werde ich von einer älteren Nonne begrüßt. Sie sitzt hinter einer Glasscheibe und informiert meine heutige Gesprächspartnerin per Telefon über mein Eintreffen. Mit einem Summen öffnet sich die Tür, durch die ich in die große Eingangshalle gelange. Ich staune über die geschwungene Freitreppe und die Weite, die mich hier empfängt. Kaum habe ich meinen Rundumblick beendet, tritt auch schon Schwester Veronika auf mich zu. Sie trägt einen schwarzen Rock, einen schwarzen Pullunder über einer weißen Bluse und einen schwarzen Kopfschleier, der einen Teil ihrer grauen Kurzhaarfrisur freilässt. Wir haben uns vor einem Jahr auf einer Tagung kennengelernt. Dort hatten wir nur flüchtig miteinander zu tun, waren beim Mittagessen einander gegenübergesessen. Dennoch haben mich ihre Ruhe und Besonnenheit, die sie ausstrahlt, sofort in den Bann gezogen. Heute schenkt sie mir zur Begrüßung ein herzliches Lächeln. Dabei zwinkert sie mir zu und wirkt beinahe ein wenig schelmisch. Ihre Stimme klingt stolz, als sie mir einen Überblick über die Geschichte des Klosters gibt, die zurück bis ins 13. Jahrhundert reicht. Schwester Veronika ist Ordensfrau bei den Armen Schulschwestern

Unserer Lieben Frau. Sie lebt hier im Mutterhaus gemeinsam mit knapp vierzig weiteren Schwestern. Neben den Nonnen gehen tagtäglich noch andere Menschen hier ein und aus, da ein Kindergarten, eine Grundschule, ein Gymnasium und ein Studentinnen-Wohnheim zum Kloster gehören. Ich höre Leidenschaft und Begeisterung aus ihrer Stimme, als sie mir erklärt, dass sie sehr gerne ein Teil dieser Gemeinschaft sei.

Humor und Gelassenheit helfen

Ganz nebenbei erzählt Schwester Veronika mir, dass sie hier nicht nur Ordensschwester ist, sondern seit einigen Jahren auch die Oberin – also die Chefin des gesamten Klosters. Das habe ich nicht gewusst. Ich fühle mich umso geehrter, dass ich von ihr empfangen werde. Schwester Veronika winkt ab. „Lass uns ins grüne Zimmer gehen", sagt sie stattdessen und führt mich in einen endlos scheinenden Gang. Hinter einer Tür auf der rechten Seite befindet sich ein gemütliches Zimmer, in dem tatsächlich die Farbe Grün bei Kissen, Deckchen und anderen Accessoires den Ton angibt.

„Ich habe das Zimmer eingerichtet. Grün ist meine Lieblingsfarbe", sagt Schwester Veronika lachend, während sie mir Wasser anbietet und wir gegenüber an dem Tisch in der Mitte des Raums Platz nehmen. Von hier aus sieht man durch das große Fenster mitten in den weitläufigen Innenhof des Klosters. Schwester Veronika bemerkt meinen Blick. „Das ist hier schon eine richtig große Anlage mit etlichen Gebäuden. Hier ist viel möglich. Aber die Verwaltung und Verwirklichung all dieser Angebote und Optionen macht auch viel Arbeit", sagt sie.

Und diese Aufgabe liegt vor allem in den Händen von Schwester Veronika. Denn bei ihr laufen die Fäden zusammen. Ich merke, wie beeindruckt ich davon bin, dass diese so uneitel wirkende Frau mir gegenüber das alles ohne viel Aufhebens anpackt.

„Ich darf jetzt hier mit der Schwester Oberin dieses Ordens sitzen", sage ich – beinahe ein wenig ehrfürchtig. „Ist das etwas, das du immer schon sein wolltest?"

Schwester Veronika lacht und schüttelt den Kopf. „Nein, ich bin gelernte Erzieherin. Mit Kindern im Vorschulalter zu arbeiten, das ist es, was ich immer wollte. Ich habe erst während meiner Ausbildung – zuerst zur Kinderpflegerin, dann zur Erzieherin – eine Idee von einem Leben im Kloster bekommen. Die Ausbildungsstellen und auch das Internat, in dem ich gewohnt habe, waren einem Kloster angegliedert. Das Zusammenleben der Frauen dort hat mich fasziniert. Da bin ich zum ersten Mal auf die Idee gekommen, auch in einer so großen Gemeinschaft leben zu wollen. Was ja auch nicht verwunderlich ist, weil ich in einer Großfamilie aufgewachsen bin."

Die Ordensfrau schmunzelt. Ich vermute, dass in ihrem Kopf gerade Bilder eines turbulenten Familienlebens auftauchen. „Aber der Glaube, der spielte für mich schon als Kind eine große Rolle", fährt sie fort. „Ich bin in Unterfranken im Landkreis Aschaffenburg aufgewachsen. In unserem Haus lebten drei Generationen zusammen: meine Großeltern, meine Eltern und ich mit meinen drei älteren Brüdern und meiner jüngeren Schwester. Wir waren viel in der Natur unterwegs. Für mich stand damals schon fest, dass die Natur von unserem Schöpfer kommt. Da gab es für mich immer schon eine Verbindung zu Gott. Der Kirchgang und das Beten haben in meiner Kindheit auch wie selbstverständlich dazugehört. Das Gebet ist für mich so etwas wie Zähneputzen oder Schuheanziehen gewesen: ein Ritual, ohne das es gar nicht gehen würde. Mein Großvater ist jeden Tag in die Kirche gegangen. Das habe ich als Kind beobachtet, und das hat mich geprägt. Mein Großvater ist für mich immer greifbar gewesen. Er ist Schustermeister gewesen und hat in seiner Werkstatt im Haus gearbeitet. Der Korbwagen, in dem ich als Baby gelegen bin, ist in seiner Schusterei neben dem Sägemehlofen gestanden. Als ich älter war, waren es die Gespräche mit meinem Opa, die ich genossen habe."

Schwester Veronika hängt einen Moment ihren Gedanken nach. Ihr Blick verfängt sich kurz im Innenhof der Klosteranlage. „Ich erinnere mich noch gut daran, dass ich mit meinem Opa auf dem Fuhrwerk mitfahren durfte. Es wurde von Kühen gezogen. Das dauerte. Denn im Spessart, wo ich groß geworden bin, geht es eigentlich überall bergauf. Während die Tiere den Wagen über Serpentinenstraßen hochgezogen haben, haben Opa und ich viel Zeit zum Reden gehabt. Er hat mir Geschichten erzählt, und wir haben über Gott und die Welt philosophiert." Schwester Veronika grinst. „Zurück ist es dann schneller gegangen. Da haben es die Kühe eilig gehabt.

Die Klosteroberin rückt ihr Wasserglas auf dem Untersetzer aus Stoff zurecht. „Meine Oma, meine Mutter und mein Vater waren tagsüber nicht so präsent. Meine Oma hat gekocht, meine Mutter hat im Schuhladen der Familie gearbeitet und mein Vater in einer großen Firma in einem Lohnbüro. Meine Geschwister und ich haben ihn nur abends oder am Wochenende gesehen. Dennoch hat mich mein Vater sehr unterstützt auf meinem Weg ins Ordensleben. Er hat Verständnis für meinen Entschluss gehabt. Er wollte selbst Priester werden. Diesen Wunsch hat er dann aber aufgeben müssen, weil schon sein älterer Bruder Pfarrer geworden ist und seine Eltern gemeint haben, zwei Kinder aus der Familie könnten diesen Weg nicht einschlagen."

Schwester Veronika betrachtet ihre Hände. Dann setzt sie wieder an. „Meine Mutter ist von meiner Entscheidung nicht so begeistert gewesen. Sie hat sich nicht vorstellen können, dass ich, ohne mein eigenes Geld zu verdienen, glücklich werden könnte. Auch meine Brüder haben es nicht so gut gefunden, dass ich Klosterschwester werden wollte. Ich habe ihnen deshalb erst mal nichts von meiner Entscheidung erzählt. Ich war damals 18 und habe schon als Kandidatin im Kloster gelebt. Am Wochenende bin ich immer in Zivilkleidung nach Hause gefahren. Mein ältester Bruder hat mich mit seiner Familie einmal spontan auf der Rückfahrt aus dem Urlaub besucht. Er dachte, ich arbeite dort als Erzieherin im Kindergarten, was ja auch stimmte. Schließlich hat er mich aber nicht dort angetroffen, sondern im Klostergebäude. Und er ist erst einmal ziemlich perplex gewesen. Ich habe alle hereingebeten, und wir haben zusammen Kaffee getrunken. Meine Schwägerin hat meiner Mutter zu Hause dann gesagt: ‚Die bleibt im Kloster. Dort ist es wirklich schön – wie in einer Familie. Die haben sogar ein Wohnzimmer.'"

Schwester Veronika lacht unvermittelt auf. Das Lachen klingt amüsiert. „Ich weiß ja nicht, welche Vorstellung sie von einem Kloster gehabt haben." Die Ordensfrau hält inne. „Heute, glaube ich, sind meine Geschwister ein Stück weit stolz. Wenn ich jetzt Urlaub bei meiner Familie mache, merke ich, dass es passt, so wie es ist. Meine Geschwister sehen, dass ich glücklich und zufrieden bin. Meine Neffen und Nichten haben ohnehin nie ein Problem damit gehabt, dass ihre Tante Klosterschwester ist. Sie sind ja auch damit aufgewachsen."

Schwester Veronika rückt ihren Stuhl näher an den Tisch heran, beugt sich nach vorne und legt ihre Hände ineinander gefaltet auf die Tischplatte. „Früher war das für viele eine Ehre, wenn jemand aus der Familie ins

Kloster ging. Heute ist das natürlich nicht mehr so. Ein Leben im Kloster passt nicht mehr so richtig in diese Zeit. Das ist eher etwas Fremdes. Oft drehen sich Kinder nach mir um und starren mich mit offenem Mund an. Das ist mir erst kürzlich in der S-Bahn passiert. Da hat ein Kind auf mich gezeigt und gefragt: ‚Warum hat die auf dem Kopf dieses Tuch?‘ Die Mutter hat dem Kind erklärt: ‚Weißt du, die Frau ist eine Türkin. Die tragen Kopftuch.‘ Da habe ich mich direkt an das Kind gewandt und gemeint: ‚Deine Mama hat da jetzt etwas verwechselt. Es stimmt: Viele türkische Frauen tragen ein Kopftuch, aber ich bin eine Klosterschwester, und das Tuch ist mein Schleier.‘ Im ganzen Zugabteil hat Schweigen geherrscht. Alle haben mich angesehen. Aber ich habe mich einfach weiter dem Kind zugewandt. Dass alle dennoch mithören, war mir natürlich bewusst."

Schwester Veronikas Lachen klingt vergnügt. „Allerdings habe ich hier in München kaum erlebt, dass mich jemand wegen meiner Ordenskleidung angefeindet hätte. Einmal hat mir eine Gruppe junger Männer ‚Pinguin!‘ nachgerufen. Ich bin dann stehen geblieben und habe gemeint: ‚Ihr solltet mal raus in den Tierpark gehen. Dort könnt ihr echte Pinguine anschauen. Zwischen denen und mir gibt es schon ein paar kleine Unterschiede.‘ Dann waren sie ganz kleinlaut und haben nur verschämt gegrinst. Meistens werde ich, wenn ich unterwegs bin, freundlich gegrüßt. Wenn ich walken gehe, dann werde ich ohnehin nicht als Klosterschwester erkannt, weil ich dann meine Sportklamotten anhabe."

Ich stelle mir die Klosterfrau inkognito im Jogginganzug vor, wie sie resolut durch den Englischen Garten walkt, und muss lächeln. „Demut heißt also nicht: Wenn dich jemand anpöbelt, dann nimmst du mit gesenktem Kopf weitere Schmähreden hin?", will ich von ihr wissen.

Schwester Veronika hebt kurz die Hand. „Nein, ich reagiere darauf. Am besten mit Humor. Ich mache da keine Belehrungen oder so. Ich versuche aufzunehmen, was gesagt wird, um damit einen Weg zu finden und eine Verbindung herzustellen. Einmal bin ich mit dem Zug gefahren, und in meinem Abteil sind jede Menge Fußballfans gewesen, die ihren Spaß gehabt haben. Als ich ausgestiegen bin, haben die sich aus dem Fenster gebeugt und angefangen, *Großer Gott, wir loben dich* zu singen. Die Mitschwester, die mich abgeholt hat, hat mich ganz verblüfft gefragt: ‚Singen die das für dich?‘ Ich habe gelacht und gemeint: ‚Ich hoffe doch, für den lieben Gott.‘"

Mit einer Hand wischt Schwester Veronika imaginäre Krümel von der Tischplatte. „Ich finde, man sollte nicht alles so persönlich nehmen. Meistens ist es bei den Menschen einfach die Unsicherheit, mit etwas umzugehen, das ihnen fremd ist." Dann grinst sie. „Jedenfalls waren die Fußballfans kirchlich orientiert, denn sie waren wirklich textsicher."

Die Ordensschwester versteht es, die Pointe richtig zu setzen. Wir müssen beide lachen.

„Woher nimmst du deinen Humor und deine Gelassenheit?", frage ich nach.

„Das muss bei mir wirklich schon in der Kindheit grundgelegt worden sein", meint Schwester Veronika ganz lapidar. „Wenn du mit drei großen Brüdern aufwächst, bleibt dir häufig nichts anderes übrig, als Dinge mit Humor zu nehmen. Mein Kinderwagen ist immer schon von ihnen als Fußballtor verwendet worden – auch wenn ich noch drin gelegen bin."

Schwester Veronika kichert leise. Dann wird sie wieder ernst. „Und mir hilft die Bewegung in der Natur, aber natürlich auch die Zeit in der Stille mit Gott. Als Schulschwester soll man sich dafür jeden Tag eine Stunde Zeit nehmen. Manchmal klappt das nicht am Stück. Dann ist es eben zweimal eine halbe Stunde. Es gelingt mir auch nicht immer, sofort zu beten – gerade wenn es viele Dinge gibt, die mich beschäftigen oder die noch nicht verarbeitet sind. Aber in der Regel schaffe ich es, die Gedanken dann in der Schwebe zu halten und mich auf die Meditation einzulassen. Das findet nicht unbedingt in der Kirche statt. Im Evangelium heißt es: ‚Geh in deine Kammer und mach die Tür zu.' Ich habe für meine Zeit der Stille hier im Kloster meinen Platz. Da weiß ich, dass ich nicht gestört werde. An die Tür hänge ich ein Schild mit Auswärts. Mein Handy hab ich da nicht dabei. Auch das Telefon ist nicht umgeleitet. Ich habe in diesen Augenblicken Freiraum für mich. Die Zeit verbringe ich damit, in der Bibel zu lesen oder ein schönes Bild zu betrachten. In diesen Momenten habe ich das Gefühl: ‚Gott, ich bin vor dir. Und du bist hier.' Dann haben wir auch noch die Anbetungsstunden jede Woche hier im Kloster. Da ist einfach Stille, nicht etliche Gebete. Die gibt es natürlich auch: Stundengebete, Psalmen, Texte aus dem Alten oder Neuen Testament. Das sind Abläufe, von denen man sich richtig mitnehmen lassen kann. Ich fühle mich davon getragen. Wenn es eine Situation gibt, die ausweglos erscheint, dann hilft mir ein Psalm, den ich vor mich hinsprechen kann. Kürzlich bin ich fünf Stunden in der Notaufnahme gesessen. Ich habe eine Mitschwester ins Krankenhaus gebracht und wollte sie nicht allein lassen, deshalb bin ich dortgeblieben. Da hat es mir geholfen, den Psalm 23 zu beten: ‚Der Herr ist mein Hirte, nichts wird mir fehlen.' Dennoch, die Zeit der Stille schafft für mich eine besondere Verbindung zu Gott. Ich finde, das muss man pflegen wie eine Freundschaft. Mir ist das wichtig."

Die Ordensfrau streicht sich über die Augenbrauen und nickt. „Diese beiden Dinge – die Erfahrungen aus der Kindheit, die Haltung, die dort grundgelegt worden ist, und das, was durch die Berufung und die Nähe zu Gott gewachsen ist –, die sind es, die mich als Persönlichkeit ausmachen und prägen – und die mich ruhig und zufrieden sein lassen."

Kurz lässt Schwester Veronika das Gesagte im Raum stehen. Dann fährt sie fort. „Zufrieden ohne materielle Dinge. Früher habe ich schon Wünsche gehabt: mal ein schönes Tuch oder einen Schal. Aber heute merke ich, dass es immer weniger Sachen sind, die ich brauche. Ich habe in letzter Zeit auch in meinem Zimmer aussortiert und Dinge verschenkt. Ich gebe die Sachen dann an Läden, die sie für einen guten Zweck weiterverkaufen." Schwester Veronika hält kurz inne. „Ich merke, mein Bezug zu den Dingen hat sich verändert. Es wird alles irgendwie einfacher, ruhiger, zufriedener."

Während ihre Worte noch im Raum stehen, fällt mein Blick auf das Handgelenk der Ordensfrau. Schwester Veronika folgt meinem Blick. Sie trägt eine Smartwatch. Das entspricht nicht wirklich dem Klischee eines Klosterlebens in Zurückgezogenheit und Armut. Darum spreche ich es an. Schwester Veronika dreht ihr Handgelenk hin und her und nickt. „Ich finde die Uhr gut. Ich laufe jeden Tag. Da ist es eine gute Kontrolle für mich. Ich meine aus gesundheitlichen Gründen: So habe ich meinen Blutdruck im Blick." Die Klosterschwester zieht ihr Handy aus ihrer Rocktasche. „Und das Handy, das brauche ich allein schon für Überweisungen und Bankgeschäfte. Oder ich kann nachsehen, ob die S-Bahn pünktlich fährt. Und ich kann mit meinen Mitschwestern auf kurzem Weg kommunizieren. Wenn ich schnell etwas mitteilen muss, dann sehe ich sofort: Ah, zwei Häkchen. Die andere hat die Nachricht gelesen. Läuft."

Schwester Veronika lacht und zeigt auf das Display. „Schau mal, das hier habe ich kürzlich morgens um fünf Uhr fotografiert." Sie hält mir ihr Handy hin, damit ich den Sperrbildschirm sehen kann. Darauf sind die

Türme des Münchner Liebfrauendoms, rot-orange von der Morgensonne in Szene gesetzt.

„Ich habe auf dem Telefon aber auch fromme Sachen drauf. Das ganze Stundengebet ist auf meinem Handy." Die Ordensfrau entsperrt ihr Mobiltelefon und zeigt mir die Stundengebet-App. „Schau, heute sind die Engel dran. Die Laudes habe ich schon gebetet. Auf der App sind alle Gebete des Tages. Wenn ich mal unterwegs bin, dann habe ich alles dabei, was ich brauche. Das ist wirklich praktisch, weil ich auf Reisen nicht immer das riesige Stundenbuch mitnehmen muss. Ich merke, ich kann das Handy gut für mich nutzen."

Schwester Veronika atmet tief ein und wiegt den Kopf hin und her. „Aber gleichzeitig will ich nicht Sklavin von diesem Ding sein: nicht ständig nachsehen, wer geschrieben hat und was los ist. Ich versuche, das nur abends zu machen: Da sehe ich mir dann den Status von anderen in den sozialen Medien an."

Aufgeschlossen und modern – diese beiden Attribute fallen mir dazu ein. Ich muss wohl mein Bild vom kargen Klosterleben noch einmal überdenken.

„Du stehst einer großen Gemeinschaft vor. Da brauchst du vermutlich Verhandlungsgeschick, Buchhaltungserfahrung und Managementkompetenzen. Gleichzeitig gibt es so viele Momente am Tag, wo du versuchst, nicht im Außen, sondern bei dir zu sein. Fällt es dir leicht, diese Balance hinzubekommen?", will ich wissen.

„Nicht immer, aber ich arbeite daran", antwortet Schwester Veronika schmunzelnd. „Wenn ich irgendwo sitze, mache ich die Augen zu. Dann habe ich die Verbindung, zu mir und zu Gott. Er ist ja auch überall: Egal, ob ich über den Jakobs-Platz gehe oder beim Einkaufen bin. Es gibt ständig Anknüpfungspunkte, die mich ans Innehalten erinnern. Das ist, glaube ich, Übungssache. Ich lebe nun schon seit 45 Jahren so. Natürlich gibt es auch Tage, an denen ich denke: Was ist heute nur los? Dann versuche ich gegenzusteuern. Ich sage mir selbst: ‚Heute keine neuen Sachen. Bleib jetzt mal bei dir.' Damit niemand meine Laune oder meinen Stress abbekommt."

Schwester Veronika legt ihr Handy auf den Tisch – mit dem Display nach unten.

„Du kennst dich selbst ziemlich gut", vermute ich.

Die Ordensfrau gibt mir recht. „Ja", nickt sie. „Ich glaube, ich habe mich in all den Jahren verändert. Diese Veränderungen sind auch bewusst passiert. Ich war allerdings immer schon ein fröhlicher Mensch. Ich komme ja aus Franken. Die Menschen dort sind bekannt für Fröhlichkeit und guten Wein." Schwester Veronika lacht.

Das macht sie oft, stelle ich fest. Und es verstärkt den Eindruck, hier einer Frau mit großer Freude am Leben gegenüberzusitzen.

„Ich kann natürlich auch ohne Wein fröhlich sein. Aber ich mag zwischendurch durchaus ein gutes Gläschen Wein." Die Ordensfrau wird wieder ernst. „Ich merke, dass es mich manchmal befremdet, wenn Nebensächlichkeiten so viel Gewicht bekommen. Dann denke ich: So wichtig ist das jetzt aber auch nicht."

Schwester Veronika schüttelt leicht den Kopf. „Manchmal erlebe ich so eine Verbissenheit. Da stelle ich mir die Frage, warum. Natürlich nehme ich dann auch wahr, dass das dem Menschen jeweils sehr wichtig ist, und dann versuche ich, offen zu sein und zu schauen, was möglich ist. Jammern liegt mir nicht. Ich schaffe es meistens, das Positive – und das Schöne – zu sehen. Und es gibt immer etwas Schönes!"

Einen Augenblick denkt Schwester Veronika nach, dann fügt sie an: „Es gab sicherlich Dinge in meinem Leben, die waren nicht so schön oder waren schwierig. Aber die sind dann auch irgendwann vorbei. Es bringt nichts, ewig an seinem Leid festzuhalten. Wenn etwas durchgestanden ist, kann man es doch abgeben. Das mache ich jeden Abend. Da ziehe ich Bilanz: Was war schön? Was war nicht so gut? Dann kann ich es loslassen."

Schwester Veronika erzählt mir schließlich, was bei ihr heute noch ansteht. Und sie will von mir wissen, wohin mich mein Weg die nächsten Tage führen wird. Dann verabschieden wir uns an der Klosterpforte. Beschwingt und mit einigen Dingen im Gepäck, über die ich erst noch nachdenken muss, verlasse ich die Welt des Klosters und trete nach draußen auf den Jakobs-Platz.

Das Gesamtbild sehen: UND statt ODER

Für einen Moment schließe ich die Augen und versuche, dem zurückliegenden Gespräch nachzuspüren. Dann statte ich der Literaturhandlung im Eingangsbereich des Jüdischen Museums noch einen Besuch ab, lasse mich von der Auswahl inspirieren und wechsle mit der Buchhändlerin ein paar Worte. Als ich das Gebäude verlasse, hält ein Herr im Anzug mir freundlich die Tür auf und nickt mir zu. Genau wie vorhin im Kloster habe ich auch jetzt das Gefühl, einen Abstecher in eine andere, stillere Welt gemacht zu haben. Draußen hat der Nieselregen etwas nachgelassen. Deshalb sehe ich mich noch ein wenig im Viertel um. Die bunte Vielfalt, die es wohl in jeder Großstadt gibt, ist auch hier nicht zu übersehen, auch, was die verschiedenen Religionen anbelangt. Keine 500 Meter von der Synagoge entfernt liegt eine der Münchner Moscheen, bis zur Buddhistischen Gesellschaft sind es rund 800 Meter.

Was mir noch auffällt: München ist eine reiche Stadt, die Menschen tragen das hinreichend zur Schau. Und wie in jeder wohlhabenden Metropole gibt es auch hier einen erschreckenden Gegenpol. In der Fußgängerzone begegne ich an jeder Ecke Menschen, die nicht ausreichend Geld zum Leben haben. Sie haben ihr Zuhause in einem Schlafsack, in dem sie die Nacht unter einem Vordach oder in einem Hauseingang verbringen. Ihr Hab und Gut führen sie in Plastiktüten oder in einem Einkaufwagen mit sich. Ich beschließe, dorthin zu gehen, wo diese Menschen Zuflucht – oder zumindest eine Tasse Kaffee – bekommen: Ich schlage den Weg zum Hauptbahnhof ein, um dort die Bahnhofsmission zu besuchen.

Im Münchner Hauptbahnhof gibt es an jeder Ecke Essen und Waren im Überfluss. Fastfoodketten und Cafés, Zeitschriftenläden, ein Fußballfanshop und Einkaufsmöglichkeiten für Accessoires drängen sich hinter den Gleisen dicht aneinander. Am Beginn von Gleis 1 schließt sich der Laden einer bekannten Kaffeehauskette dem Angebot an. Daneben ist die Bahnhofsmission. Sie wirkt wie ein Ausrutscher in der Komposition des Gesamtbildes. Der Kontrast könnte nicht größer sein. Es ist nur ein Schritt, der die Veränderung ausmacht. Plötzlich bin ich nicht mehr von Menschen mit Trolleys und Coffee to go in der Hand umgeben. Ich stehe mit einem Mal in einer Menge von Leuten, die viel weniger gut gekleidet, deren Haare nicht gepflegt gescheitelt sind und deren Gepäck vorrangig aus Plastiktüten besteht. Vor dem Ausgabefenster neben dem Eingang der Bahnhofsmission hat sich eine lange Schlange gebildet. Ich halte mich am Rand auf, denn ich will niemandem den Platz wegnehmen. Eine Mitarbeiterin wendet sich jedem, der in der Schlange zu ihr vorrückt, freundlich zu. Sie nimmt sich Zeit, um durch ihr Fenster ein paar Worte mit dem Menschen zu wechseln. Dann reicht sie Kaffeebecher nach draußen oder füllt Wasserflaschen auf. Die Mitarbeitenden der Bahnhofsmission sind an ihren hellblauen Westen mit dem Organisationslogo zu erkennen. Eine davon tritt aus dem Eingang und wendet sich einem wartenden Paar zu. Ich höre, wie sie versucht, eine Unterkunft für diese Nach für die beiden zu organisieren. Eigentlich habe ich vorgehabt, mich mit jemanden von der Bahnhofmission zu unterhalten. Doch ich merke: Die Mitarbeitenden haben gerade alle Hände voll zu tun. Ich nicke also den Umstehenden zu und mache mich auf den Weg zurück zu meiner Unterkunft im Norden.

Den Gedanken immer wieder eine neue Richtung geben

Am nächsten Tag ist es trocken und weniger kalt. Ich spüre, dass das meine Stimmung – und die Stimmung der anderen Menschen um mich herum – positiv beeinflusst. Beschwingt gehe ich meinen schon zur kleinen Routine gewordenen Weg vom Stadtnorden durch den Englischen Garten in die Innenstadt. Und plötzlich stellt sich das Gefühl von Freiheit, von Auf-dem-Weg-Sein, bei mir wieder ein. Dazu brauche ich anscheinend keine beeindruckende Bergkulisse – es funktioniert auch mitten in der Großstadt.

Im Zentrum herrscht geschäftiger Morgenbetrieb. Ich gehe einen kleinen Umweg, der mich direkt an die Isar führt. Überall werden Waren ausgeladen und die Auslagen für die anstehenden Verkaufsstunden vorbereitet. Einige Menschen kommen mir mit ihrem Morgenkaffee in der Hand entgegen. Ich lege einer vermutlich wohnungslosen Frau eine Zwei-Euro-Münze auf das Tuch vor ihr und frage, wie es ihr denn ginge, nachdem es die letzten Nächte deutlich unter zehn Grad hatte. Sie meint, das würde schon noch gehen. Viel schlimmer sei es, wenn es noch kälter werde und die feuchte Luft in ihren dünnen Schlafsack krieche. Bis dahin müsse sie noch ein bisschen Sonne für später tanken. Sagt es und reckt ihr Gesicht der Morgensonne entgegen. Ich wünsche ihr noch einen guten Tag und verabschiede mich. Kurz darauf rattert eine Straßenkehrmaschine an mir vorbei. Der Fahrer ruft einer Verkäuferin einen Gruß zu. Ein Mann im Anzug hastet den Bürgersteig entlang und tippt im Gehen auf einem Tablet herum, während eine Zigarette in seinem Mundwinkel in den Himmel qualmt. Ich gehe an einigen kleineren Cafés vorbei. An einem lehnt der Besitzer mit verschränkten Armen am Türstock und lächelt. Aus dem Inneren zieht eine Duftwolke nach draußen. Gierig sauge ich den Geruch von buttrigen Croissants und frisch aufgebrühtem Kaffee ein. Die tief stehende Morgensonne lässt alles weich und wie ein Versprechen erscheinen. Mit einem Mal komme ich mir vor, als schlenderte ich gerade durch die Straßen von Rom oder Madrid.

Ich laufe an einem alten Stadttor vorbei. Erst, als ich schon die Straße überquert habe und von der anderen Seite auf das Tor blicke, stelle ich fest, dass es sich um das Isartor, das östliche Stadttor der historischen Münchner Altstadt, handelt. Oben im Turm ist das Valentin-Karlstadt-Musäum beheimatet. Ich gehe noch einmal zurück und sehe mir die Plakatwände im Innenhof des Stadttores an. Die Ausstellung im Museum ist dem berühmten Komiker und Schauspieler Karl Valentin und seiner Spielpartnerin Liesl Karlstadt gewidmet. Mir fällt ein Zitat von Valentin ein, das mich schmunzeln lässt: „Ich freue mich, wenn es regnet. Denn wenn ich mich nicht freue, regnet es auch." Diese Einstellung hätte ich gestern gut gebrauchen können. Ich nehme mir vor, an einem der nächsten Regentage mal auszuprobieren, ob das Mantra einen Unterschied macht. Immer noch lächelnd überquere ich die Straße erneut und setze meinen Weg fort.

An der Isar angekommen, folge ich ihrem Lauf ein Stück flussaufwärts. Auf der anderen Seite entdecke ich das Deutsche Museum. Es liegt auf einer Insel, besser gesagt auf einer ehemaligen Kiesbank, mitten in der Isar und ist das größte Wissenschafts- und Technikmuseum der Welt. Als Kind war ich mehrmals dort. Am meisten hat mich damals der Faradaysche Käfig fasziniert.

Ich gehe weiter und hänge meinen Gedanken nach. Ist ein ständig gutes Leben, eine andauernde, beständige Zufriedenheit vielleicht auch hinderlich für Weiterentwicklung? Müssen sich Wissenschaftler und Wissenschaftlerinnen nicht mit unbefriedigenden Dingen auseinandersetzen, um zu neuen Entwicklungen und Fortschritt zu gelangen? Ich komme zu der Erkenntnis, dass ein gutes Leben Weiterentwicklung nicht behindert, sondern vielleicht sogar ermöglicht. Denn was ist ermutigender, als optimistisch an neue Möglichkeiten zu glauben, dankbar zu sein für das, was gelingt, und Misserfolge als Chance sehen zu können?

Irgendwann taucht rechts eine mächtige Kirche auf: St. Maximilian –

das Notre-Dame an der Isar. Im gegenüberliegenden Pfarrbüro treffe ich mich gleich mit Rainer Maria Schießler, dem Geistlichen der Pfarrei mitten im Glockenbachviertel. Der Kirchenmann ist weit über die Grenzen von München bekannt für seine unkonventionelle Art. Er ist Autor mehrerer Bücher, hatte einige Zeit eine eigene Talkshow im Fernsehen, spielt immer wieder in Filmen und Serien mit, bediente viele Jahre während seines Urlaubs auf dem Münchner Oktoberfest und betreibt seit einigen Monaten seinen eigenen Podcast. Ich bin sehr gespannt auf unser Gespräch.

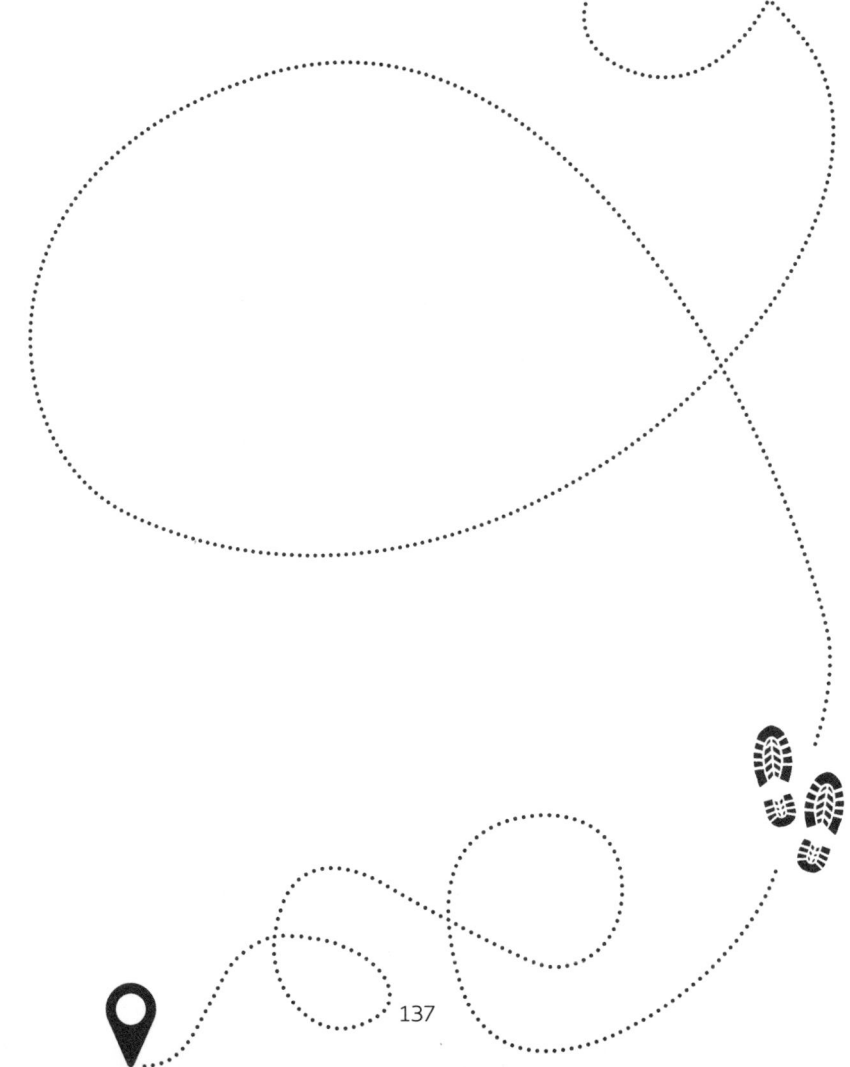

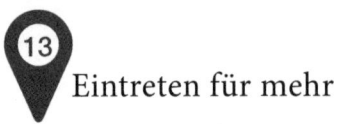

Eintreten für mehr Würde

Als ich das Pfarrbüro betrete, höre ich schon die Stimme von Pfarrer Schießler, die ich aus dem Fernsehen kenne. Die erste Tür links ist offen. Der Pfarrer sitzt an einem Besprechungstisch und telefoniert. Als er mich entdeckt, winkt er mir zu und bedeutet mir, einen Augenblick zu warten. Ich gehe ein paar Schritte den verwinkelten Flur entlang. Die Wände dort sind richtiggehend tapeziert mit Zeitungsausschnitten hinter Glasrahmen, in denen über den ungewöhnlichen Kirchenmann berichtet wird. Die Daten über einigen Artikeln liegen zum Teil Jahre zurück. Rainer Maria Schießler bekommt also nicht erst seit Kurzem die Aufmerksamkeit der Öffentlichkeit für sein Tun. Noch ganz vertieft in einen Beitrag über die Arbeit des Pfarrers als Kellner auf dem Münchner Oktoberfest, der weltweit bekannten Wies'n, reißt mich die Stimme von Schießler aus meiner Lektüre. Er steht in schwarzen Jeans und grünem Poloshirt im Türrahmen und bittet mich lächelnd in sein Büro. Als ich eintrete, kann ich nicht anders, als mich neugierig umzusehen. Das Büro eines Priesters habe ich mir anders vorgestellt. An zwei Fenstergriffen hängen signierte Trikots der Fußballmannschaft 1860 München. Auf dem Fensterbrett steht eine lustig winkende Papstfigur. Der Schreibtisch vor der Fensterfront quillt über mit Papieren und einigem Krimskrams. An den Wänden hängen Fotos und Plakate. In einer Ecke steht ein Laufband. Auf dem runden Tisch in der Raummitte kuscheln sich – dem Herbst zum Trotz – zwei Schokoladenosterhasen aneinander. Dort nehmen wir beide Platz.

Das Leben ist dazu da, dass wir es feiern
Pfarrer Schießler erzählt mir übergangslos von der Aufführung des *Jedermann* im Sommer in seiner Kirche, bei der er selbst die Rolle des Glaubens übernommen hat. Er rezitiert gleich eine Passage daraus. Wir sind ohne langes Vorgeplänkel mitten im Gespräch.

„Zum ersten Mal wahrgenommen habe ich Sie, das muss ich zugeben, als sie als Pfarrer die Rolle des feinfühligen Generalvikars in einer Fernsehserie gespielt haben", beginne ich.

Pfarrer Schießler nimmt sofort den Faden auf. „Genau, da wurde ich vom Bayerischen Rundfunk angefragt. Ich habe denen aber gleich gesagt:

‚In der Realität gibt es das aber nicht, dass ein Generalvikar so menschlich sein darf.' Ich habe vorab klargestellt: ‚Ich werde mich nicht verkleiden, auch nicht für die Rolle. Ich fange jetzt nicht damit an, mich in klerikale Kleidung hineinzuzwängen.' Ich sollte als Generalvikar einen jungen Priester begleiten, der sich in eine Frau verliebt hat. Da kam dann natürlich der Zölibat ins Spiel. Ich wurde sehr eng in die Drehbucharbeiten mit eingebunden. Das war toll. Auch meine Bedingung wurde akzeptiert: ‚Die beiden landen nicht sofort in der Kiste!' Das wäre nicht echt gewesen. Wir sind keine ‚schwanzgesteuerten' Klerikalen. Ich wollte, dass das Knistern rüberkommt. Das gehört in der Realität ja dazu. Natürlich verliebt sich auch ein Priester. Er hat aber eine ganz besondere Verantwortung, mit dieser Liebe umzugehen. So wie jeder andere eigentlich auch. Ein Ehemann kann auch nicht sagen: ‚Da geh ich jetzt einfach zur nächsten Frau.' Das haben wir hinbekommen. Momentan bin ich in der Serie nur noch zu sehen, wenn ich meinen Kollegen Ferdinand Schmidt-Modrow ersetze. Der Schauspieler, der den jungen Priester gespielt hat, ist Anfang des Jahres plötzlich verstorben. Ich springe in der Serie sozusagen ihm zu Ehren ein, weil ich mit dem Ferdinand einen Menschen kennengelernt habe, der so sehr in sich ruhte, der so sehr zufrieden war. Ich habe ihn nie ungeduldig erlebt. Das ist für mich ein Beispiel von vollendetem Menschsein."

Der Pfarrer überlegt einen Moment. „Ich bin mit Sicherheit nicht der geborene Schauspieler. Ich habe weder die Ausbildung noch die Leidenschaft dazu. Aber ich merke, dass ich das momentan wirklich für Ferdinand mache, allerdings nie so gut wie er."

Mich berührt es, dass Pfarrer Schießler einem verstorbenen jungen Schauspieler so eine Art Ehre erweist. „Sie spielen ja nicht nur in dieser Fernsehserie mit. Sie schreiben auch Bücher, hatten etliche Fernsehauftritte und sogar eine eigene Talkshow. Sie haben jahrelang auf dem Oktoberfest bedient. Seit diesem Jahr haben sie sogar einen eigenen Podcast ...", setze ich an.

Pfarrer Schießler unterbricht mich. „15 000 Abonnenten!", sagt er nicht ohne Stolz.

„Beeindruckend! Aber wie lässt sich das alles zusammenbringen? Denn eigentlich sind sie doch Pfarrer", will ich wissen.

„Das gehört alles dazu", meint der Pfarrer und rutscht auf seinem Stuhl nach vorn. „Es wäre doch schlimm, wenn ein Pfarrer auf den Raum

Pfarrbüro und Kirche beschränkt wäre. Alles, was ich mache, ist Pfarrerarbeit. Ich denke, wenn die Kirche schon früher gelernt hätte, ihre Grenzen zu überschreiten und unkonventioneller zu werden in ihrer Rhetorik, dann hätten wir vielleicht nicht so viele Menschen verloren. Ich schreibe jeden Sonntag einen Post für Facebook – so eine Art Kurzpredigt. Ich habe dort 12 000 Abonnenten. Dann gibt es noch diejenigen, die den Post liken oder teilen." Pfarrer Schießler lacht laut auf. „So eine Kirche muss erst noch gebaut werden, wo so viele Leute hineinpassen."

Der Priester holt Luft und macht eine ausholende Handbewegung. „Das ist alles Pfarrerarbeit. Ich habe das nie trennen können. Ich bin 24 Stunden am Tag Pfarrer. Ich bin immer erreichbar. Wenn ich aus dem Pfarrbüro rausgehe, dann nehme ich das Telefon mit. Dieser Beruf umfasst mein ganzes Leben. Immer. Das war bei mir von Anfang an so."

Wenn Leben und Beruf untrennbar miteinander verbunden sind und nicht losgelöst voneinander zu betrachten sind – ist das dann eine Berufung? Diese Gedanken schwirren in meinem Kopf herum. Als ich sie ausspreche, reagiert Pfarrer Schießler sofort.

„Berufung? Ich finde, das ist ein Wortspiel. Mein Cousin ist Bauer. Der ist berufen dazu. Er hat schon mit 15 Jahren gemeinsam mit seinem Vater den Hof geschmissen. Er hat es nie anders gekannt. Bei mir ist es mehr ein Prozess." Der Pfarrer überlegt einen Moment. Dann erklärt er: „Ich habe Glaube in der Familie gelernt. Dann habe ich Glaube in der Kirche erfahren. Meine Pfarrei damals ist mir als Kind und Jugendlicher zur Heimat geworden. Und dann habe ich – wie jeder andere auch – überlegt: Mach doch aus deiner Leidenschaft einen Job. Vielleicht ist das Wort ‚Bestimmung' besser als ‚Berufung'. Bestimmung in dem Sinne, dass du merkst, was dein Idiom ist. Eine endgültige Sicherheit gibt es dafür nicht. Aber du probierst es aus. Ich habe mir gedacht: Du könntest auf diesem Weg glücklich werden. Ich wollte wie jeder andere gerne einen Beruf haben, in dem ich glücklich sein konnte. Dabei habe ich gar nicht ans Geld gedacht. Geld brauchst du zum Leben. Ja, gut, aber ich habe nie innerweltliche Ziele gehabt: ein Haus, zehn Kinder oder irgend so etwas. Das war mir immer alles zu weit weg."

Mir drängt sich unweigerlich eine Frage auf. „Und? Hat es geklappt? Haben Sie einen Beruf, der Sie glücklich macht?", will ich wissen.

Pfarrer Schießler nickt. „Absolut", meint er. „Ja, wirklich: absolut.

Ich bin glücklich. Nicht in meiner Rolle. Im Leben. Mein Beruf ist mehr. Er ist eine Existenzform. Ich hoffe, dass ich das so durchhalten kann. Ich möchte einmal gehen mit den Worten auf den Lippen: ‚Mei, des Leben is so schee.'"

Ich beobachte mein Gegenüber, während er diese Worte spricht, und sehe, wie er dabei lächelt. „Ist es so, dass Sie nie hadern?", frage ich.

„Nein, warum?", fragt Pfarrer Schießler zurück. „Mit dem Tod zu hadern, ist Quatsch. Ich muss ja irgendwann gehen. Es ist doch toll, wenn man sinnerfüllt gehen kann. Ich bin ja auch Motorradfahrer. Die nächste Kurve kann meine letzte sein. Es ist nicht nur ein frommer Spruch. dass wir mitten im Leben vom Tod umgeben sind. Das ist Realität. Ich habe das selbst erlebt. Ich habe mit meiner Mutter telefoniert, leg den Hörer auf – und sie fällt tot um. Ich wusste das natürlich nicht. Kurz darauf rief mein Bruder an und sagte, die Mutter sei tot. Ich meinte: ‚Du spinnst doch. Ich hab gerade noch mit ihr telefoniert.' Seine Antwort: ‚Glaub es mir. Sie liegt tot vor mir.'"

Einen Augenblick schweigt Pfarrer Schießler, dann fährt er fort: „Das sind Wirklichkeiten, keine Regiefehler. Es hat keinen Sinn, zu fragen, wie Gott den Tod zulassen kann. Was heißt denn zulassen? Niemand hat einen Spezialvertrag, in dem in den Fußnoten steht: ‚Sterben ausgeschlossen.'"

Rainer Maria Schießler dreht die Handflächen nach oben und schüttelt den Kopf. „Wir haben eine Verantwortung für das Leben vor dem Tod. Das Danach, das ist schon erledigt. Diese Freiheit habe ich als Christ. Auf das Leben nach dem Tod kann ich mich voll und ganz verlassen. So, als wäre ich dafür versichert. Diese Versicherung übernimmt das. Ich brauche mich danach um nichts zu kümmern. Aber für das Davor: Dafür bin ich verantwortlich."

Das, was Pfarrer Schießler sagt, klingt in meinen Ohren tröstlich – ist aber wohl auch als Aufforderung zu verstehen, die Verantwortung für das Davor anzunehmen. Das Vertrauen darauf, dass im Danach schon alles geregelt ist, höre ich nicht nur in Pfarrer Schießlers Worten, sondern auch in der Ernsthaftigkeit und Entschlossenheit, die in seinem Gesicht zu lesen sind.

„Und dieses Vertrauen hatten Sie schon als Kind?", frage ich.

Der Pfarrer nickt einmal kurz. „Ja, das wurde in meiner Kindheit geprägt. Das ist ja nicht angeboren. Das habe ich bekommen.

Meine Eltern haben mir diese Sicherheit und die Zufriedenheit mitgegeben. Das heißt jetzt nicht, dass sie als Eltern alles richtig gemacht hätten – aber wenig falsch. Das ist das Wichtige. Und das erkennst du ja als Kind, dass da zufriedene Menschen um dich herum sind, die realistisch mit dem Leben umgehen, die keine übertriebenen Wünsche haben. Das lag natürlich auch an der Generation meiner Eltern. Die waren alle kriegsgeschädigt und mussten aus dem Nichts heraus wieder mit einem Leben anfangen – und sind nicht daran verzweifelt. Das ist das Entscheidende. So etwas färbt ab."

Vermutlich färbt auch Pfarrer Schießlers Art ab – nicht umsonst verzeichnet seine Kirchgemeinde entgegen dem aktuellen Trend jährlich etliche Kircheneintritte. Ich frage nach, ob er in der Rückschau für das, was ihm seine Eltern mit auf den Weg gegeben haben, dankbar sei.

Pfarrer Schießler richtet sich in seinem Stuhl auf. „Natürlich, das ist das Einzige, wofür man dankbar sein muss. Wofür sollte man sonst danken? Das Wichtigste, das ich zum Leben brauche, kann ich mir besorgen. Mehr brauche ich nicht. Und das Wesentlichste bekommt man geschenkt."

Der Pfarrer hält kurz inne. „Ich werde ja demnächst sechzig. Da werde ich immer gefragt, was ich mir wünsche. Weltfrieden." Er schmunzelt. „Das würde mir reichen", sagt er dann.

Andere schielen mit sechzig schon Richtung Ruhestand. Pfarrer Schießler scheint meilenweit von dieser Idee entfernt zu sein. Ich frage ihn ganz direkt, ob er darüber nachdenke, demnächst in Rente zu gehen und wie so ein Ruhestand bei ihm aussehen könnte.

„Na ja, ich habe da viele Möglichkeiten", antwortet er. „Ruhestand an sich werde ich wohl nie haben. Aber für meine letzten Dienstjahre habe ich gerade die Möglichkeit, mich neu zu entwickeln. Ich bin für fünfzig Prozent freigestellt für den Berufsfachverband für LehrerInnen und ErzieherInnen. Ich kann mich sehr intensiv auf Begegnungen und Vorträge konzentrieren, kann Einzelseelsorge betreiben und muss mich nicht mehr so sehr von Verwaltungsarbeiten auffressen lassen. Das ist für mich schon so eine Art Vorruhestand. Das genieße ich sehr."

Pfarrer Schießler lehnt sich zurück und verschränkt die Arme. „Davor, ganz im Ruhestand zu sein, habe ich keine Angst. Weil es ja immer etwas zu tun gibt. Seelsorge ist nicht nur meine Aufgabe, sondern Teil meiner Identität. Ich bin zwar auch in der Lage, jede andere Arbeit auszuführen.

Das habe ich ja bewiesen als Bedienung auf der Wies'n. Ich bin Taxi gefahren. Ich kann Lastwagen fahren. Ich könnte auch im Supermarkt an der Kasse arbeiten. Für mich ist Arbeit etwas völlig Normales. Ich habe jahrelang meine Kirche selbst geputzt, bis ich einen geeigneten Putzmann gefunden habe. Ich empfinde Seelsorge auch nicht als meine Arbeit, sondern als Luxus, dass ich das tun darf."

Pfarrer Schießler lächelt kurz. Dann verändern sich seine Gesichtszüge. Er wirkt entschlossen, als er sagt: „Ich habe hier als Pfarrer keinen langen Arbeitsweg. Ich muss morgens nicht stundenlang im Stau stehen. Ich habe ein geheiztes Büro. Es gibt schlimmere Arbeitsplätze. Im Gegenteil: Ich empfinde das als absoluten Luxus. Und das erwarte ich auch von meinen Mitarbeitenden. Ich erlaube hier kein unkontrolliertes Jammern."

Ich glaube, ich kann verstehen, was Rainer Maria Schießler mit „unkontrolliertem Jammern" meint. Trotzdem will ich wissen: „Was machen Sie, wenn Menschen zu Ihnen kommen, die tatsächlich Grund zum Jammern haben?"

Die Antwort des Pfarrers kommt prompt: „Zuhören." Dann nimmt er einen Atemzug Pause und fährt fort. „Manchmal denke ich mir, der Teufel scheißt immer auf den größten Haufen. Manche bekommen wirklich die ganze Packung ab. Dann ist es besser, den Mund zu halten und da zu sein, dem anderen das Gefühl zu geben, nicht der Verarschte zu sein."

Pfarrer Schießler überlegt einen Moment, ehe er weiterspricht. „Es geht in der Seelsorge um nichts anderes, als den Menschen ihre Würde zurückzugeben, die sie meinen, verloren zu haben. Sie haben ihre Würde gar nicht verloren. Sie meinen es nur. Wir geben ihnen die Sicherheit, dass sie genauso geliebte Geschöpfe sind. Und damit kommen die Menschen wieder an ihre Würde heran."

Ich denke an unser Grundgesetz und daran, dass die Würde dort als unantastbar eingestuft wird. Wie schnell kann es jedoch passieren, dass diese Würde von anderen untergraben wird, wenn sie einem selbst abhanden gekommen ist. „Ist es das, was uns ermöglicht, ein gutes Leben zu führen? Sich der eigenen Würde bewusst sein?", frage ich Pfarrer Schießler.

Der trommelt kurz mit den Fingerspitzen auf die Tischplatte. „Ja, das gute Leben … Da geht es um meine Würde und um die Würde des anderen. Ich kann ja gar nicht glücklich sein, wenn ich weiß, dass der neben mir unglücklich ist. Wie kann ich mich über das, was ich habe, freuen, wenn ich sehe, dass der andere zu wenig hat? Das betrifft so viele

Themen: Klimagerechtigkeit, Wirtschafsgerechtigkeit ... Wann wachen wir eigentlich auf und merken, dass das nicht geht? Dass es uns so gut und anderen so schlecht geht. Diese globale Ungerechtigkeit, der Klimawandel, all das trifft ja zuerst die Armen. Wir können noch lange mit unseren SUVs mit Klimaanlage herumfahren, während die anderen vertrocknete Felder haben. Das geht nicht. Wir können nicht nur von Globalisierung reden. Wir müssen global denken und handeln. Darum hat die „Fridays For Future"-Bewegung meinen größten Respekt. Diese jungen Leute trommeln und hören nicht auf. Mich stimmt es traurig, wenn ich sehe, dass unsere Jahreszeiten völlig durcheinandergewirbelt sind und dass mächtige Menschen die Klimakatastrophe leugnen. Das macht mich wütend. Es geht ja nicht um uns. Wir gehen irgendwann. Aber unsere Kinder, die müssen mit dieser Welt dann irgendwie zurechtkommen."

Pfarrer Schießlers Stimme klingt aufgebracht. Das greife ich auf und frage nach: „Um ein gutes Leben zu führen, darf man auch mal wütend sein?"

Der Pfarrer antwortet laut und nachdrücklich: „Ja, unbedingt!"

Wir werden unterbrochen. Ein Mitarbeiter steckt seinen Kopf durch die offene Bürotür und bespricht kurz mit Rainer Maria Schießler die Vorbereitungen zu seinem anstehenden runden Geburtstag. Dabei gibt es einiges zu lachen. Als der Mitarbeiter gegangen ist, stelle ich fest: „Humor ist Ihnen scheinbar auch wichtig."

Pfarrer Schießler lacht. „Ja, klar. Es heißt doch: ‚Humor und Geduld sind die Kamele, die dich durch jede Wüste tragen.' Bei mir waren die Anlagen für Humor von Anfang an da. Und das hat sich dann weiterentwickelt. Mein Bruder ist sehr gewissenhaft und kontrolliert. Ich bin eher der Wilde. Diese Ausprägungen müssen aber auch in Formen gehalten werden. Ich darf mit meiner Lockerheit ja nicht einfach zum vogelfreien Lebenskünstler werden. Ich habe ja auch Verpflichtungen, denen ich nachkommen muss."

Ich möchte noch ein wenig über den Menschen mir gegenüber wissen – jenseits dessen, was in der Presse über ihn und seine oft aufsehenerregenden Aktionen zu lesen ist.

„Sie sind gebürtiger Münchner?", frage ich.

„Ja, aufgewachsen bin ich in München-Laim", erzählt Pfarrer Schießler bereitwillig. „Damals war das ein recht langweiliger Stadtteil, aber ich habe da nie Ansprüche gestellt. Ich wollte eigentlich immer dort bleiben, wo es mir gerade gefallen hat. Meine erste Stelle war in Bad Kohlgrub. Da habe ich mir gedacht: ‚Ah, hier ist es schön.‘ Da kam ich als Städter aufs Land und habe mich gefühlt wie ein Bauer. Ich habe mir gedacht: ‚Da bleibe ich.‘ Natürlich konnte ich dort nicht bleiben. Ich wurde noch als Kaplan nach Rosenheim versetzt. Ich dachte ‚Ah, Rosenheim‘ – und habe mich sofort in Rosenheim verliebt. Vier Jahre war ich da, und dann habe ich mich auf die offene Stelle als Pfarrer dort beworben. Mir wurden viele Hoffnungen gemacht, dass ich die Stelle auch bekommen würde. Was eigentlich gar nicht möglich war. Das war das wirklich Fiese: jemandem Hoffnung zu machen, obwohl man weiß, dass derjenige eh keine Chance hat. Nicht ehrlich zu sein, finde ich unverschämt.“

Pfarrer Schießler runzelt die Stirn. „Die Enttäuschung war jedenfalls groß, als ich die Stelle in der Pfarrei nicht bekommen habe. Was an sich nicht so schlimm ist. Eine Pfarrei ist kein Besitz. Ich hatte ja keinen Anspruch darauf, aber die Art und Weise, wie die Kirche mit ihren Leuten umgeht – das ist schon brutal. Ich wäre wirklich gerne in Rosenheim geblieben. Ich habe mich dort so wohl gefühlt. Damals wollte ich tatsächlich aufhören, als Pfarrer zu arbeiten, weil ich so enttäuscht war. Doch da war mein Vater zur Stelle und meinte: ‚Jetzt überlegst du mal ganz vernünftig: Für wen machst du deine Arbeit eigentlich? Für wen bist du auf dem Weg?‘ Das hat mich sehr erschüttert. Es gibt da eine wunderschöne Geschichte aus der jüdischen Lehrerzählung. Da fragt der Rabbi einen Nachtwächter: ‚Für wen gehst du?‘ Da erklärt der Nachtwächter, er tue das für die Bürger der Stadt. Und dann gibt er die Frage an den Rabbi zurück: ‚Und für wen gehst du?‘ Obwohl mein Vater diese Geschichte nicht kannte, hat er mir diese Frage gestellt. Da habe ich beschlossen: ‚Ich bleibe.‘ Seitdem ist es auch nie wieder passiert, dass ich an Flucht oder Rückzug gedacht hätte. Seitdem mache ich meine Arbeit, die manche als unkonventionell bezeichnen. Aber was sind denn schon Konventionen? Konvention ist, dass ich als Pfarrer bei den Menschen sein muss.“

Nun sind wir dennoch dort angekommen, worüber von Schießler gerne berichtet wird. „Für diese Einstellung haben Sie viel Aufsehen erregt. Zum Beispiel, als Sie als Pfarrer auf dem Oktoberfest bedient haben“, stelle ich fest.

Pfarrer Schießler zuckt mit den Schultern. „Ja, aber ich bin ja nicht auf die Wies'n, weil ich Aufsehen erregen wollte, sondern weil ich Geld für ein neues Motorrad verdienen wollte. Nach dem ersten Wochenende dort habe ich gedacht: ‚Das ist Schwerstarbeit!' Ich hatte mir das einfacher vorgestellt. Ich habe überlegt, dass ich das mental nur durchhalten kann, wenn ich ein Ziel habe. Mein Ziel war von da an, mit anderen Menschen unterwegs zu sein. Und für andere Menschen da zu sein. Deshalb habe ich mir vorgenommen, meine Einnahmen stattdessen einem sozial-caritativen Zweck zugute kommen zu lassen. Die Wies'n war für mich 2006 so etwas wie der Auftakt. Plötzlich bekam ich ziemlich viel Aufmerksamkeit. Aber warum? Weil ich Kirche aufleben ließ an einem Ort, an dem niemand damit gerechnet hat. Da dachte ich mir: ‚Das ziehst du jetzt durch.' Jetzt war die Bekanntheit da. Aber damit wuchs auch meine Verantwortung."

Pfarrer Schießler erzählt, dass er auf dem Oktoberfest nicht als Pfarrer zu erkennen war. Er war dort Bedienung – wie alle anderen auch.

„Aber ich bin auch so nicht als Pfarrer erkennbar", meint er. „Ich weiß gar nicht, wie das gehen soll. Ich mache meine Aufgaben nicht wegen irgendwelchem Brimborium. Ich mache einfach das, wofür ich zuständig bin. Und das mache ich gewissenhaft. Ich finde, jede Aufgabe, alles, was man tut, muss man gewissenhaft ausüben."

Das, was Rainer Maria Schießler erzählt, finde ich bemerkenswert. „Was ist es, das Sie ermutigt, weiterzumachen?", will ich schließlich noch wissen.

Pfarrer Schießler strahlt. Auf seinem Gesicht ist ein Lächeln, das von seinen Mundwinkeln bis zu seinen Augen reicht. „Der Gedanke, dass das Leben ein Geschenk ist. Und in der Rückschau zu erkennen, wie viel du einfach so, ohne Zutun, bekommen hast. Dass ich nach sechs Jahrzehnten hier sitzen darf, keine gesundheitlichen Probleme habe, dass ich keinen Krieg erlebt habe, dass ich denken und reden kann, dass ich gestalten kann. Was denn noch? Ich habe doch alles. Das macht mir nicht nur Mut, sondern das erinnert mich auch an meine Verpflichtung: an das, wofür ich da bin. Ich brauche gar keinen Mut. Mut braucht der, der wirklich in der Klemme sitzt. Ansonsten braucht es Dankbarkeit – und die Überzeugung: Wir dürfen das Leben feiern!"

Nachdem ich mich verabschiedet habe, trete ich aus dem Pfarrbüro wieder ins Freie. Es ist Mittag geworden und die Sonne taucht Straße, Grünstreifen und Isar in mildes goldenes Licht. Ich gehe ein paar Schritte, um mich von dem Gespräch von eben zu verabschieden und wieder bei mir selbst anzukommen. Da geht hinter mir die Tür des Pfarrbüros auf und Pfarrer Schießler eilt mit einem Hund an der Leine an mir vorbei. Er winkt mir noch zu, und schon ist er verschwunden.

Mit dem Auf und Ab des Lebens umgehen

Ich schlendere am Kirchenportal von St. Maximilian vorbei und lasse mich noch ein wenig durch das Viertel treiben. Einige Minuten später befinde ich mich direkt vor einem riesigen, verwilderten Friedhof: dem Alten Südfriedhof, wie mir eine Infotafel verrät. Die Anlage gibt es seit beinahe 500 Jahren, heute steht sie unter Denkmal- und Naturschutz. Ich gehe die Grabreihen ab. Alles wirkt kurioserweise lebendig. Efeu und Farn haben sich ihren Raum zurückerobert, die Grabsteine haben sich zum Teil gesenkt oder stehen schräg. Neugierig lese ich die Inschriften. Sie sind aus einer anderen Zeit, teilweise mit einer ungewohnten Ernsthaftigkeit und Ausführlichkeit, teilweise unbeabsichtigt humorvoll. Einige Minuten stehe ich einfach nur da und beobachte das Licht- und Schattenspiel, das die Sonne und das Laub der Bäume auf den Wegen und Grabsteinen inszenieren. In mir macht sich eine stille Freude breit, von der ich nicht gedacht hätte, dass sie auf einem Friedhof möglich wäre.

Irgendwann kann ich mich lösen und meinen Weg fortsetzen. Ich überquere die Straße, die am Friedhof entlangführt, und sehe mich vor einem langen Schaufenster, das mit Zetteln beklebt ist. Interessiert lese ich, was auf den Papieren steht: Humor. Lesen hilft. Rückzug. Menschen zum Reden. Die Beschriftung am nächsten Fenster gibt mir mehr Auskunft: Berg und Mental. Mental Health Café.

Weil ich ohnehin Lust auf Kaffee habe, betrete ich das ungewöhnliche Lokal. Ich bestelle am Tresen Espresso und nehme an einem der Tische Platz. Das Café wirkt gemütlich, die Einrichtung besteht aus viel Holz und lässt bei mir das Gefühl von Geborgenheit aufkommen. Neben der Theke sind Wegweiser angebracht, auf denen *just breath* und *may you be truly happy* zu lesen ist. Als eine junge Kellnerin meine Bestellung an den Tisch bringt, spreche ich sie an: „Das Café wirkt irgendwie besonders."

Die Frau nickt, stellt sich als Fee vor und fragt, ob sie sich dazusetzen dürfe. Dann erklärt sie mir das Konzept, das hinter diesem Ort steht. „Hier spielt das Thema psychische Gesundheit eine wesentliche Rolle.

Wir wollen Menschen einen Ort anbieten, an dem sie über ihr Befinden, über Probleme, Sorgen oder einfach über ihren Tag sprechen können. Dazu kann man sich ein kleines Holzboot auf den Tisch stellen. Das Boot mit der roten Fahne zeigt: ,Bitte lass mich in Ruhe. Ich möchte gerne allein sein und bin zufrieden, hier einfach nur zu sitzen.' Das Boot mit der grünen Fahne meint: ,Ich freue mich, wenn mich jemand anspricht und ich jemanden zum Reden habe.' In unserem Café kann man also auftanken – und im besten Falle glücklicher rausgehen, als man reingekommen ist."

Fee erzählt weiter, dass die beiden Betreiber des Cafés immer wieder ihre Runden durch den Raum drehten und Gesprächsangebote machten. Das Café verstehe sich als Anlaufstelle, keinesfalls aber als Ersatz oder Konkurrenz zu einer Beratungsstelle. Sie selbst sei Studentin und jobbe hier seit einigen Monaten. Sie habe das Konzept und vor allem die Arbeitsatmosphäre hier überzeugt. Und der warmherzige Umgang unter Kolleginnen und Kollegen. Da komme es schon mal vor, dass sie nach der Frühschicht noch länger bleibe. Denn hier sei einfach ein Ort zum Wohlfühlen.

Ich frage sie, ob die Arbeit hier sie denn auch zufriedener mache. Fee strahlt mich an: „Ja, sehr!"

Dann will ein anderer Gast bezahlen, und Fee verabschiedet sich, um hinter den Tresen zu gehen. Ich lasse die Umgebung hier noch ein wenig auf mich wirken, trinke meinen Espresso und mache mich dann wieder auf den Weg. Ich gehe zurück in den Norden der Stadt, wo ich heute das letzte Mal übernachten werde. Morgen ziehe ich weiter ins Münchner Umland. Ich merke, dass mir der Weg durch den riesigen Park, durch die Großstadt, die an jeder Ecke ein anderes Gesicht zu bieten hat, fehlen wird.

Auf der Suche nach Orientierung

In München scheint am nächsten Tag die Sonne. Nur eine kleine Dunstschicht trübt das goldene Herbstlicht ein wenig. Heute fahre ich ein Stück mit der S-Bahn, ehe ich dann wieder auf meine Füße als Fortbewegungsmittel umsteige. Kaum habe ich die Stadtgrenze hinter mir gelassen, tauche ich in dichten Nebel ein. Als ich aus der Bahn steige, fühlt es sich an, als würde ich durch Wasser waten. Etliche Kilometer lege ich mehr tastend und ahnend zurück. Ich komme mir vor wie mitten in einem Schwarz-Weiß-Film, der sich lange mit einzelnen Szenen aufhält. Alles um mich herum scheint die Konturen verloren zu haben. Ohne den Ausblick, die Aussicht auf den nächsten Orientierungspunkt, zieht sich der Weg in die Länge. Ich habe das Gefühl, nicht vom Fleck zu kommen. Umso dankbarer bin ich, als ich an einem Feld vorbeigehe und eine Gestalt darauf ausmache. Ich bleibe stehen und versuche, die Person im Dunst zu fokussieren. Ich vermute, dass es sich um einen alten Mann handelt. Wahrscheinlich ist es der Bauer, dem das Feld gehört. Gebückt schreitet er den Acker ab. Eine zweckmäßige Arbeitsjacke schlackert an seinem schmalen Oberkörper. Er hat die Hände hinter dem Rücken verschränkt. Sein Gesicht wird halb von einer Kappe verdeckt. Ich schätze, sie ist aus braunem Cord. Aber der Nebel nimmt allen Dingen die Farbe und taucht die Umgebung in ein milchiges Grau. Ich beobachte das Schreiten des Mannes einige Minuten. Er nickt immer wieder. Scheinbar ist er mit dem, was er erkennen kann, zufrieden. Der Cousin von Pfarrer Schießler kommt mir in den Sinn. Vielleicht ist dieser alte Mann auch einer, der von Kindheit an für seine Tätigkeit als Bauer berufen war. Plötzlich flattert neben mir eine Krähe auf und erhebt sich mit einem lauten Krah in die Luft. Der Mann hebt seinen Kopf. Er hat mich entdeckt und hebt seine Hand zum Gruß. Ich grüße zurück. Dann gehe ich weiter. Die kurze Begegnung hat mir einen kleinen Schubs gegeben. Auch, wenn ich immer noch im Herbstnebel herumirre, so hat mein innerer Kompass dennoch wieder Orientierung.

Trotzdem freue ich mich, als es wieder mehr als nur gespenstisch wirkende Baumgerippe zu sehen gibt. Nach einer gefühlten Ewigkeit bin ich in dem Dorf angekommen, in dem ich meine heutige Interviewpartnerin treffen werde. Ich biege von der Hauptstraße in eine Siedlung ein. Dort reihen sich Neubauten neben alten Bauernhöfen. Vor mir überquert eine Frau die Straße. Sie trägt einen großen Korb mit Äpfeln. Den stellt sie vor einer Haustür ab, klingelt und ruft zu einem gekippten Fenster ein paar Worte nach oben. Unter Nachbarn tauscht man hier seine Gartenfrüchte aus. Das hat etwas sehr Heimeliges. Trotz der feuchten Kälte merke ich, dass sich ein warmes Gefühl in mir breitmacht.

Ich gehe weiter, an ordentlich gestapeltem Brennholz, an gepflegten Vorgärten, an Schubkarren beladen mit Gerätschaften, schiefen Zäunen und holprigen Hofeinfahrten vorbei. Schließlich bin ich am Dorfrand angekommen. Rechts von mir befindet sich ein großer gekiester Hof. Der Nebel hat sich etwas gelichtet. Das Bauernhaus mit seinen Gauben und den grünen Fensterläden ist gut zu erkennen. Beim Näherkommen entdecke ich gleich ein einladendes Schild an einem Marmorsockel, auf dem ein weißes Pferd thront. Ich stehe vor dem Eckhof. Hier bin ich richtig.

14 Das, was man tut, mit ganzem Herzen tun

Ich gehe die leicht abschüssige Einfahrt hinauf und versuche alles aufzunehmen, was um mich herum ist. Auf dem Platz vor den Ställen steht ein Geländeauto mit einem Pferdeanhänger. Jemand geht mit einem Besen in der Hand über den Hof. Ich höre ein Wiehern aus einem der Ställe. Eine Katze flitzt über den Hof und verschwindet hinter einer Scheune. Eine Frau trägt einen Sattel aus einer Kammer neben dem Stall. Hinter mir klappert etwas. Ich höre, wie irgendwo ein Traktor angelassen wird. Es herrscht reger Betrieb.

Neben den Ställen und landwirtschaftlichen Gebäuden gibt es hier auch mehrere Wohnhäuser. Ich bin mit der Senior-Chefin des Hofes verabredet. In welchem Haus werde ich meine heutige Gesprächspartnerin wohl antreffen? Auf dem Klingelbrett des ersten Hauses entdecke ich den gesuchten Namen nicht. Auch das Schild an der nächsten Haustür zeigt mir, dass ich hier falsch bin. Erst als ich ein anderes Gebäude umrunde, stehe ich vor einem weiteren Wohnhaus. Hier endlich finde ich die richtige Beschriftung. Ich sammle mich kurz und drücke dann auf den Klingelknopf.

Sich immer wieder auf das Leben einlassen

Eine gepflegte Frau Ende fünfzig mit blonden Haaren öffnet mir im Bademantel die Tür. Sie begrüßt mich herzlich, stellt sich mir als Renate vor und bietet mir auch gleich das Du an. Dann erklärt sie mir lachend, dass hier heute die Hölle los sei. Schon seit dem frühen Morgen sei sie am Telefon, um Dinge zu organisieren. Dabei habe sie die Zeit ganz vergessen, weshalb sie es noch nicht einmal geschafft habe, sich anzuziehen, und mich jetzt so empfangen würde. Sie entschuldigt sich, um sich zurechtzumachen. Ich nehme in der Zwischenzeit an einem gemütlichen Tisch unter dem großen Vordach Platz, das den Vorplatz des Hauses wie ein Wohnzimmer im Freien erscheinen lässt. Dort bleibe ich nicht lange allein. Ein Hund kommt angelaufen, beschnuppert mich kurz und legt sich dann neben meine Füße. Bereitwillig lässt er sich von mir streicheln. Ich habe Zeit, meinen Blick schweifen zu lassen. Der Hof, auf dem ich mich befinde, ist weitläufig und offen. Das ist zu erkennen, obwohl die verbliebenen Nebelschwaden die Sicht immer noch trüben. Es dauert nicht lange, da kommt auch Renate nach draußen und setzt sich zu mir an den Tisch. Sie hat für uns beide Kaffee dabei. Wir trinken einen Schluck. Das heiße Getränk wärmt und lässt den Herbstnebel um uns herum vergessen.

Unser Gespräch beginne ich damit, mein Erstaunen kundzutun: „Euer Hof ist ja riesig!"

Renate lacht, blickt sich um und nickt. „Und das ist nur der alte Hof. Hier sind rund 23 Pferde. Dann gibt es noch den neuen Hof mit einer Reitanlage. Dort sind es knapp hundert Pferde. Die leben in Laufstallhaltung, also nicht in Boxen. So können sich die Pferde artgerecht bewegen. Uns ist das Tierwohl sehr wichtig."

Ich weiß nicht viel über Renate – nur dass sie diesen Pferdehof hier mit ihrem Mann betreibt. „Wie kommt man denn zu so einem großen Pferdehof?", frage ich nach.

„Mein Mann wurde hier reingeboren. Er wird demnächst 71. Vor etwa fünfzig Jahren hat er den Hof von seinen Eltern übernommen. Der Hof war viel zu klein, um rentabel zu sein. Darum hatte mein Mann damals auf Pferdezucht und -haltung umgestellt. So ist diese Pferdepension hier entstanden – sie war damals noch viel kleiner als heute. Zu der Zeit war er mit seiner ersten Frau verheiratet. Als seine Ehe in die Brüche ging, bin ich in sein Leben getreten." Renate lacht. „Und zwar ganz ohne Pferdeerfahrung. Ich bin zwar auf dem Land aufgewachsen, aber mit Pferdehaltung hatte ich nichts am Hut. Ich musste mich da erst einarbeiten. Ich habe etliche Kurse besucht – alles, was es rund um Pferde gab, hab ich gemacht und nach und nach viel gelernt. Vor allem natürlich auch von meinem Mann."

Ich bin erstaunt. Irgendwie habe ich gedacht, Renate sei mit Pferden groß geworden. So habe ich mir eben eine gestandene Pferdehofbetreiberin vorgestellt. „Du hattest also bis dahin nichts mit Pferden zu tun?", fasse ich mein Erstaunen in Worte.

Renate lacht wieder und lehnt sich in die Polster des Gartenstuhls. „Nein, überhaupt nicht. Ursprünglich habe ich Bürokauffrau gelernt. Dann bin ich im Bereich Marketing und Vertrieb gelandet. Anschließend habe ich mich mit zwei Mitarbeiterinnen selbstständig gemacht. Wir haben Telefonmarketing angeboten. Mein früherer Chef hat mal das, was ich mache, als *Marketing by Hausfrau* bezeichnet." Renate legt ihre Hände auf die Armlehnen ihres Stuhls und lächelt. „Wir hatten kein großes Budget.

Wir konnten also nicht viel investieren und ausgeben. Da braucht es kreative Ideen, um daraus etwas zu entwickeln. Das mache ich jetzt mein ganzes Leben lang schon so."

Kurz hält sie inne. Sie sieht an mir vorbei. Es scheint, als suche sie die passende Stelle in ihrem Lebensfilm, an der sie weitermachen möchte. „Dann kam ein ganz interessanter Auftrag. Meine Mitarbeiterinnen und ich haben viel Kraft, Zeit und Energie in die Vorarbeit gesteckt – und dann hat der Auftraggeber das Projekt in letzter Minute eingestampft. Nach einem halben Jahr Arbeit! Ich hatte die Wahl: Entweder mache ich jetzt meinen Laden zu, oder ich muss mir etwas anderes überlegen. Damals war ich wirklich verzweifelt. Ich hatte ja auch Verantwortung für meine Mitarbeiterinnen. Eine der beiden hat sich dann eine andere Arbeit gesucht, aber die andere hatte Lust darauf, mit mir etwas Neues anzugehen. Ich habe lange hin und her überlegt, bis ich den zündenden Einfall hatte. Ich war immer schon mollig. Was mich dabei immer geärgert hat: Es gab keine schöne Unterwäsche in Übergrößen. Also sagte ich zu meiner Mitarbeiterin: ‚Wir verkaufen Dessous für mollige Frauen, aber pfiffige.‘ Sie war sofort mit dabei."

Renate schenkt uns Kaffee nach. Dann spricht sie weiter. „Erst mal konnten wir es uns aber nicht leisten, ein Ladengeschäft anzumieten. Darum organisierten wir den Verkauf über Heimvorführungen als Direktvertrieb. Wir haben also Kontakte geknüpft. Viele Händler waren skeptisch, ob das eine gute Idee sei. Einige sagten schließlich zu, uns zu beliefern. Andere nicht. Ich habe angefangen, erste Dessous zu ordern. Einer der Händler hat mir eine Schulung in seiner Firma vermittelt, bei der ich lernen konnte, Kundinnen in punkto Unterwäsche richtig zu beraten. Nach und nach bekam ich eine Ahnung, worauf ich achten musste. Dann kam unsere erste Dessous-Party – und die Leute waren begeistert. So habe ich das Geschäft Schritt für Schritt aufgebaut. Ich war ständig unterwegs, um Verkaufsabende zu veranstalten. Meine Mitarbeiterin hat mir in der Zeit die bürokratischen Dinge abgenommen. Weil ich mir gerne etwas Neues einfallen lasse, habe ich anschließend angefangen, Modenschauen zu kreieren. Bei der ersten Veranstaltung waren wir in einem Gasthaus und hatten 150 Gäste. Wir hätten noch weit mehr Karten verkaufen können. Ich hab die Schau moderiert. Das war wirklich toll. Wir haben drei Wochen lang für diese Modenschauen geprobt und sie dann erfolgreich durchgeführt. Danach fing unser Geschäft so richtig an zu brummen. In den beiden Jahren darauf haben wir das Projekt an unterschiedlichen Orten wiederholt, in größeren Häusern, so richtig mit Bühnenbauer und allem Pipapo. Da hatten wir an jedem Abend rund 500 Zuschauer. Das war einfach schön! Mittlerweile hatten wir auch ein kleines Ladengeschäft. Und da kam dann leider irgendwann der Punkt, an dem ich aufhören musste. Ich habe leichtes Asthma. Und immer, wenn eine Kundin mit starkem Parfüm den Laden betrat, habe ich keine Luft mehr bekommen. Dann musste ich gehen. Darum habe ich den Laden schweren Herzens meiner Mitarbeiterin überlassen."

Renate überlegt kurz, ehe sie fortfährt. „Während ich mein Dessous-Geschäft geführt habe, kam auch was Neues dazu. Die Firma, die mich anfangs angeleitet hatte, trat an mich heran und bat mich, Personal zu schulen und im Umgang mit den Kundinnen zu sensibilisieren. Da war ich dann in ganz Deutschland unterwegs – und darüber hinaus, zum Teil mit Simultanübersetzung. Das war eine schöne Zeit."

Mir wurde gesagt, dass Renate eine besonders feinfühlige Rednerin sei und dass sie die Gemüter beruhigen könne, schlugen die Wellen einmal hoch. Ich werfe Renate einen Blick zu. Ja, das kann ich mir vorstellen. Ich erzähle meiner Gastgeberin, worüber ich gerade nachdenke. Renate nickt.

„Kann man diese Sensibilität lernen?", hake ich nach.

Renate zuckt mit den Schultern. „Ich weiß nicht, ob man das wirklich lernen kann. Ich habe ja schon eine Ehe hinter mir. Mein Ex-Mann und ich haben es mit einer Eheberatung versucht. Aber es hat nicht mehr geklappt. Heute haben wir ein richtig gutes Verhältnis. Wir haben Frieden geschlossen. Ich habe nämlich ein Problem mit Unfrieden und vor allem damit, wenn mich jemand anklagt oder beschuldigt. Ich wollte immer, dass so mit mir gesprochen wird, dass ich es auch annehmen kann. Und so rede ich mit anderen Menschen auch. Daraus ist, glaube ich, diese Haltung entstanden. Und noch etwas ist mir wichtig: meine Weiblichkeit. Ich bin eine Frau, und ich will meine Weiblichkeit auch leben. Das spielt in meiner Art der Kommunikation auch eine Rolle."

Renate streicht sich kurz über die Stirn. „Ich glaube, meine Aufgabe im Leben war es immer, Menschen aufzubauen, die Familie zusammenzuhalten. Ich verwöhne meine Lieben auch gerne. Ich finde es schön, anderen etwas zu geben. Denn die geben mir sehr viel. Gerade beim Aufbau unseres Hofes: Wenn da nicht der gemeinsame Wille von meinem Mann und mir, der Zusammenhalt der gesamten Familie und das gegenseitige Unterstützen da gewesen wären, dann hätten wir das nicht geschafft. Es ist schön, so wie es ist."

Für mich klingt es so, als hätte Renate alles, was sie in ihrem Leben gemacht hat, gerne getan. Als ich Renate das sage, lacht sie laut. „Ja! Sonst hätte ich es erst gar nicht gemacht. Ich bin für Dinge schnell zu begeistern, wenn ich einen Sinn darin sehe. Dann mache ich es auch mit ganzem Herzen. Was nicht tief in mich reingeht, mache ich auch nicht. Wenn es Schwierigkeiten gibt, dann denke ich mir: Was will das Leben jetzt wohl von mir, das ich lernen soll? Und dann geht es auch wieder weiter. Oder es kommt etwas anderes."

„Wie irgendwann der Pferdehof", ergänze ich.

„Ja, genau", stimmt Renate mir zu. „Der Pferdehof und mein jetziger Mann. Ich kannte ihn schon seit Ewigkeiten, und ich habe ihn immer schon bewundert. Er hat so eine ruhige Art. Er lässt jeden so sein, wie er ist. Er hat ein riesiges Wissen, das er einsetzt, ohne damit zu prahlen. Und er hat ein Ohr für alle Seiten. Außerdem hat er ein Grundvertrauen in alle Menschen."

Wir schweigen gemeinsam einen Augenblick. Die Stille ist erfüllt von der Gewissheit, dass um uns herum Menschen und Tiere in Bewegung sind – auch wenn der Nebel sie gerade nicht preisgibt. Dann holt Renate Luft und erzählt weiter. „Nachdem es irgendwann zwischen uns gefunkt hat – das ist jetzt 25 Jahre her –, bin ich mit meinem Sohn hierher auf den Hof gezogen. Meinen Laden habe ich zu der Zeit verkauft und wieder im Marketing und Vertrieb gearbeitet. Die Konkurrenz in der EDV-Branche war damals riesig. Ich habe gemerkt, dass ich das nicht mehr machen wollte. Da hat mir mein jetziger Mann vorgeschlagen, dass ich doch auch zu Hause bleiben könne. Der Hof war damals noch nicht so groß. Wir haben überlegt, dass wir gemeinsam die Anlage ausbauen könnten. Das war schon eine harte Zeit: unsere Scheidungen, viel Geld zu investieren, viel Arbeit ... Aber gemeinsam haben wir das geschafft. Wir mussten da auch kreativ sein. Wir haben Wanderritte angeboten. Da kamen beim ersten Mal gleich achtzig Leute. Das war schön! Viele Menschen haben uns ermutigt, dranzubleiben. Ich kann auch wirklich anpacken. Vor der Arbeit habe ich mich noch nie gescheut."

Renate lacht und hebt ihre Hände. Die sind gepflegt und wirken dennoch, als könnten sie gut mit anfassen. „Und mir machen Mist und Pferdeäpfel nichts aus. Es ist egal, was man macht. Hauptsache, es wird mit Liebe gemacht. Davon habe nicht nur ich etwas, sondern auch die Pferde. Mir ist jedes einzelne Pferd, das hier eingestellt ist, wichtig."

Mir drängt sich ein Gedanke auf, den ich einfach loswerden muss: „Stimmt der Spruch: ‚Das Glück dieser Erde liegt auf dem Rücken der Pferde?'", frage ich und bin gespannt auf Renates Antwort.

Die fällt anders aus als erwartet. „Nein, nicht auf dem Rücken", sagt sie bestimmt. „Also nicht für mich persönlich. Ich reite zwar, aber ich bin keine gute Reiterin. Da bin ich unsicher. Ich gehe lieber mit Pferden um, als auf ihnen draufzusitzen. Ich bin sehr gerne im Stall. In unserem Laufstall kommen die Tiere ja auch immer gleich her, wenn ich reinkomme. Ich finde es schön, den Charakter jedes Pferdes kennenlernen zu können. Wenn ich auf dem Pferd sitze, muss es machen, was ich will. Ich nähere mich Pferden lieber anders und versuche, einen Draht zu ihnen zu bekommen. So gilt für mich: Man muss nicht reiten, um mit Pferden glücklich zu sein. Ich durfte in all den Jahren auch richtig viel von Pferden lernen – wie ich mich einem anderen Lebewesen nähere, eine authentische Körpersprache ... Ja, ich habe das gerne gelernt."

Renate erzählt weiter, dass sie irgendwann auf dem Hof nicht mehr so sehr gebraucht worden sei. Deshalb habe sie sich überlegt, was sie dazunehmen könnte. Während sie das sagt, wirkt sie ruhig und zufrieden. Keine Spur von Getriebensein oder Ungeduld.

„Ich habe eine Ausbildung zur Hospizhelferin gemacht", erzählt sie und hält damit für mich eine Wendung bereit, die ich nicht erwartet hätte.

„Für mich gehört der Tod zum Leben dazu. Wichtig ist, dass würdig damit umgegangen wird. Den Ausschlag dafür gab sicher der Tod meines Vaters. Damals brach für mich erst mal eine Welt zusammen. Ich habe mir dann Bücher über Trauer und Trauerphasen gekauft. So konnte ich nach und nach lernen, mit der Leere umzugehen, die der Tod meines Vaters hinterlassen hat. Ich habe dadurch gemerkt, dass ich andere in ihrer Trauer und beim Sterben unterstützen möchte. Die Betreuung der Sterbenden als Hospizhelferin hat mich sehr erfüllt. Als ein Mann, um den ich mich gekümmert habe, verstorben ist, habe ich dann eine Grabrede für seine Beerdigung vorbereitet. Das mache ich seitdem: Ich schreibe

Grabreden. Und ich habe auch lange ehrenamtlich im Kriseninterventionsteam gearbeitet. Damals habe ich das Team sogar mit geleitet. Die Krisenintervention ist ein Teil des Rettungsdienstes. Es ist ja wichtig, dass jemand im Unglücksfall da ist, der Ruhe reinbringt. Das konnte ich gut, in Ausnahmesituationen für andere da zu sein. Jetzt mache ich das nicht mehr. Aber ich weiß, dass ich über das Leben und das Sterben reden kann. Deshalb passt es gut zu mir, Trauerreden zu schreiben. Mittlerweile werde ich öfter dafür angefragt. Ich finde, es ist wichtig, über den Verstorbenen etwas Gutes zu sagen, etwas darüber, wie andere den Menschen gesehen und erlebt haben. Das muss ja auch würdig sein. Ich werde oft gefragt, ob ich den Verstorbenen gut kannte. Nein, manchmal kannte ich ihn gar nicht. Und dann finde ich doch die richtigen Worte. Für eine Trauerrede bekommt man dann zwar keinen Applaus, aber ich freue mich darüber, wenn ich mit meinen Worten andere berühre und dem verstorbenen Menschen gerecht werde."

Einer von Renates Hunden zeigt uns schließlich, dass er sich nun lange genug geduldet hat. Er springt auf den Stuhl neben Renate und fordert Aufmerksamkeit ein. Eine Katze kommt angelaufen und streicht mir zwischen den Beinen herum Die beiden schließen sich dann auch dem Rundgang an, auf dem Renate mir ihren Hof zeigt. Etliche Pferde stehen hinter dem Haus auf der Koppel und sehen zufrieden aus. Hühner hat Renate auch. Die picken gleich neben der Pferdekoppel und gackern um die Wette. Der Hof hier ist ein kleines Paradies – für Mensch und Tier.

Das Ziel ist der Weg

Am liebsten würde ich den Weg zum Bahnhof ganz lange ausdehnen. Und das will schon etwas heißen, wenn man gerade durch dickflüssige Nebelsuppe stolpert. Doch mir ist im Augenblick sehr bewusst: Ich nähere mich gerade mit jedem Schritt dem Ende meiner Suche nach dem guten Leben. Es geht nach Hause. Und dort wartet eine allerletzte Begegnung auf mich. In dem Moment, in dem dieser Gedanke Form annimmt, merke ich, wie absurd er ist. Denn natürlich wird mich auch weiterhin die Idee des guten Lebens begleiten. Und das Weitgehen ist mittlerweile ein so wichtiger Teil meines Lebens geworden, dass ich es beibehalten werde. Ich werde das Unterwegssein – wie Renate mir klargemacht hat –

mit ganzem Herzen und Begeisterung tun. Ich wische also die aufkommende Wehmut beiseite und beschleunige meine Schritte. Ich komme noch einmal an dem Feld vorbei, auf dem ich vorher den alten Mann entdeckt habe. Jetzt ist er nirgendwo zu sehen. Er scheint seine Aufgabe zu Ende gebracht zu haben.

Bei der Heimfahrt läuft alles nach Plan. Ich komme pünktlich in Regensburg an und freue mich auf eine weitere Begegnung heute. Vom Bahnhof gehe ich Richtung Innenstadt. Mit meinem Rucksack ziehe ich einige Blick auf mich. Ich komme mir selbst vor, als wäre ich eben von einer Weltreise zurückgekehrt. Dabei war meine Strecke gar nicht so weit. Knapp 500 Kilometer werden heute Abend zusammengekommen sein. Und doch fühlt es sich an, als hätte ich seit dem Beginn meiner Suche vor einigen Wochen eine unfassbare Entfernung zurückgelegt. Vielleicht liegt es auch daran, dass ich noch nie so viele Tage nur zu Fuß unterwegs war. Da ist alles einfach langsamer – und vielleicht auch intensiver, weil die Seele Zeit hat, mit dem Reisetempo Schritt zu halten.

159

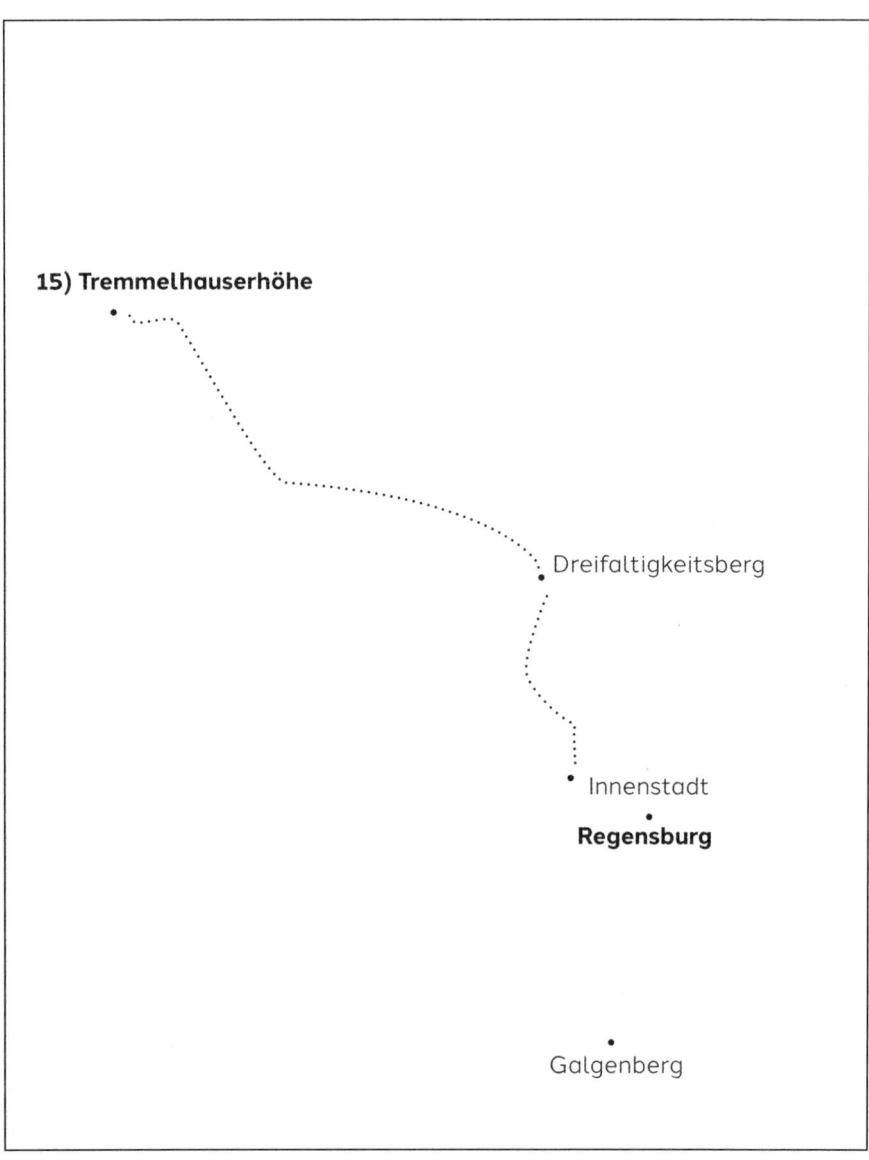

15) Tremmelhauserhöhe

Dreifaltigkeitsberg

Innenstadt

Regensburg

Galgenberg

Zurück in Regensburg

15 Das eigene Potenzial nutzen

Meine letzte Wegstrecke gehe ich schließlich gemeinsam mit Isolde. Sie ist Journalistin und betreibt das Internet-Nachrichtenportal goodnews-for-you.de. Dort werden nur gute Nachrichten veröffentlicht. Isolde und ihr Team setzen damit einen wunderbaren Gegenpol zu den üblichen Schreckensnachrichten, die allgegenwärtig sind und online, analog, akustisch, gedruckt oder in bewegten Bildern verbreitet werden. Klar, es ist wichtig, sich zu informieren, wie die politische Situation ist und welche Menschen gerade mit welchem Schicksal zu kämpfen haben. Doch sich selbst ausschließlich den Bilder von Panzern, Explosionen, Leichen, Großbränden, Ölkatastrophen, Ertrinkenden und Hungernden auszusetzen, ohne dabei auch das Und zu sehen, kann direkt in ein Gefühl von Machtlosigkeit, Resignation und Apathie führen. Dabei gibt es eben nicht nur Menschen, die bei ihrer Flucht über das Meer Gefahr laufen zu ertrinken, oder solche, die ausgebeutet werden und nicht von ihrer Arbeit leben können – sondern auch Menschen, die etwas dagegen unternehmen und eine Seenotrettung oder eine besondere Form des fairen Handels initiieren. Diejenigen also, die versuchen, dem eigenen Leben Sinn zu geben und das Leben der anderen besser zu machen. Genau darüber berichtet Isolde in ihren good news.

Das Ziel, das Isolde und ich an diesem Spätnachmittag zu Fuß ansteuern, liegt hoch über Regensburg. Von den Winzerer Höhen geht es zur Tremmelhauserhöhe. Wie die Namen schon verraten: Alles liegt hier ziemlich hoch. Das bedeutet, dass unser Weg stetig bergauf führt. Weil es dabei auch leicht regnet, ist die Strecke matschig, und wir laufen Slalom zwischen den Pfützen. Es ist wie ein Tanz: Mal bin ich Isolde ganz nahe, dann wieder entfernen wir uns voneinander, weil jede eine andere Richtung um die nächste Regenpfütze einschlägt. Dennoch ist zwischen uns eine besondere Verbindung, die während des Gesprächs beinahe greifbar und körperlich zu spüren ist. Ich höre nicht nur Isoldes Worte, sondern mein Körper reagiert auf das Gesagte: Eine wohlige Wärme im Bauch und ein Kribbeln der Kopfhaut wechseln sich mit jedem Schritt ab. Das Gespräch ist langsam. Es lässt Zeit zum Mitdenken und Mitgehen. Was nicht nur daran liegt, dass so ein Aufstieg Atem kostet.

Das gute Leben steckt in jedem von uns

Als wir beide einen guten gemeinsamen Gehrhythmus gefunden haben, plaudern wir etwas. Dann will ich schließlich wissen: „Du betreibst ein Nachrichtenportal, auf dem nur gute Nachrichten zu lesen sind. Wie kommt man auf eine solche Idee?"

Isolde wiegt ihren Kopf hin und her. „Ich muss vielleicht erst einmal den Begriff gute Nachrichten definieren. Manche verstehen darunter alles, was happy macht und leicht ist. Ich würde die Nachrichten, die wir veröffentlichen, mehr als konstruktiv bezeichnen. Etwa zwei Drittel unserer Nachrichten basieren auf bad news. Und unser Nachrichtenportal berichtet dann über Menschen, die versuchen, das Ding zu drehen und eine Veränderung oder eine Lösung dafür zu finden. Wie ich also darauf gekommen bin, dazu ein Portal zu betreiben?" Isolde hält kurz inne, ehe sie weiterspricht. „Wahrscheinlich durch meine Arbeit, die ich sonst so mache. Aber der Reihe nach. Schon in der Schule wollte ich Journalistin werden. Ich erinnere mich noch gut daran: Zwei Jungs aus meinem Jahrgang, die verdammt gut in Deutsch waren, haben sich an der Journalistenschule in München beworben und sind nicht genommen worden. Da dachte ich mir: Dann brauche ich mich dort erst gar nicht zu bewerben. Und ich habe es auch nicht versucht. Aber anscheinend gibt es so etwas wie eine innere Bestimmung. Ich habe es nämlich dann doch noch geschafft, Journalistin zu werden. Nur eben auf einem anderen Weg."

Wir gehen schweigend ein paar Meter. Dann erzählt Isolde weiter. „Erst einmal habe ich Sozialpädagogik studiert. Während meines Studiums habe ich ziemlich viel Öffentlichkeitsarbeit für den sozialen Bereich gemacht. Ich war richtig stolz, wenn ich eine Broschüre für arbeitslose Jugendliche erstellt oder eine große Pressekonferenz für Beratungsstellen vorbereitet hatte. Das war toll. Und es hat mich angetrieben. Nach meinem Studium habe ich dann zweieinhalb Jahre im sozialen Bereich gearbeitet – und dort wieder die Öffentlichkeitsarbeit übernommen." Isolde lacht.

Im Zickzack wandern wir an den Regenpfützen vorbei. Isolde bleibt unvermittelt stehen und sieht sich um – so, als würde sie irgendwo den Faden finden, an dem sie anknüpfen möchte. „Dann kam die Zeit der privaten Rundfunkstationen", sagt sie schließlich. „Ich habe eine Stelle als Volontärin in einem Sender bekommen und konnte mithelfen, ihn mit aufzubauen. Das war eine wunderbare Möglichkeit, Erfahrungen zu sammeln, die ich für alle meine späteren Aufgaben brauchen konnte – weil ich damals gelernt habe, wie man ein Projekt von Grund auf entwickelt. Mir ist damals aufgefallen, dass über Dinge, die im sozialen oder ehrenamtlichen Bereich passieren, nur bedingt berichtet wird. Denn das sind Bereiche, die scheinen irgendwie nicht aufregend oder auffallend genug zu sein. Das finde ich sehr schade. Oft orientieren sich Journalismus und Leserschaft gerne an prominenten Personen. Klar, das sind auch besondere Menschen, aber es gibt daneben eben die ganz normalen Leute, die Dinge auf den Weg bringen – da geht dir nur noch das Herz auf. Das ist mein ganz persönlicher Hintergrund."

Isolde überlegt einen Moment. Wir nutzen die Gesprächspause, um unseren Weg fortzusetzen. „Dann kommt dazu, dass ich viel Pressearbeit mache", sagt Isolde nach ein paar Metern. „Da habe ich immer für andere zu schreiben. Ich versuche herauszufinden, was für den Auftraggeber oder die Interviewpartnerin wichtig ist. Manchmal habe ich bei dem einen oder anderen Thema eine ganz andere persönliche Meinung oder würde ganz anders an die Sache herangehen. Und da kam mir die Idee, dass ich gerne etwas machen würde, das meine Handschrift trägt, bei dem ich einen ganz anderen Blick auf Dinge oder Prozesse werfen kann. So war plötzlich good news in meinem Kopf. Der Name ist entstanden, weil ich wohl von Anfang an *think big* gedacht habe. Ich wollte mir mit dem englischen Namen alle Möglichkeiten offenhalten. Ich glaube, das war eine gute und richtige Entscheidung. Manchmal wird man bei so etwas geführt."

Isolde erzählt mir stolz, dass es das Portal good news nun schon seit einigen Jahren gebe.

„Hat sich bei dir etwas verändert, seitdem du das Nachrichtenportal betreibst?", frage ich nach.

Isoldes Antwort kommt schnell. „Ja." Sie überlegt einen Moment, dann sagt sie nochmal Ja und lacht. „Ich muss zugeben, dass ich am Anfang dachte: Das ist cool! Jede Woche gute Nachrichten! Da hörst du ständig von Menschen, die etwas voranbringen. So etwas reißt ja auch mit. Ich dachte mir, dass ich dann immer gut drauf wäre. Dann habe ich aber gemerkt, dass viele good news auf einem nicht so erfreulichen Umstand basieren. Ich musste mich auch mit diesen Themen – mit Klimawandel, Ungerechtigkeiten, Katastrophen – befassen. Das Portal hat mich insofern verändert, als ich politischer geworden bin. Nicht im parteipolitischen Sinne, sondern dass ich mich in gesellschaftliche Prozesse mit einbringe und versuche, sie mitzugestalten. Mein eigenes Leben habe ich dadurch auch überdacht. Ich schaue mir an, wo mein Anteil liegt, dass es der Erde schlecht geht. Ich überlege, ob ich wirklich bestimmte Dinge brauche. Ich bin ein hochsensibler Mensch, der alles sehr intensiv aufnimmt. Es lässt mich nicht kalt, wenn ich sehe, dass Menschen auf der Flucht sterben oder hungern oder dass woanders Krieg ist. Ich muss dann gut darauf achten, dass ich mich selbst immer wieder abgrenze – einfach, damit ich weiterarbeiten kann. Ich will über Menschen berichten, die einen Gegenpol setzen. Und dennoch lässt sich das eine ohne das andere nicht betrachten."

Isolde sieht beim Gehen auf ihre Füße. „Was sich auch verändert hat: Ich lerne ständig ganz wunderbare Menschen kennen. Das ist so spannend – da brauche ich gar kein Fernsehen mehr."

Jetzt lacht Isolde und überlegt dann kurz, bevor sie weiterspricht. „Dadurch, dass ich mich persönlich verändert habe, hat sich auch mein Umfeld verändert. Das ist nicht immer einfach. Manche Beziehungen sind anders geworden oder weggebrochen. Gleichzeitig habe ich neue Menschen kennengelernt, die mir wichtig sind. Das ist wohl auch der Lauf der Dinge. Ich habe das am Anfang gar nicht so wahrgenommen. Aber in der Rückschau muss ich schon sagen: Es hat sich durch das Portal viel verändert."

Isolde bezeichnet sich selbst als sensibel und neugierig. Mich interessiert, ob das schon immer so gewesen sei.

„Die Kombination gehört sicherlich zu meinem Wesen. Vielleicht kommen manche Fähigkeiten oder Züge erst später zum Ausdruck. Da sind sie aber von Anfang an", meint sie nachdenklich.

„Ich hatte eine sehr schwierige Kindheit. Ich glaube, deshalb bin ich sehr sensibel für Ängste, Sorgen und Probleme anderer. Vielleicht kann ich den einen oder anderen dadurch besser verstehen. Ich habe aus Schwierigkeiten, die ich bewältigt habe, eine gewisse Stärke gewonnen. Das würde man heute vermutlich als Resilienz bezeichnen."

Vielleicht können gute Nachrichten dazu beitragen, Menschen etwas stärker und widerstandsfähiger den Widrigkeiten des Alltags gegenüber zu machen, überlege ich. Jedenfalls sind gute Nachrichten ein erster Anfang.

„Mit deinen good news begleitest du Menschen, gibst ihnen Zuversicht und änderst ihren Blickwinkel. Gibt es in deinem Leben jemanden oder etwas, der oder das dich begleitet?", frage ich bei Isolde nach.

Die Journalistin überlegt einen Moment. „Das ist eine gute Frage", sagt sie dann. Und nach einem kurzen Zögern, schiebt sie nach: „Hm, da muss ich echt nachdenken." Sie lässt ihrer Antwort ein paar Wandermeter Zeit. „Meine engere Familie um mich herum, die begleitet mich", meint Isolde dann. „Woraus ich auch viel Kraft ziehe, ist die Meditation. Ich meditiere seit drei Jahren regelmäßig und viel. Ich spüre, dass ich dadurch Energie bekomme und auch eine Art innere Führung. Ich lerne so immer besser, auf meine Intuition zu vertrauen. Das gibt mir sehr viel."

Isolde hält inne. Fast scheint es, als würde sie lauschen, was ihre innere Stimme gerade beitragen möchte. Dann fährt sie fort: „Dann sind in meinem beruflichen Umfeld einige, die mich immer wieder bestärken. Manchmal ist der Gegenwind, schon etwas heftig. Da ist es gut, Menschen zu haben, mit denen man sich austauschen kann, die einem spiegeln, was man tut. So erfahre ich immer wieder: ‚Du bist schon auf dem richtigen Weg.' Ich bewege mich mit meinem Nachrichtenportal ja nicht im Mainstream. Ich merke, dass ich immer mutiger werde und aus der Deckung gehe. Das ist wichtig, wenn man etwas erreichen will. Dann wird die Luft um dich herum eben auch dünner. Du machst dich angreifbarer. Da ist eine gute Balance wichtig. Also ja: Mein gutes berufliches Netzwerk gibt mir auch Kraft. Das Feedback, das ich bekomme, oder auch der Rückhalt, wenn ich mal durchhänge – das ist schon unendlich viel wert."

Ich weiß, dass Isolde gerade dabei ist, mit einem TV-Format zu ihren good news auf Sendung zu gehen. Diese Vielfältigkeit, aber auch der Mut der „Gute-Nachrichten-Verbreiterin" begeistern mich. „Wie kommt es, dass deine Idee sich so rasant weiterentwickelt?", hake ich nach.

Isolde lacht. „Das klingt jetzt vielleicht lustig: Ich glaube immer mehr, dass es Projekte gibt, die stehen unter einem guten Stern. Wenn man auf seine innere Stimme hört, dann merkt man ja, ob etwas einen Lauf hat. Und mit goodnews-for-you.de ist das so. Irgendwann habe ich mir gedacht: ‚Wir sollten zu den Nachrichten auch Videos machen.'

Das sind wir – mein Team und ich – dann immer mal wieder angegangen. Aber eben nicht regelmäßig. Eines Tages hat mich eine Kollegin aus der Medienbranche angesprochen. Sie war und ist ganz angetan von good news und meinte, dass ihr die guten Nachrichten guttun würden. Und sie war überzeugt davon, dass die noch viel mehr in die Welt hinaus müssten. So ist die Idee von good news for you-TV entstanden. Erst dachten wir an eine Kooperation mit einem Fernsehsender. Das ließ sich aber nicht realisieren. Die Medienbranche ist ja auch ein hartes Business. Es kam anders, und das passt jetzt. Die Kollegin hatte nämlich die Idee, das TV-Format doch selber zu machen. Sie brachte auch gleich einen wunderbaren Kollegen mit. Die beiden konnten sich vorstellen, die Sendung zu moderieren. Solche Zeitfenster muss man nutzen und Ja sagen. Auch wenn dann doch sehr viel Arbeit dahintersteckt."

Auf Isoldes Gesicht breitet sich ein versonnenes Lächeln aus. „Manchmal ist es gut, wenn man das vorher nicht weiß. Aber irgendwie geht es dann trotzdem. Das erstaunt mich immer wieder. Natürlich gibt es so Tage, da denke ich: Wie soll ich das nur schaffen? Wie soll das nur gehen? Bist du wahnsinnig? Ich habe erlebt: Die Antwort kommt! Das habe ich gelernt: Ich fahre die Antennen anders aus. Wenn ich mich mit einem Thema beschäftige, lenke ich meinen Fokus darauf. Dann kommt die Lösung schon von ganz allein. Auch wenn ich nicht gleich weiß, wie etwas wird, weiß ich dennoch: Es wird großartig!"

Isolde atmet tief ein. „Der Gedanke *think big* hat mir immer schon gefallen. Das heißt ja auch, dass da noch viel Platz ist: nach oben, nach unten, zur Seite." Isolde lacht. „Und auch mal rückwärts, wenn es nötig ist."

Auf der einen Seite höre ich aus den Erzählungen von Isolde heraus, dass sie eine gut strukturierte Managerin ist. Auf der anderen Seite zeigt sie sich als neugierige, feinfühlige Entdeckerin. Das sage ich ihr und füge an, dass das eine spannende Mischung sei. Isolde schmunzelt.

„Ich weiß nicht, ob andere mich als erfolgreiche Managerin sehen würden. Die würden vielleicht sagen, dass meine Follower-Zahlen dazu noch nicht ausreichen."

Dann nickt sie. „Was ich aber sehr gut kann, ist netzwerken, Menschen für etwas begeistern und Menschen zusammenbringen. Und auch zu spüren, was jeder Einzelne braucht. Ich kann Potenziale herauskitzeln.

Das hätte ich vor einigen Jahren nicht so selbstbewusst über mich gesagt." Isolde überlegt einen Augenblick. „Ich habe jetzt das Umfeld, in dem ich meine Stärken nutzen und leben kann."

Der Weg wird steiler. Ein Blick zurück zeigt, dass wir die meiste Strecke des Anstiegs schon hinter uns haben.

„Du verbreitest gute Nachrichten. Du erzählst Geschichten über Menschen und Gegebenheiten, die ein bisschen zu einem guten Leben beitragen. Was macht es für dich denn aus: das gute Leben?", frage ich nach.

„Das gute Leben?", wiederholt Isolde meine Frage. Sie lässt ihren Blick schweifen. „Sich selbst zu finden", sagt sie dann und nickt, wie zur Bestätigung. „Da gibt es diese Augenblicke, wo du denkst: Ja, das bin ich. Da fühle ich mich dann ganz authentisch. Mit mir selbst im Einklang. Das ist ein Gefühl, als würde dir die ganze Welt gehören. Nicht im Sinne von Besitz. Sondern eins zu sein mit allem. Dazu tragen tatsächlich viele good news bei. Das, was in den Menschen steckt, über die wir berichten, steckt auch in mir und in dir. Ich glaube, jeder Mensch hat ein unendlich großes Potenzial in sich. Was jeder einzelne Mensch daraus macht, wird etwas anderes sein. Aber es wird gut sein. Wenn wir uns anstecken lassen davon, dann kommen neue Ideen. Meist wird ja nur der Erfolg am Ende einer langen Wegstrecke gesehen. Aber dieser Erfolg setzt sich zusammen aus Schritten, die leicht gingen, und aus solchen, die schwerfielen. Vielleicht ist man auf dem Weg auch mal ins Straucheln gekommen oder sogar hingefallen. Doch letztendlich können wir alle viel erreichen. Der Grundstock ist bei allen vorhanden. Das gute Leben, das ist in uns."

Wieder muss Isolde kurz überlegen, ehe sie anfügt: „Ich weiß natürlich, dass Menschen, die sehr arm sind, es schwerer haben. Dann erlebe ich aber auch, dass gerade diese Menschen manchmal ganz besonders gastfreundlich, herausragend fröhlich sind. Das Geheimnis eines guten Lebens muss also noch woanders liegen als nur in materieller Sicherheit."

Ich bin begeistert, wie viel Energie Isolde in das Aufspüren von guten Botschaften legt.

„Du bist eine echte Mutmacherin!", sage ich und meine es auch so.

Isolde lächelt. „Danke! Das merkt man selbst gar nicht so. Aber es ist schön, das zu hören. Was ich inzwischen für mich erkannt habe, ist: good news sind nicht nur gute, konstruktive Nachrichten. Good news ist für mich zu einer Lebenseinstellung, einer inneren Haltung geworden.

Jede und jeder von uns kann jeden Tag auf so vieles im positiven Sinne einwirken: durch kleine, aufmerksame Gesten, eine freundliche Frage, Zuhören bis hin zu größeren Taten, die man mit anderen auf den Weg bringt. Das macht für mich ein erfülltes, gutes Leben aus, mit dem wir vor allem auch uns selbst beschenken."

Wir sind am höchsten Punkt unserer gemeinsamen Wanderung angelangt. Von hier aus hat man einen atemberaubenden Blick über Regensburg. Die Silhouette der Stadt wirkt wie ein Postkartenmotiv. Die Domspitzen ragen heraus und zeigen wie zwei Finger zum mittlerweile nicht mehr ganz so bewölkten Himmel. Wir genießen gemeinsam den Ausblick. Ich war so viele Wochen in Gegenden unterwegs, die ich nicht kannte. Und nun bin ich wieder zu Hause angekommen. Wie ein visuelles Sahnehäubchen liegt mir meine Heimatstadt zu Füßen. Es ist schön, diesen Moment mit jemandem zu genießen, der das Gute zu schätzen weiß.

ZIEL

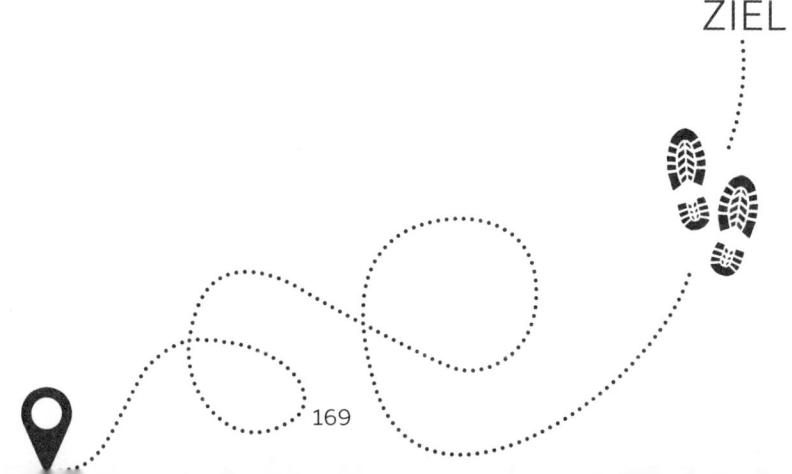

Eine Schatzkiste voller Fundstücke

Und dann ist sie vorbei – meine Suche nach dem guten Leben. Bevor ich mich endgültig auf den Heimweg mache, brauche ich einen Augenblick nur für mich. Ich habe Isolde zurück zu ihrem Büro begleitet und stehe jetzt mitten in der Regensburger Altstadt. Um mich herum eilen Menschen, die Besorgungen machen oder Feierabend haben und nach Hause wollen. Ich ziehe meinen Regenschutz aus dem Rucksack und lege ihn auf die Umrandung des Karavan-Denkmals mitten auf dem Neupfarrplatz. Dort setzte ich mich hin und schließe die Augen. Ich höre eine Kakofonie aus Stimmen, Schritten und Rascheln von Taschen und Jacken. Es kommt mir vor, wie eine Schluss-Symphonie, die extra für das Finale meines kleinen Experiments gespielt wird. Ich lasse meine Wege, die Begegnungen und Erlebnisse vor meinem geistigen Auge Revue passieren. Würde man meinen Weg auf einer Landkarte eintragen, wäre der ein ziemliches Zickzack und würde vermutlich relativ planlos erscheinen. Aber mit Abstand betrachtet war die Route genau richtig. Ich umrunde noch einmal mit Georg den See, an dem er jeden Tag auftankt – und sich dafür die nötige Zeit nimmt. Ich habe mir auch Zeit genommen – für mich, für neue Entdeckungen und Erkenntnisse. So viel, wie bisher noch nie. Diese Investition ist gut angelegt, da bin ich mir sicher. Ich sitze in Gedanken wieder auf dem Balkon von Birgit Schneiders Villa hoch über Bad Tölz und spüre der Idee nach, dass jeder Mensch eine innere Bestimmung hat. Vielleicht ist es meine Bestimmung, mit Menschen ins Gespräch zu kommen und ihre Geschichten zu erzählen. Diesen Gedanken werde ich auf jeden Fall weiter verfolgen.

Im Kopf erlebe ich ein weiteres Mal die beeindruckende Bergkulisse, die ich mit Harry und Silke erleben durfte. Ich bin dankbar dafür, den beiden begegnet zu sein und von ihnen Neues gelernt zu haben. Meine Gedankenreise leitet mich weiter nach Innsbruck, wo ich von Walter die tiefe Zufriedenheit mitgenommen habe, Teil von etwas Größerem zu sein. In den vergangenen Wochen war ich eine von denjenigen, die die Welt begreifen und verbessern wollen. Dann sitze ich noch einmal im Garten von Kathrin Stenger. Ich schmecke den Kuchen, den sie extra für mich gebacken hat und weiß, dass sie mich inspiriert hat, mehr auf meinen

Bauch zu hören. Ich gehe mit Dieter in Gedanken zu Bruder Tod und merke auch jetzt noch, dass mir dabei ein Schauer über den Rücken läuft. Ja, auch meine Zeit ist begrenzt. Wie Pfarrer Schießler es ausgedrückt hat: Auch in meinem Kleingedruckten steht nicht „sterben ausgeschlossen".

Dann lasse ich mir den Bergwind auf dem Brecherspitz erneut um die Nase wehen. Ich kann den Luftzug spüren. Und die Stimme von Anastasia Auer klar und deutlich hören. Ich wünsche mir, dass ich für meine eigene Zufriedenheit einstehe und dann hoffentlich auch selbst mit achtzig Jahren noch dankbar und glücklich auf einem Berggipfel stehen und das Leben genießen kann. Und ich wünsche mir, immer Menschen um mich zu haben, die mich beim Klettern über die Stolpersteine des Lebens begleiten. So wie Alois und Aloisia Schnöll sich zur Seite stehen. Oder wie Willi, der in seiner Frau seine Homebase gefunden hat.

Dann machen meine Gedanken einen Sprung und ich bin plötzlich mitten in der hektischen Großstadt. Ich denke an Manfred Schwarz, den Kriminalkommissar, der sicher ist, das Verzeihen können zu einem guten Leben beiträgt. Mir fällt ein, dass es nicht nur andere sind, denen ich nicht länger Dinge vorhalten sollte. Es ist auch gut und wichtig, mir selbst meine Fehler und Schwächen zu verzeihen. Denn daneben gibt es ganz viele Dinge, die ich gut kann und mit denen ich zufrieden bin. Eigenlob stimmt. (Das habe ich nach dem Interview übrigens auch zu Manfred Schwarz gesagt, der Bedenken hatte, sich im Gespräch zu viel gelobt zu haben.)

Ich sitze noch einmal bei Schwester Veronika im grünen Zimmer und muss schmunzeln, als ich an die bescheidene Ordensfrau mit dem Fitness-Tracker am Handgelenk denke. Auf meinem Weg war ich – nicht immer, aber überraschend oft – bei mir selbst. Im Innen statt ständig im Außen. Das hat gut getan. Und den Dingen, die ich erlebt habe, eine besondere Bedeutung gegeben. Dann begegne ich Pfarrer Schießler und mir klingen seine resoluten Worte im Ohr. Aber auch sein nachdenklicher Ausspruch, den Menschen ihre Würde zurückzugeben. Sofort sitzt Isolde imaginär an meiner Seite. Mit ihren guten Nachrichten, die sie beharrlich verbreitet, tut sie genau das.

Was ich in den vergangenen Wochen gemacht habe, habe ich mit ganzem Herzen getan. So wie Renate auf ihrem Pferdehof. Und es fühlt sich richtig an. Davon möchte ich gerne mehr. Aber dafür muss ich mich wohl auch von einigen Dingen, die mir nicht guttun und die ich nur halbherzig mache, trennen. „Gepäck zurücklassen, um die Engstelle zu meistern", wie Willi das ausdrücken würde. Ich werde mal Inventur machen müssen. Und überprüfen, welches Potential ich von mir noch mehr nutzen möchte. Sofort habe ich auch eine Idee, die ich, wie sich später herausstellen wird, tatkräftig anpacken werde: Ich möchte zu Fuß die Alpen überqueren. Und will mir Zeit für Erlebnisse und Begegnungen nehmen.

Was mir bei meiner Gedankenreise auffällt, ist eine Gemeinsamkeit, die alle meine Gesprächspartner und -partnerinnen verbindet: Sie alle können loslassen. Sie halten weder fest an ihrem Groll oder Ärger – noch nehmen sie es persönlich, wenn etwas Schönes zu Ende geht. Ich nehme mir ein Beispiel daran und beuge mich nach unten, um die Schnürsenkel meiner Wanderschuhe neu zu binden. Dann stehe ich auf und mache mich auf den Weg nach Hause. Ich freue mich darauf. Und ich weiß, dass mein Leben sich verändert hat und nicht mehr so sein wird, wie vor meiner Wanderung. Die Sehnsucht danach, bald wieder unterwegs zu sein, begleitet mich auf meinem Heimweg.

Sieben Fragen, um dem guten Leben auf die Spur zu kommen

Wieder zu Hause, merke ich, dass ich Zeit brauche, um wirklich anzukommen. Ich habe auf meinen Wegen und durch die Begegnungen mit ganz besonderen Menschen viel erfahren und gelernt – von anderen und über mich. Vielleicht habe ich die richtigen Menschen für diese Lektionen getroffen. Vielleicht habe ich auch die richtigen Fragen gestellt. Auf jeden Fall habe ich Antworten gefunden – von anderen und bei mir selbst. Damit all die Erkenntnisse nicht verloren gehen und noch tiefer wirken, nehme ich mir zu Hause die Zeit, um festzuhalten, wie es gelingen kann, dem guten Leben ein Stück näher zu kommen oder wenigstens immer wieder einen Zipfel davon zu fassen zu kriegen. Dabei herausgekommen sind sieben Fragen, die sich während meiner Wanderung quasi aufgedrängt und mir auf der Suche nach dem guten Leben eine hilfreiche Orientierung gegeben haben:

1. Wofür möchte ich mir Zeit nehmen?

Sich nicht im Strudel der täglichen Hektik verlieren, ist im meist vollgepackten Alltag eine echte Herausforderung. Und doch lohnt es sich, immer wieder innezuhalten und sich zu fragen: Wofür möchte ich mir heute – neben all den Verpflichtungen, die ich habe – unbedingt Zeit nehmen?

Besonders zufrieden macht, sich Zeit für Liebe und Freundschaft zu nehmen. Teil einer Gruppe zu sein, entspricht unserem sozialen Wesen als Mensch – und erfüllt damit unser Grundbedürfnis nach Zugehörigkeit.

Natürlich ist es auch wichtig, sich für die eigenen Leidenschaften oder Talente Zeit zu nehmen: Ich gehe seit meiner Wandertour begeistert zu Fuß und nehme mir dafür fast täglich Zeit. Andere malen vielleicht gerne oder spielen ein Instrument. So viel Zeit muss sein! Ich habe die Erfahrung gemacht, dass es Sinn macht, sich die Zeit für Herzensbeschäftigungen im Alltag wirklich einzuplanen – also direkt mit auf die To-do-Liste zu schreiben.

Was banal klingt, aber einen erheblichen Beitrag für ein gutes Leben leistet: Ich bemühe mich, mir immer wieder Zeit für ein Lächeln zu nehmen! Ich habe auf meinen Wegen erfahren, dass griesgrämige Menschen, die mir begegnet sind, zurückgelächelt haben und mit einem entspannten Gesichtsausdruck weitergegangen sind. Oder dass abwesend wirkende Menschen sich mir zugewandt haben, wenn ich sie angelächelt habe. Ein Lächeln kostet nicht viel Zeit – und macht den Augenblick besser.

2. Wozu bin ich hier? Was ist meine Bestimmung?

Die eigene Existenz hier auf der Welt hat einen Sinn – oder sollte einen Sinn bekommen. Dazu muss erst einmal eine Idee davon gefunden werden, was der Zweck meines Daseins hier überhaupt ist. Was also ist meine Bestimmung? Die Antwort darauf muss jeder Mensch selbst finden. Ein paar weitere Fragen helfen dabei, die den Gedanken dazu einen Rahmen geben:

– Wofür lohnt es sich für mich, jeden Tag aufzustehen?

Egal, ob es die eigene Familie, die Verantwortung für einen anderen Menschen oder eine Sache oder die Leidenschaft für ein Hobby ist: Die Antwort auf diese Frage bringt uns unserer Bestimmung ein Stück näher.

– Was kann ich gut und was macht mich froh?

Unsere Bestimmung, der Zweck unseres Daseins, ist eng verbunden mit unseren Stärken, mit dem, was wir an Talenten und Persönlichkeitsmerkmalen mitbringen: Momo, das Mädchen aus Michael Endes gleichnamigen Roman, konnte zuhören, wie kaum jemand anderer. Das war wohl ihre Bestimmung. Ich vermute, dass sie das Zuhören auch froh gemacht hat. Was auch immer unsere Bestimmung ist: Diese Dinge sollen dann mit Hingabe und Engagement erledigt werden.

Vielleicht ist es meine Bestimmung, mich immer wieder auf den Weg zu machen und Menschen den Raum zu geben, über sich erzählen zu können.

3. Wofür bin ich dankbar?

Im Nachwort jedes Buches findet sich häufig eine lange Liste an Personen, denen der Autor oder die Autorin dankbar ist. Ich bin mit Blick auf meine zurückliegende Wandertour zuallererst meinem Mann dankbar, der mich von Anfang an bei diesem Projekt begleitet und an mich geglaubt hat.

Und meiner Tochter und engen Freunden, die sich für meine Idee interessiert und mich bestärkt haben. Ich bin allen Menschen, denen ich auf meinem Weg begegnet bin, dankbar. Und ich bin dankbar dafür, dass ich nach jeder Etappe wieder gesund und erfüllt zu Hause angekommen bin.

Für Situationen, Erlebnisse, Wegbegleiter dankbar sein, setzt voraus, dass ich mir Zeit nehme, all das auch bewusst wahrzunehmen. Dabei hilft es, mit sich selbst jeden Tag einen festen „Dankbarkeits-Termin" zu machen: Das kann das abendliche Notieren von drei Dingen sein, für die man an diesem Tag dankbar ist. Oder ein Revue-passieren-Lassen des Tages beim Zubettgehen, bei dem man an alles denkt, was an diesem Tag gut war. Oder ein Glas, in das man Zettel mit Notizen zu all den guten Dingen der vergangenen Woche steckt.

Besonders wirkungsvoll ist es, wenn Dankbarkeit auch laut ausgesprochen wird – dann bekommt die Dankbarkeit mehr Gewicht und Wahrhaftigkeit.

4. Was möchte ich noch lernen?

Neugier ist ein guter Begleiter, wenn es darum geht, etwas Neues zu lernen. Bei meiner Wandertour habe ich jeden Tag etwas Neues gelernt, weil ich täglich Dinge gemacht habe, die ich noch nie zuvor in meinem Leben getan habe: Ich war ganz allein unterwegs, habe jeden Tag neue Menschen kennengelernt und eine fremde Umgebung erkundet. Wer neugierig ist, weiß allerdings nicht, was einen erwartet. Das Erkunden von bislang Unbekanntem schließt also auch Misserfolge oder unangenehme Erfahrungen mit ein. Dabei hilft vor allem Geduld mit sich selbst. Auch und vor allem dann, wenn sich Lernerfolge nicht gleich einstellen. Eine gewisse Leichtigkeit und Nachsicht sind dann der bessere Weg, statt verbissen Erfolgen hinterherzujagen.

Etwas Neues zu lernen, lässt sich jeden Tag mit ein wenig Mut integrieren: Das muss nicht gleich ein neues aufwendiges Hobby oder eine neue Sprache sein. Es reicht auch, ein bisher unbekanntes Café zu testen, ein neues Gericht auszuprobieren oder in einer Gegend spazieren zu gehen, in der man bisher noch nie unterwegs war.

5. Was sagt mir mein Bauchgefühl?

Der „sechste Sinn", die Intuition, die innere Stimme oder das Bauchgefühl – all die Bezeichnungen meinen ein Gefühl oder eine körperliche Reaktion, die uns scheinbar ohne unser Zutun leitet, wenn wir Entscheidungen treffen sollen. Unser Handeln oder unser Entschluss ist dann auf Informationen zurückzuführen, die bereits tief in uns abgespeichert, aber vielleicht momentan nicht aktiv abrufbar sind. Beinahe automatisch werden diese Informationen mit der aktuellen Situation abgeglichen – und führen zu einem unguten Gefühl oder einem Gefühl von Stimmigkeit.

Mein Bauchgefühl war auf meinen Wanderungen ein guter Begleiter – wofür ich sehr dankbar bin. Das lag vor allem daran, dass ich Zeit hatte, in mich hineinzuhören. Ich habe es geschafft, mich nicht ständig auf Reize von außen zu fokussieren. Der Gleichklang der Schritte während des Gehens hat den Raum geschaffen, meine innere Stimme zu hören. Ich gebe zu, dass mir das im „normalen" Alltag weniger gut gelingt. Aber es gibt Möglichkeiten, das Bauchgefühl besser wahrzunehmen. Eine davon ist Meditation. Wenn ich mich auf mein Kissen setze und für 15 Minuten die Gedanken ziehen lasse, ohne sie festzuhalten, stelle ich leichter fest, was in mir drinnen vorgeht. Muss eine schnelle Entscheidung getroffen werden, kann man natürlich nicht erst eine Meditationseinheit einlegen. Aber dann hilft es häufig, sich für einen Moment auf seine Atmung zu konzentrieren: Beim Einatmen scannen, wo es im Körper weich ist, wo es fließt. Und beim Ausatmen die Anspannung loslassen. Dann wird es leichter still im Kopf. Und das Bauchgefühl bekommt eine Stimme.

6. Was brauche ich wirklich?

Das habe ich auf meinen Wanderwegen – das Gepäck beschränkt auf das, was in meinen Rucksack passt und ich ohne Hilfe viele Tage tragen konnte – gelernt: Es ist nicht viel, was ich wirklich brauche. Mehr als beispielsweise eine Haarkur oder ein weiteres Paar Schuhe hat mir gefehlt, wenn ich meine Erlebnisse an einem Abend nicht durch einen kurzen Telefonanruf zu Hause mitteilen konnte, weil ich kein Netz hatte. Ich war in einfachen Unterkünften nicht unglücklicher als in schicken Hotelzimmern – vielleicht im Gegenteil. Ich habe festgestellt, dass ich, wenn es darauf ankommt, nicht viele materielle Dinge brauche. Und ich habe versucht, diese Erkenntnis im Alltag zu berücksichtigen. Tatsächlich gelingt es mir, bei jedem Einkauf zu überlegen, ob ich das, was ich gerade kaufen möchte, wirklich benötige. Und erstaunlicherweise fällt die Antwort häufig „nein" aus. Ich habe zudem entrümpelt und aussortiert. Mit weniger Ballast lebt es sich nicht nur leichter und unbeschwerter, sondern auch irgendwie besser. Nein, ich bin weit davon entfernt, Minimalistin zu sein. Aber ein wenig weniger tut mir gut.

Was ich wirklich brauche, sind andere Sachen: Ich brauche Auszeiten und Pausen. Ich benötige Momente, in denen ich einfach nur in der Gegend herumschaue, ohne Zweck und Ergebnis. Und ich habe festgestellt, dass ich das Gehen – im besten Fall mit Bergen in der Umgebung – brauche. Wenn ich das nicht habe, stellt sich schnell ein Ziehen im Bauch ein: eine Sehnsucht, die bittersüß ist und der ich allzu gerne nachgehe.

Dann brauche nicht nur ich, sondern brauchen wir alle eine intakte Umwelt. Für die lohnt sich langfristig Verzicht, ein weniger an Verpackung, Autofahrten oder Flugreisen und ein Konsumverhalten mit Bedacht. Und ich brauche Menschen um mich, die mir guttun. Dafür möchte ich meine Zeit und Energie gerne aufwenden. Anderes kann ich gut sein lassen.

Jede und jeder muss letztlich selbst entscheiden, auf welche materiellen und immateriellen Dinge sie oder er verzichten kann – und auf welche nicht. Ein Weg, das herauszufinden: Ich habe mir vorgestellt, dass ich genau eine Umzugskiste mit Dingen füllen kann, die ich wirklich benötige. Diese Dinge ersetze oder repariere ich, wenn sie kaputt oder nicht mehr gebrauchsfähig sind. Bei allem, was nicht in meiner gedanklichen „Lebenskiste" inbegriffen ist, schlafe ich erst eine Nacht drüber, bevor ich mich noch einmal frage: Brauche ich das wirklich? Oft hilft der Abstand mir bei der Entscheidung.

7. Was möchte ich loslassen?

Das wird ein Leben lang gleich bleiben: Alles verändert sich! Deshalb sind wir ständig damit konfrontiert, uns von Dingen, Menschen oder Gewohnheiten zu trennen. Das ist nicht immer leicht. Und doch ist nur so Freiheit möglich: Loslassen hilft uns dabei, uns von Dingen zu befreien. Für ein gutes Leben ist es aber nicht nur wichtig, sich nicht an Dingen, also materiellen Sachen, festzuklammern. Auch anderes sollte man loslassen können: das Kreisen um Probleme oder Sachen, die man anderen lange nachträgt.

Loslassen bedeutet hier für mich: die bewusste Entscheidung, aus meinem Gedankenkarussell auszusteigen. Manchmal hilft es, die Medaille umzudrehen und statt des Problems die Chance zu sehen: Was werde ich aus dieser Situation lernen? Wie wird es sich anfühlen, wenn ich diese Situation gemeistert habe?

Was das Nachtragen betrifft, trägt auf jeden Fall der oder die Nachtragende die Last – was auf die Dauer ziemlich anstrengend werden kann. Verzeihen ist hier der Schlüssel. Ich durfte selbst erleben, wie befreiend es sein kann zu sagen: „Lassen wir es gut sein." – Wenn das ehrlich gemeint ist, dann ist es wirklich gut.

Mit Abstand betrachtet

Seit dem Ende meiner Weitwanderungen ist einige Zeit vergangen. Inzwischen trage ich meine Wanderschuhe nicht mehr täglich – am Schreibtisch sitzend sind sie nämlich eher hinderlich. Doch ich habe tatsächlich meinen Vorsatz in die Tat umgesetzt und das Gehen in meinen Alltag integriert. Das und noch vieles andere, von dem ich vorher dachte, dass ich dafür zu wenig Zeit hätte. Ich nehme mir Zeit, um mich mit den Fragen, die ich formuliert habe, immer wieder zu beschäftigen. Und ich versuche, Erkenntnisse, die ich gewonnen habe, in die Tat umzusetzen. Ich nutze Pausen anders als früher und nehme mir bewusst freie Zeiten für Wesentliches. Auch dafür, mit anderen Menschen ins Gespräch zu kommen. Denn dafür bedarf es weder absoluter Einigkeit bei bestimmten Themen noch großer Vorbereitung. Ausreichend Zeit schafft den Raum, um nicht nur Dinge auszutauschen, sondern auch Verbindung herzustellen. Meine Prioritäten haben sich verschoben.

Ein universelles Patentrezept für Zufriedenheit habe ich auf meiner Interviewtour nicht gefunden. Doch die sieben Fragen – oder besser gesagt, meine persönlichen Antworten darauf – sind zumindest eine für mich wichtige Zutat, um ein gutes Leben zu haben. Nicht für ein andauerndes Glücklichsein – denn das würde niemand auf die Dauer aushalten –, sondern für eine Zufriedenheit, die sich wie ein Teppich unter all die (positiven wie negativen) Eindrücke des Alltags legt. Gleichzeitig ist eine Art „Reiseführer" für ein gutes Leben entstanden. Nicht für ferne Ziele, sondern für Orte, Menschen und Zufriedenheit direkt vor unserer Haustüre. Man muss nicht besonders weit reisen, um das Unbekannte im vermeintlich Bekannten zu entdecken. Dieser „Reiseführer für ein gutes Leben" gibt auch keine Wege vor. Manchmal ist ein Vom-Weg-Abkommen sogar notwendig, um den eigenen richtigen Weg zu finden.

Ohne Tiefschläge und Enttäuschungen, ohne Abschiede und Endlichkeit wird ein gutes Leben nicht auskommen. Doch gerade das sind die Rahmenbedingungen und Spielregeln, die uns dabei nicht (nur) einschränken, sondern immer wieder die Chance bieten, uns zu verändern und Neues zu entwickeln.

Außerdem habe ich für mich herausgefunden: Nicht der viel besprochene Weg ist das Ziel. Und das sage ich, obwohl ich so lange auf dem Weg war. Nein, nicht der Weg, sondern jeder einzelne Moment – bewusst wahrgenommen, ohne ihn verändern zu wollen – ist das Ziel. Wenn ich also jetzt auf die vergangenen Wochen zurückblicke, kann ich nur sagen: Es war gut, so wie es war.

Und wenn ich irgendwann auf mein gesamtes Leben zurückblicke, möchte ich gerne sagen können: Es war gut, dieses Leben.

Thomas Stipsits
DAS GLÜCK HAT EINEN VOGEL

Ein Sonnenuntergang am Meer, eine Flasche Whiskey oder eine
leidenschaftliche Liebesnacht – was Glück für den Einzelnen bedeutet,
kann unterschiedlicher nicht sein. Der vielseitige Kabarettist und Schauspieler
Thomas Stipsits beleuchtet in 26 Gyeschichten humorvoll und hintersinnig
die Suche nach dem Glück im Leben. Die Geschichten über Menschen
von A wie Andreas bis Z wie Zita werden raffiniert miteinander verknüpft
und beleuchten als Momentaufnahmen großes und kleines Glück.

Hardcover mit Schutzumschlag, Lesebändchen & Farbschnitt
168 Seiten, inkl. 8 Seiten Bildteil, 12,3 x 20 cm
978-3-8000-7793-9